Johannes Cassian

Unterredungen mit den Vätern

TEIL 2

Dieses Buchprojekt wurde
gefördert durch die

Die Johannes-Cassian-Stiftung Münsterschwarzach hat sich als Ziel gesetzt, die Schriften des Johannes Cassian in deutscher Übersetzung herauszugeben, die Spiritualität des Begründers westlichen Mönchtums zu vermitteln und die Wahrnehmung der Kirchen des Ostens zu stärken.

Johannes-Cassian-Stiftung Münsterschwarzach
D–97359 Münsterschwarzach Abtei
Telefon: +49 (0)9324 / 20 496
E-Mail: cassian-stiftung@abtei-muensterschwarzach.de

www.cassian-projekt.de

Ohne die freundliche Unterstützung der folgenden Klöster
wäre diese Veröffentlichung nicht möglich gewesen:

Abtei Maria Frieden, Dahlem
Abtei Münsterschwarzach
Abtei St. Otmar, Uznach/Schweiz

Johannes Cassian

Unterredungen mit den Vätern

COLLATIONES PATRUM

Teil 2: Collationes 11 bis 17

übersetzt und erläutert von Gabriele Ziegler
Mit einer Einleitung und farbigen Abbildungen
von Georges Descœudres
sowie einem Beitrag von Terrence G. Kardong

Quellen der Spiritualität
Band 9

Vier-Türme-Verlag

Bibliographische Information der Deutschen Nationalbibliothek

Die Deutsche Nationalbibliothek verzeichnet diese Publikation in der Deutschen Nationalbibliographie. Detaillierte bibliographische Daten sind im Internet über http://dnb.d-nb.de abrufbar.

1. Auflage 2014

Zeichnung Flechtbandkreuz: Franz Grundler, Nabburg

Druck und Bindung: Pustet, Regensburg
ISBN 978-3-89680-709-0

www.vier-tuerme-verlag.de

Inhalt

In dankbarem Gedenken an
Br. Cornelius Hell OSB
1920–2010

GABRIELE ZIEGLER

Geistliches Leben konkret – Cassians Collationes 11–17

Eine Herausforderung

Cassians »Unterredungen mit den Vätern« stellen eine große Herausforderung dar – für Übersetzer und Leser. Dies signalisierten mir auch nach Erscheinen von Teil 1 die Rückmeldungen und Gespräche in Lektürekursen, Vorlesungen und Begegnungen.

Eine Herausforderung auf sprachlicher Ebene: Cassian ist, wie schon in Teil 1 gesagt, griechisch geprägt, er schreibt für seine Auftraggeber zwar Latein, ist aber durchdrungen vom Ideal griechischer Bildung. Wiederholt erläutert er Begriffe anhand ihres griechischen Ursprungs. Wenn er zu Beginn von coll. 16 Abbas Joseph als außerordentlich gebildet charakterisiert, spricht er indirekt auch von sich selbst und betont, dass sie sich »ohne Dolmetscher« in griechischer Sprache unterhalten konnten, was Cassian die Arbeit ersparte, aus dem Koptischen ins Lateinische mithilfe der Umwandlung seines griechischen Denkens übersetzen zu müssen. In der Antoniusvita des Evagrios Antiochenos klingt diese Hochschätzung des Griechischen folgendermaßen: »Sufficienter scientes quantam infirmitatem sustinet Graecus sermo translatus in Latinitatem«; »wir wissen zur Genüge, welche Unzulänglichkeiten ein Text beinhaltet, wenn er erst einmal ins Lateinische übersetzt wurde.«[1] Kein Wunder also, dass es in der Alten Kirche erhebliche Verständigungsprobleme gab zwischen Griechen/Orientalen und Lateinern. Cassian selbst spürte diesen Konflikt an zumindest zwei Stationen seines Lebensweges: Zum einen, als er aufgefordert wurde, im Streit um die Christologie des Nestorius dessen griechisch verfasste Briefe ins Lateinische zu übersetzen und selbst ein Werk gegen Nestorius und Irrlehren verfasste.[2] Zum anderen dürfte auch der

Konflikt um Cassians Verständnis der Gnade darin begründet sein, dass einzelne seiner Aussagen, sogar Schriftzitate, aus dem Zusammenhang gerissen wurden, ohne zu beachten, was er davor oder danach sagt.

Eine Herausforderung an den inneren Vollzug: Abgesehen von ihrer sprachlichen Komplexität, dem Reichtum an Bildern und Allegorien sowie den Zitaten aus antiker Literatur erschließt Cassians Werk sich nur dem, der sich Zeit nimmt, zu lesen und das Gelesene innerlich zu durchdringen im steten Erwägen im Herzen (meditatio), das die Väter mit dem »Wiederkäuen« (ruminatio) verglichen.

Nach dem gegenwärtigen Stand meiner Kenntnisse hat diese mehrfache Herausforderung an den Leser folgende Gründe: Wir sind nicht mehr vertraut mit der Heiligen Schrift und den Auslegungsarten, die Cassian in coll. 14 erklärt. Wir haben uns weit entfernt vom unmittelbaren Zugang zu elementaren Lebensvollzügen und der Kreatürlichkeit unseres Körpers. Die Sprache unserer Seele müssen wir erst im Lauf unseres Lebens verstehen lernen. Auch brauchen wir Zeit, um zu der Einsicht zu kommen, dass im Individualismus nicht unser Glück liegt, dass Gemeinschaft mit anderen nicht lästig ist, sondern unser – nicht nur geistliches – Leben fördert. Hinter den Worten steht Cassians Erfahrung mit Klöstern und als Vorsteher des Klosters in Marseille, die Erfahrung in den Problemen derer, die alleine als Eremiten oder in einer Gemeinschaft lebten. Gleichwohl entdeckt der Leser sehr schnell, dass die beschriebenen Situationen und Emotionen, die mithilfe der heiligen Schrift entschlüsselt werden, über ihre Zeit und den Anlass ihrer Abfassung hinaus unsere Erfahrung mit den Wirren der eigenen Seele ansprechen.[3]

Die Anachoreten der Wüste, die Cassian und Germanus aufsuchten, um sie zu interviewen, zeigten schon durch ihre karge Lebensweise und ihre ungewöhnlichen Reaktionen, dass Frömmigkeit, heute sagen wir: Spiritualität, nichts mit elitärem Bewusstsein zu tun hat. Es geht um die Praxis geistlichen Lebens, die den inneren Weg erst erkennbar werden lässt, ihn in gleicher Weise jedoch überhaupt erst herausfordert. Der Beitrag von Georges Descœudres verdeutlicht dies am Baukonzept der Diakonia.

Immer wieder tauchen in Cassians Ausführungen Vergleiche mit dem Fachwissen anderer Sparten auf, so der Landwirtschaft, der Kunst, der Geschäftswelt, der Fürsorge für Kranke. Aus all diesen Fertigkeiten lernt derjenige, der sich aufmacht, die Anachorese zu einzuüben, wie er für sein Weiterkommen Werkzeuge der geistlichen Kunst einsetzen soll, die ihn befähigen, das Ziel zu erreichen, oder, wie es oft heißt: »hindurchzugelangen«. Zu diesen Werkzeugen gehören das immerwährende Gebet, die Beobachtung der eigenen Gedanken und das Offenlegen aller Gedanken und Gefühle vor dem erfahrenen und bewährten Abbas.

Ein großes Thema und viele Fragen

Im Prolog zum zweiten Teil der »Unterredungen« schreibt Cassian, dass er durch das »höchst wagemutige Unterfangen« der Niederschrift ergänzen möchte, was in vorausgehenden Werken, also den »Instituta Coenobiorum«, den Richtlinien für Koinobiten, und dem ersten Teil der »Unterredungen mit den Vätern« vielleicht zu kurz kam. Das große Thema von coll. 1 bleibt jedoch erhalten und durchzieht wie ein Leitmotiv das gesamte Werk: Die Reinheit des Herzens, der Weg dahin und das letzte Ziel, auf das hin wir angelegt sind. Hatte Teil 1 die großen Themen der Anachorese vorgestellt, mutet Teil 2 nun wie eine in die Tiefe gehende neuerliche Erklärung an. Es geht um das Weitergehen im Schritt des einmal begonnenen Aufbruchs aus alten, vor allem inneren Bindungen (coll. 11,1).

Im Folgenden sollen die einzelnen Collationes mit ihren jeweiligen Fragestellungen kurz vorgestellt werden.

Die Vollkommenheit der Liebe, die frei ist von Furcht

Collatio 11 will die »Liebe, die niemals zu Fall kommt« (1 Kor 13,8; coll. 11,13), erklären. Abbas Chaeremon geht die Sache grundsätzlich an: Unsere natürliche Veranlagung der Affektivität, also der Zuneigung und liebevollen Zuwendung, aber auch der Neigung zu Zorn, Neid, Angeberei und so weiter kann auf das Gute ausgerichtet werden, sodass wir lernen, die »Leidenschaft für Milde und Sanftmut« auszubilden (coll.

11,6–9). Begriffe wie Leidenschaft, Begierde oder Lust werden nach zwei Seiten hin betrachtet: Sie sind Zeichen einer lebendigen Seele, können jedoch zum Schaden des Menschen auf trügerische oder schädliche Ziele ausgerichtet sein. Die Aufgabe besteht darin, Gedanken, Streben und Gefühle aus der Welt und ihren Zielen abzuziehen.

Das Wort des Apostels vom »Leib der Sünde«

Es ist naheliegend, das Thema Enthaltsamkeit und Sexualität anzusprechen, wenn von Affekten und Leidenschaften die Rede ist. Abbas Chaeremon will Cassian und Germanus zunächst erklären, wie das Apostelwort vom »Leib der Sünde« (Röm 6,6) zu verstehen ist. Sehr schnell stellt er klar, dass ein Körper, also eine Person, aus einem »Gefüge«, einem Verbund von vielen »Mit-Gliedern« besteht. Zu diesem Verbund von Sünden gehören die Laster und zerstörenden Leidenschaften (vgl. coll. 5). Nur körperliche Enthaltsamkeit ist noch nicht Reinheit. Diese entscheidet sich im Herzen, in den Gedanken und Phantasien (coll. 12,2). Das göttliche Gebot »Du sollst nicht begehren« wird auf alle Regungen der Seele bezogen. Jede Art schädigender und das innerste Heiligtum (tabernaculum) verletzender Begierde ist eine »Erkrankung des Willens« (coll. 12,2), für die es jedoch konkrete Heilmittel gibt. Gewiss sind etliche Aussagen zu Körper und Sexualität nicht mehr die unsrigen, doch birgt diese Collatio tiefe Einsichten in die Verflechtung von Machtstreben, Sexualität und innerer Reinheit. Der in Übersetzung wiedergegebene Beitrag von Terrence G. Kardong setzt sich mit den Fragen zu coll. 12 auseinander.

Der Wille des Menschen und Gottes Gnade – Miteinander oder gegeneinander?

Noch immer lehrt Abbas Chaeremon. Dies legt die Vermutung nahe, dass coll. 11–13 auch inhaltlich verwandt sind: Sie behandeln Grundäußerungen menschlicher Affektivität, coll. 13 den menschlichen Willen. Diese Unterredung, die später die Überschrift »de protectione dei«, »Über die Hilfe Gottes« erhielt, führte zur Verunglimpfung Cassians als

»Mann im Priesteramt, der den Feinden der Gnade in die Hände spielt«.[4] Cassian wurde verdächtigt, Anführer der südgallischen Mönche zu sein, die Kritik an der zugespitzten Gnadenlehre des späten Augustinus übten. Um diesen Vorwurf zu verstehen, sollen hier einige wenige Erläuterungen zu Augustins Sicht auf Gnade und Willensfreiheit stehen.[5] Es ging um die Frage, ob der Mensch und Gottes Gnadenhilfe zusammenarbeiten und ob der Mensch den Glauben bis an sein Lebensende aus freien Stücken bewahren kann. Augustinus von Hippo verteidigte im Streit um die Lehre des Pelagius die Hilfe Gottes, ohne die der Mensch das Gute nicht vollbringen kann. In seinem Brief an den römischen Archidiakon und späteren Papst Sixtus III. (ep. 104) aus dem Jahr 418 legte er sein Verständnis von Rechtfertigung, Freiheit des menschlichen Willens, von Kindertaufe und Vorherbestimmung dar. Dieser Brief gelangte in das Mönchskloster Hadrumentum (heute Sousse in Tunesien). Einige Mönche werteten Augustins Haltung als Leugnung des freien Willens und der Vergeltung der Werke im jüngsten Gericht. Sie fürchteten als Folge bodenlosen Fatalismus. Prosper von Aquitanien verleumdete Cassian bei Augustinus und schrieb selbst ein Werk »Contra Collatorem«, »Gegen den Verfasser der Collationes«, sowie Gedichte und Briefe, in denen er Cassian bezichtigt, ein »Neuerer nach Art der Weltleute«, und das hieß »Umstürzler« zu sein, der von der Tradition abweicht.[6] Augustinus antwortete darauf mit Briefen (ep. 214 und 215) sowie ausführlichen Schriften, darunter »De gratia et libero arbitrio«, »Gnade und freier Wille«, und »De correptione et gratia«, »Zurechtweisung und Gnade«. Das Ineinander von Mensch und göttlicher Gnade legt Augustinus in »Gnade und freier Wille« dar.[7] Im Streit mit Julian von Eclanum geht Augustinus so weit, zu behaupten: Der Mensch ist in seiner Gier (concupiscentia) dermaßen auf das Böse ausgerichtet, dass er nur noch die Freiheit zum Sündigenkönnen besitzt (c. Jul. imp. 1,85.106). Augustins »Betonung der Allmacht Gottes droht ... seine Erlösungslehre der ›Befreiung in Christus‹ zu entmachten.«[8] Paulus dient Augustinus als Beispiel für eine Erwählung nicht aufgrund von Verdiensten, sondern als Geschenk der Gnade, die den Willen nicht auslöscht.[9] Wenn es um sein Heil geht, kann der Mensch jedoch nichts aus sich wirken. Auch in »Zurechtweisung und Gnade« befasst Augustinus sich mit Paulus. Er hält fest: Für seine Gemeinden betete Paulus um die Gnade, die innerlich wirkt. Doch verzichtete er nicht auf Zurechtweisung (correptio) und Ermahnung (correpț. 1–3). Tadel und Ermahnung ermuntern den Menschen, die Passivität zu verlassen und der Gnade durch sein Verhalten die Entfaltung zu ermöglichen. Im Gegensatz dazu hatten Mönche in Hadrumentum die Einstellung, dass Gebote und Zurechtweisung sinnlos wären, da ja sowieso niemand für Fehler haften könne, wenn jede Fähigkeit zum Guten allein von Gottes Gnade ausgehe. Niemand, der ein Gebot übertritt, dürfe dafür getadelt oder bestraft werden, da ihm ja offensichtlich die Gnade die Hilfe verweigert hätte. Natürlich stellt sich in diesem Zusammenhang auch die Frage, worin eigentlich Freiheit und Gnade für Adam und Eva bestanden. Augustins Antwort: Die Freiheit der ersten Menschen war die Fähigkeit zum Nichtsündigen und Nichtsterben (posse non peccare – posse non mori). Das letzte Ziel des Menschen, der die Gnade zur Beharrlichkeit empfangen hat, ist die Unfähigkeit zum Sündigen und die Unfähigkeit zum Sterben (non posse peccare – non posse mori).[10]

An der Auslegung von 1 Tim 2,4: »Gott will, dass alle Menschen gerettet werden«, lässt sich die unterschiedliche Haltung von Augustinus und Johannes Cassian verdeutlichen. Augustinus schränkt ein: Gott hat zwar alle Macht, die Herzen der Menschen zu lenken, wie er will. Doch wissen wir nicht, wer zu denen gehört, die aus der »Masse der Verurteilten« (massa damnata) erwählt sind. Es bleibt uns lediglich die Pflicht, uns nach dem Vorbild Christi, der für alle (»pro omnibus«) starb, in Liebe um die Rettung aller zu sorgen. Diese Liebe beinhaltet auch Gebet und Zurechtweisung.[11] Cassian sagt zu 1 Tim 2,4: »Der Mensch ist nicht erschaffen, um zu sterben, sondern um in Ewigkeit zu leben. Wenn Gottes Güte in uns nur den kleinsten Funken an gutem Willen glimmen sieht, oder er ihn selbst aus unserem Herzen wie aus hartem Gestein ausschlägt, entzündet er ihn, erweckt ihn und macht ihn stark, indem er die Glut anfacht; denn er ›[Gott] will, dass alle Menschen gerettet werden und zur Erkenntnis der Wahrheit kommen‹. (1 Tim 2,4) ›Es ist nicht der Wille eures Vaters in den Himmeln, dass auch nur einer von diesen Kleinen verlorengeht.‹ (Mt 18,14) An anderer Stelle heißt es: ›Gott will nicht, dass eine Seele verlorengeht, sondern nimmt sich vor und sinnt darauf, dass nicht völlig zugrundegeht, wer verstoßen ist.‹ (2 Reg = 2 Sam 14,14) Gott ist doch wahrhaftig und lügt nicht, wenn er unter Schwur versichert: ›So wahr ich lebe‹, spricht Gott, der Herr, ›ich will nicht den Tod des Gottlosen, sondern dass er umkehrt von seinem Weg und lebt.‹ (Ez 33,11) Wenn Gott nicht den Willen hat, dass einer von den Kleinsten verlorengeht, wie sollte man ohne ungeheuerliche Gotteslästerung meinen, dass er nicht umfassend alle, sondern nur einige anstatt aller retten will? Deshalb [gilt]: Wer immer verlorengeht, geht gegen seinen [Gottes] Willen verloren.« (coll. 13,7) Cassian ist überzeugt: Gott ruft alle ohne Ausnahme, und begründet dies auch mit Mt 11,28: »›Kommt alle zu mir, die ihr mühselig und beladen seid, ich werde euch erquicken.‹ Würde er jedoch nicht allumfassend alle, sondern nur einige rufen, folgte daraus: Nicht alle sind beladen, weder mit einer Ursprungs- noch mit einer aktuellen Sünde. Auch wäre dann jenes Wort nicht wahr: ›Alle haben gesündigt und sind ohne Ehre vor Gott.‹ (Röm 3,23) Man bräuchte auch nicht zu glauben, dass ›der Tod auf alle Menschen überging‹ (Röm 5,12)«. Nach Cassian schenkt Gott die Ausdauer im Tun des Guten (coll. 13,8). Und er mahnt in coll. 16,6 mit 1 Tim 2,4 die Verantwortlichkeit jedes Einzelnen an: »Vor Gott, der ›will, dass alle Menschen gerettet werden‹, (1 Tim 2,4) besteht kein Unterschied, ob du dich oder einen anderen zugrunde richtest. Gott entsteht einundderselbe Verlust aus dem Untergang eines jeden.« Das Pauluswort vom unerforschbaren Ratschluss Gottes (Röm 11,33; coll. 13,15.17) legt Cassian anders als Augustinus im Sinn von 1 Tim 2,4 aus. Wichtig ist, den Zusammenhang zu sehen, in dem er dies schreibt: Er warnt vor dem Zorn, für den es keinerlei Rechtfertigung gibt. Da Gottes Wille die Rettung aller beabsichtigt, sollen die Brüder anstelle des Zorns Barmherzigkeit und Demut setzen. Zurechtweisung hatte in den Kellia bestimmte Formen und Strukturen.[12] Für den, der zu Fall kommt, wie den, der das Versagen des anderen sieht, geht es darum, dem inneren Tod zu entfliehen, die Reinheit des Herzens mit aller Willenskraft zu erstreben, jedes sich selbst und andere schädigende Wollen aufzugeben. Dies ist demjenigen, der zur Anachorese aufbricht, auch möglich, in ihm sogar »natürlicherweise« (coll. 11,7; 14,3) angelegt. Nicht zu vergessen: Eines der Hauptwerkzeuge im Geistlichen Kampf ist die Offenlegung aller Gedanken und Absichten vor dem erfahrenen Abbas. Cassian verpflichtet die Mönche also zu dem, was Augustinus anmahnt: Ermahnung auf der Basis der Liebe Christi. Zurechtweisung beschreibt Cassian als »Hinabsteigen«, genauer als »Mithinabsteigen« (condescendere).[13] Diese Haltung ist abgeleitet aus der Schrift. So formuliert Origenes, dass in der Schrift häufig vom Herabsteigen Gottes gesprochen wird. Wenn Gott sagt »ich werde mit dir hinabsteigen«, heißt das, er begibt sich mit dem Menschen in die »Kämpfe dieser Welt«, in die Kämpfe mit den Leidenschaften und Dämonen. Daraus entsteht die Verpflichtung, dass »auch jeder von uns« den Abstieg wagt, da Gott mit ihm ist.[14] Der Mensch ist schließlich »auf die Grenzlinie von Fleisch und Geist gestellt« (coll. 12,8). Er braucht innere Wandlung (coll. 12,11.12) und in deren Prozess auch das Mitgehen des Bruders. Cassian versteht »Mithinabsteigen« als »Mitleiden« und gibt dazu genauere Handreichung.[15]

Die Auseinandersetzung um die Gnade konnte hier nur kurz beleuchtet werden.[16] Wie alle Themen Cassians wartet auch diese Frage auf gründliche Aufarbeitung.[17] Zusammenfassend lässt sich festhalten[18]: Cassian vertritt eine optimistischere Sicht der menschlichen Natur, die infolge des Sündenfalls zwar beständiger Anfechtung ausgesetzt bleibt, aber ihre vom Schöpfer geschenkte Freiheit zum Guten nicht vollständig eingebüßt hat.

In den theologischen Streit um die Gnade hat Cassian nie persönlich eingegriffen. Er blieb bei seiner Aufgabe, Vorsteher des Klosters in Marseille zu sein und die Erfahrungen der ägyptischen Väter niederzuschreiben. Ein Jahrhundert nach seinem Ausbruch wurde dieser Streit auf der Synode von Aurausio (Orange) im Jahre 529 erneut Thema. Sie verurteilt die Lehre des Pelagius, die Vorherbestimmung zur Verdammnis, aber auch Sätze Cassians.[19]

Praktike und Theoretike kennen

Mit coll. 14, hier lehrt Abbas Nesteros, führt Cassian in Details zur Praktike (grch. praktike arete, lateinisch actualis virtus, Wissen vom Tun) und der Theoretike (grch. theoretike arete, lateinisch virtus contemplativa, Wissen von der Schau Gottes) ein. Erstere hat zum Ziel »die Reinigung von den Lastern«, letztere die »Schau göttlicher Wirklichkeiten und Erkenntnis verborgenster Gedanken« (coll. 14,1). Als rechter Magister und Arzt gibt Cassian den Lehrplan für das nötige Wissen geistlichen Lebens vor: Zuerst gilt es, das Wesen der Laster zu erkennen und die Methode ihrer Heilung. Dann soll der Geist sich so in die Tugenden einüben, dass er ihnen wie von selbst und als einem natürlichen Gut folgt. Der Weg ist die Demut (coll. 14,10). Zum Lehrplan gehört auch die Kenntnis der Auslegungsarten der heiligen Schrift nach dem vierfachen Schriftsinn (coll. 14,8). Nachsinnen (meditatio) und Lesung (lectio) machen mit der Schrift vertraut. Dem, der sich unablässig darauf einlässt, wird sich »das Antlitz der heiligen Schriften erneuern« und ihm wird ein tieferes Verständnis für das Heilige daraus erwachsen (coll. 14,10). Nebenbei erfahren wir auch etwas über Cassian. Er erzählt, dass er den Kopf voller Possen, Kriegsgeschichten und obszöner Bilder hat, die er im Schulunterricht mit den Werken der antiken Autoren in sich gespeichert hat (coll. 14,12).

Collatio 15 wehrt mit Abbas Nesteros dem Missverständnis, Gottes Gnadengaben wollten das Spektakuläre wirken. Nach Mt 11,28 sollen diejenigen, die Christus nachfolgen, nicht lernen, großartige Wunder zu vollbringen. Demut und Sanftmut kann schließlich ein jeder einüben (coll. 15,7). »Es ist es ein großartigeres Zeichen, in der Kraft der Geduld den grimmigen Aufruhr des Zorns in seine Schranken zu weisen, als den Geistern in der Luft zu befehlen. Und es ist mehr, die Zähne der Traurigkeit, die sich im eigenen Herzen festgebissen haben, zu ziehen, als die Krankheiten ... eines anderen zu vertreiben.« (coll. 15,8)

Fundamente von Freundschaft und Gefährtenschaft

Nach all den schweren Themen kommt coll. 16 zunächst leichtfüßig im Gewand griechischer Bildung daher. Abbas Joseph ist die Personifikation eines griechischen Gelehrten, hochangesehen bereits in seiner Heimatstadt. Cassian und Germanus stellen sich als »Zwillingsbrüder[20] im Geist« vor. Um die Grundlagen von Freundschaft zu erörtern, spricht Joseph zunächst über verschiedenste Formen von Hochschätzung und Liebe. Mithilfe biblischer Beispiele lässt Cassian ihn dilectio und caritas, griechisch agápe, charakterisieren, und ordnet ihnen dann amor sowie affectio, griechisch diáthesis, zu (coll.14,2.3.9.14). Eine strenge Systematisierung von dilectio, amor, caritas hält der Text nicht konsequent durch. Zielpunkt ist die Rede von der »geordneten Liebe«, der »caritas ordinata« (14). Für Freundschaft und Gefährtenschaft erachtet Joseph als unbedingt notwendig: Ausreißen der Laster, besonders des eigenen Zorns und Lindern der Niedergeschlagenheit des Bruders, beiderseitigen gleichen Willen und Vorsatz, sowie Übereinstimmung in den Dingen, die den geistlichen Fortschritt betreffen (coll 16,3.5.6.10). Dabei dürfte Cassians Schilderung konkreter Situationen von Zorn oder geheuchelter Sanftmut direkt aus dem Erleben und der Erfahrung kommen. Für uns heute besonders ungewohnt ist die Interpretation von Mt 5,39, dem Hinhalten der anderen Wange (ab coll. 16,20) und Röm 12,19: »Gebt dem Zorn Raum« (coll. 16,27). Cassian legt diese Schriftstellen konsequent auf den Umgang mit den Leidenschaften aus: Die »andere« Wange ist die innere. Zorn braucht innerlich »Raum«, um sich zu legen und nicht nach außen zu brechen (16,27).

Über Festlegungen

Cassian und Germanus hatten in ihrem Kloster (wahrscheinlich Bethlehem) versprochen, möglichst schnell von ihrer Reise zu den berühmten Vätern in Ägypten zurückzukehren. Doch wird in ihnen, je länger sie dort sind, der Wunsch übermächtig, zu bleiben. Sie möchten aus der unmittelbaren Begegnung lernen. Dadurch kommen sie in die schwierige Entscheidungssituation, entweder ihr Versprechen zu brechen oder gegen ihre innere Überzeugung zu handeln. Hier tritt nun Cassian persönlich in den Vordergrund und rät, sich dem Schiedsspruch des Abbas Joseph zu unterstellen, da dieser allgemein großes Ansehen genießt, aber auch das Vertrauen der Freunde hat (coll. 17,3). Abbas Joseph antwortet mit drei Leitsätzen: Der Mönch soll sich nicht vorschnell durch ein Versprechen binden (8). Er soll die Absicht seines Vorhabens prüfen (11). In diesem Zusammenhang verweist Joseph mit Mt 5,8 auf den Grundsatz: Wenn der Mönch inkonsequent ist, soll er sich zuallererst fragen, ob er tatsächlich nach dem reinen Herzen strebt (14). Die Diskretio als Instrument der Entscheidungsfindung kann dazu raten, von einem einmal gefassten und sogar lange durchgehaltenen Entschluss abzurücken (23). Mit Beispielen aus der heiligen Schrift sowie dem Erfahrungswissen der Väter beleuchtet Joseph verschiedene Situationen, auch die Frage, ob Lügen erlaubt sind.

Unzulänglichkeiten bleiben

Teil 2 der »Unterredungen mit den Vätern« schließt mit der Bitte des Verfassers an die Auftraggeber Honoratus und Eucherius, Unzulänglichkeiten der Ausführungen nicht den Vätern, von denen er berichtet, zuzuschreiben, sondern seinem eigenen Unvermögen.[21] Er bleibt sich also treu: Zwar strengt Cassian sich an, sprachlich und inhaltlich meisterhaft zu schreiben, räumt aber doch ein, das selbstgesteckte Ziel vielleicht nicht erreicht zu haben.

GABRIELE ZIEGLER

Dank der Übersetzerin

Mit diesen zweiten Band möchte ich besonders denjenigen danken, die diese Übersetzung unterstützten und begleiteten: P. Dr. Fidelis Ruppert OSB, Münsterschwarzach, der so manche Textpassage mit mir erforschte und klärte. Prof. Dr. Georges Descœudres, Zürich, für die Darstellung des archäologisch-kunstgeschichtlichen Umfeldes. Max Gräf, Würzburg, der mir bei den altsprachlichen Recherchen half und das Register erstellte. Dr. Matthias E. Gahr und Michaela Krug vom Vier-Türme-Verlag Münsterschwarzach für viele genaue Arbeit. Beatrice Fröschen und Br. Basilius Hepp OSB, Bibliothekare der Abteibibliothek Münsterschwarzach, die über meinen Suchanfragen nicht die Geduld verloren. Br. Vitalis Kapper OSB, Münsterschwarzach, an den ich mich mit Fragen zu Botanik und Ackerbau wenden konnte. Den Teilnehmerinnen und Teilnehmern der Kurse zu Themen Cassians sowie den Leserinnen und Lesern von Teil 1 der »Unterredungen«, die mir durch ihre Rückfragen und Hinweise immer wieder neue Aspekte des Textes eröffneten.

Verlag und Übersetzerin danken Fr. Terrence G. Kardong OSB, Assumption Abbey, Richardton, der uns seinen Beitrag zur Collatio 12 großzügig zur Verfügung stellte.

Der Abtei Maria Frieden, Dahlem, der Abtei Münsterschwarzach und der Abtei St. Otmar, Uznach/Schweiz, danken wir für Unterstützung der Drucklegung.

GEORGES DESCŒUDRES

Johannes Cassian und die Diakonie bei den Wüstenvätern

Die Nächstenliebe im Sinne der Fürsorge für die Bedürftigen ist ein zentrales Anliegen in der Rede des Herrn vom Jüngsten Gericht, welche in Mt 25,40 im bekannten Satz gipfelt: »Was ihr für einen meiner geringsten Brüder getan habt, das habt ihr mir getan.« Die *Caritas* ist eine zentrale Aufgabe der christlichen Gemeinde seit ihren Anfängen und hat in vielerei Formen und Institutionen ihren Ausdruck gefunden. »Der Ort der Caritas«, schreibt Thomas Sternberg in seiner grundlegenden Untersuchung zum räumlichen Erscheinungsbild dieser Fürsorgeeinrichtung, »ist das Haus des Bischofs, die *Domus ecclesiae*, die zu den Bauten des Bischofskomplexes gehört.«

Allerdings ist es nur selten möglich, die Örtlichkeiten der *Caritas* realiter, das heißt in den gebauten Formen, zu erfassen. Wo spezifische Einrichtungen fehlen, ist bei archäologischen Untersuchungen eine funktionale Interpretation von Räumen schwierig und unsicher. Am ehesten lassen sich für die *Caritas* bestimmte Räume in der Form von *Xenodochien* an größeren Pilgerorten wie Qal'at Sem'an bestimmen, dem Wallfahrtszentrum des Symeon Stylites, des ersten und berühmtesten der Säulenheiligen. Doch außerhalb solcher Wallfahrtsorte ist selbst bei gut erhaltenen spätantiken Klosteranlagen wie jenen im Nordwesten Syriens die Deutung der für die Unterkunft von Besuchern bestimmten Lokalitäten schwierig. Zwar wissen wir aus schriftlichen Quellen, dass viele Klöster seit der Spätantike neben der gastlichen Aufnahme von Besuchern in einem weiteren Sinne auch eine eigentliche Almosentätigkeit entfalteten, doch ist hier erst recht eine Erfassung der dafür bestimmten Örtlichkeiten bisher kaum möglich geworden.

Angesichts dieser Sachlage mag es erstaunen, dass spezifische, für die *Caritas* bestimmte Raumkomplexe ausgerechnet dort auszumachen sind, wo man sie – zumindest auf den ersten Blick – am wenigsten erwarten würde, nämlich bei den Eremiten in der Wüste. Im spätantiken Ägypten verbreitet waren dorf-, manchmal sogar stadtähnliche Siedlungen, wo die Mönche getrennt in ihren Eremitagen lebten und sich am Wochenende in der Kirche versammelten.

Es ist Johannes Cassian, der im ausgehenden 4. Jahrhundert viele Jahre bei den ägyptischen Wüstenvätern verbracht hatte und als einer der ersten über solche Einrichtungen der *Caritas* (vgl. coll. 16,3) bei den Eremiten berichtet. In seinen Schriften, die er nach seiner Rückkehr nach Gallien für die dortigen Mönche verfasste, zeigt Cassian sowohl eine Innen- wie auch eine Außensicht. Als Eremit und Schüler bekannter Mönche wie Evagrios Pontikos hatte er mit den ägyptischen Eremiten gelebt. Und er ist notabene der einzige Lateiner, der in den *Apophthegmata Patrum* Aufnahme fand, was wohl als Zeichen dafür gesehen werden kann, dass er von den ägyptischen Wüstenvätern voll und ganz akzeptiert wurde. Insofern die Innensicht.

Wenn Johannes Cassian in seinen Schriften den Mönchen in Gallien von den Wüstenvätern berichtet, so tut er dies gewissermaßen mit dem Blick des Ethnologen. Es ist der Blick eines Außenstehenden, der über ein fremdes Land und über fremde Menschen, ihre Denkart und Gebräuche berichtet, zwar neben Latein auch Griechisch spricht, aber für den Austausch mit ägyptischen (koptischen) Mönchen einen Dolmetscher braucht (vgl. coll. 16,1). Dies wird besonders bei seinen »Unterredungen mit den Vätern« deutlich, auch wenn hier sein Freund und Begleiter Germanos als fragende Person auftritt. Doch kommt man vom Eindruck nicht los, dass dieser Freund als *Alter Ego* die Funktion einer literarischen Kunstfigur hat – gewissermaßen als Demutsgeste, damit Cassian nicht ständig von sich selbst berichten muss.

»Diakonia« in den Textquellen

Collatio 21 wurde mit dem Wüstenvater Theonas geführt, der Vorsteher einer Gemeinschaft von Eremiten in der Sketis war. Johannes Cassian berichtet einleitend von dessen Werdegang als Mönch. In jungen Jahren wurde Theonas von seinen Eltern »zum Schutze seines gefährdeten Alters«, wie es so schön heißt, verheiratet. Als Ehemann und Familienvorsteher leistete er Abgaben an eine Mönchsgemeinschaft, dessen Vorsteher ein gewisser Johannes war. Dieser sei von den Vätern der Gemeinschaft wegen seiner heiligmäßigen Lebensführung als Vorsteher der Diakonie gewählt worden. Von den Belehrungen dieses Johannes ermutigt, verließ Theonas nach einer heftiger Debatte über die Zulässigkeit dieses Schrittes seine Frau und wurde selbst Mönch. Die bei der Unterredung erwähnten *decimae*, *primitiae* und *religiosa donaria* (Zehnten, Erstlinge und kirchliche Abgaben) wurden an eine Einrichtung gegeben, die Johannes Cassian in seinem lateinischen Text mit dem griechischen Ausdruck *diakonia* bezeichnet. Theonas wurde später selbst Leiter der Diakonie dieser Mönchsgemeinschaft.

In den Diakonien dieser Mönchssiedlungen wurden Gaben von Weltleuten entgegengenommen, um sie an Mönche sowie auch an bedürftige Besucher weiterzugeben. Der Vorsteher einer solchen Diakonie wurde gewöhnlich als »Ökonom«, in anderen Quellen auch als »Diakonites« bezeichnet. In der Regel war dieser der Vorsteher der Eremitensiedlung, wie wir dies bei den bei Cassian erwähnten Vätern Johannes und Theonas gesehen haben. Dabei ist darauf hinzuweisen, dass die ägyptischen Eremitensiedlungen – wenn auch in einem anderen Sinne als bei den Koinobien – sich durchaus als Gemeinschaft verstanden. Die Mönche, die unter der Woche getrennt in ihren Eremitagen lebten, versammelten sich am Samstag und am Sonntag im kirchlichen Zentrum ihrer Siedlung, wo sie ein gemeinsames Stundengebet verrichteten, eine gemeinsame Mahlzeit, Agape genannt, einnahmen sowie gemeinsam die Eucharistie feierten.

So heißt es in einem anonymen *Apophthegma*: »Einer der Väter erzählte, dass es drei Dinge gibt, die dem Mönch wichtig seien, und denen er mit Furcht, Zittern und geistlicher Freude obliegen soll: die Teilnahme an den heiligen Mysterien, der Tisch der Brüder und das Waschen der Füße.« Die Eucharistie, die Agape mit den Mitbrüdern und die Gastfreundschaft – das ist mit dem Waschen der Füße gemeint – werden hier gewissermaßen als Pflichten der Wüstenväter genannt.

Die Agape (vgl. coll. 16,14) als regelmäßig wiederkehrende Mahlfeier scheint bei den Wüstenvätern eine zentrale Rolle gespielt zu haben, bei denen zum Beispiel auch das Gedächtnis verstorbener Mitbrüder begangen wurde. So heißt es etwa in der *Vita des Apollo von Bawit* (cap. 17), dass am Jahrestag des Todes des Mitbruders Phib von den Brüdern eine »Agape in Freude und Heiterkeit« gefeiert wurde. Diese Versammlungen der Gemeinschaft scheinen auch der Zeitpunkt und der Ort gewesen zu sein, da den bedürftigen Brüdern – und dies dürften manche gewesen sein – Almosen für ihren Lebensunterhalt abgegeben wurden.

Wie aus den Texten hervorgeht, war das Bedeutungsfeld des Begriffs »Diakonia« allerdings nicht auf eine für die Verteilung von Almosen zuständige Einrichtung eingeschränkt. Es umfasste besonders in diesen monastischen Kreisen ein außerordentlich weites Spektrum und ist im allgemeinen Sinne als »Dienst« zu umschreiben. Dazu gehörten neben dem »Gottesdienst« auch der »Dienst für die Zubereitung des Essens« sowie der »Tischdienst«. Ferner umschließt der Begriff auch den »Dienst an den Bedürftigen«, worunter nicht nur die Versorgung der Mönche beziehungsweise der Kommunität mit gespendeten Gaben der Weltleute fällt, sondern auch die Ausgabe von Almosen an Besucher und im weiteren Sinne die Pflege der Gastfreundschaft im *Xenodochion* (vgl. coll. 14,4), vielfach als »Dienst an der Pforte« bezeichnet. Gebende und Empfangende sind sowohl die Mönche selbst als auch die Besucher. In der *Vita Antonii* heißt es lapidar: »Antonius beschäftigte sich mit Handarbeit, da er gehört hatte: ›Wer nicht arbeitet, soll auch nicht essen‹. Einen Teil des Lohnes verbrauchte er für Brot, den anderen gab er den Armen.«

Der Vorsteher der Diakonie versah den Dienst des Ökonomen, der für die Entgegennahme und die Verteilung von Gütern, insbesondere von Lebensmitteln, zuständig war und oft auch für die Vermarktung der von den Mönchen hergestellten Produkte, etwa der in den Texten häufig erwähnten Matten und Körbe. Auch in den pachomianischen Klöstern bekleidete der Ökonom ein wichtiges Amt, und auch hier war der Ökonom vielfach identisch mit dem Klostervorsteher. Es ist in diesem Zusammenhang auch einmal von einem »Verwaltungsbüro« die Rede, worauf zurückzukommen sein wird. Die Diakonie war *die* zentrale Einrichtung im wirtschaftlichen Leben monastischer Niederlassungen, ob Eremitensiedlung oder Koinobion. Gelegentlich konnte der Begriff »Diakonia« – wie insbesondere Papyri aus der Thebais zeigten – als *pars pro toto* sogar für die Bezeichnung einer monastischen Gemeinschaft verwendet werden. Schließlich wurde der Begriff der »Diakonie« gar auf Gebäulichkeiten übertragen, wenn etwa in einem Papyrus aus einem oberägyptischen Kloster davon die Rede ist, dass ein Mönch auf das Dach einer Diakonie hinaufstieg.

Die Mönchssiedlung Kellia

Eine der Mönchssiedlungen, die Johannes Cassian bei seinem Aufenthalt in Ägypten kennenlernte und die in seinen »Unterredungen mit den Vätern« mehrfach erwähnt wird, waren die Kellia. Sie wurden im Jahre 338 als Außenstation der älteren Siedlung Nitria gegründet und zwar, wie es heißt, für jene Mönche, die sich mehr in die Abgeschiedenheit zurückziehen wollten. Anders als Nitria, das am Rande der Wüste nahe der bewohnten Gegenden im Nildelta zu situieren ist, lagen die Kellia in der sogenannten Inneren Wüste. Hier wurden in der Zeit von 1965 bis 1990 archäologische Ausgrabungen durchgeführt, auf deren Ergebnisse hier im Wesentlichen abgestellt wird (Abb. 1).

Gegen Ende des 4. Jahrhunderts wurde eine erste Kirche in den Kellia errichtet, wodurch die Siedlung von Nitria weitgehend unabhängig wurde. Der um 394 verstorbene Wüstenvater Makarios der Alexandriner war der erste Priester und Ökonom der Kellia. Die erwähnten Versammlungen der Mönche am Samstag und am Sonntag fanden in dieser Kirche beziehungsweise im kirchlichen Zentrum statt, wozu auch gemeinschaftlich genutzte Räume sowie die Zelle des Vorstehers gehörten.

Nach dem Schisma im Konzil von Chalkedon im Jahre 451, bei dem sich die monophysitisch-ägyptische (koptische) Kirche von der orthodox-katholischen Reichskirche trennte, wurde in den Kellia eine zweite Kirche beziehungsweise ein zweites kirchliches Zentrum errichtet. Die Mönche dieser Siedlung waren damit in zwei verschiedene Konfessionen, was heißt, in zwei Gemeinschaften aufgespalten.

Die Siedlung selbst bestand aus drei größeren Agglomerationen, wobei die kirchlichen Zentren an der Peripherie dieser Agglomerationen situiert waren, in Abb. 2 mit QW (Qasr Wuaheida) und QIsa 1 (Qusur Isa 1) bezeichnet. Es sind dies beduinische Ortsbezeichnungen, die von den Archäologen mangels Kenntnis historischer Benennungen übernommen wurden. Wie sich die Mönche beziehungsweise die Eremitagen verschiedener Konfessionen räumlich aufteilten, ist nicht bekannt.

Wie erwähnt, umfassten die beiden kirchlichen Zentren der Kellia zuerst eine Kirche, später waren es zwei Kirchenbauten. Dazu gehörten auch einzelne Mönchszellen, sowie Vorratsräume. In einem späteren Ausbau wurde ein großer Versammlungsraum errichtet. Es ist anzunehmen, dass dieser die Kirche als Ort für die Agapen ablöste. Seit dem 5. Jahrhundert hatten verschiedene Konzilien das Essen in der Kirche untersagt.

In diesen Kirchenzentren wurde ferner ein Turm errichtet, später waren es zwei Türme. Diese Türme werden mit den sporadischen Beduinenüberfällen im Sinne von Refugien in Verbindung gebracht, doch war ihre räumliche Kapazität mit Blick auf die gesamte Siedlung für eine solche Aufgabe bei Weitem nicht ausreichend. Zumindest in den Anfängen ist eine Funktion als Wohntürme in Kombination mit einer Vorratshaltung im unteren Geschoss anzunehmen. Es ist zu vermuten, dass hier der Vorsteher untergebracht war, der Priester, der in den Kellia in der Regel auch der Ökonom war. Es sei daran erinnert, dass, wie Gregor der Große berichtet, der hl. Benedikt zusammen mit einem Bruder, der ihm zu Diensten war, innerhalb seines Klosters in einem Turm hauste (Buch II der Dialoge, Kap. 35,2).

Die gewöhnlich eingeschossigen Eremitagen der Kellia wurden aus getrockneten Lehmziegeln errichtet, wobei sämtliche Räume gewölbt waren. Die älteren Behausungen der Mönche waren äußerst einfach. Sie bestanden aus zwei bis höchstens vier Räumen und waren knapp einen Meter in das anstehende Terrain eingetieft.

Seit dem 6. Jahrhundert lassen sich bei den Eremitagen wie auch bei deren Ausstattung markante Veränderungen feststellen. Die Bauten wurden nun ebenerdig angelegt. Sie waren deutlich größer als zuvor und verfügten regelmäßig über einen von einer Mauer umgebenen Hof. Der im Nordwesten des Hofes gelegene Wohntrakt war gewöhnlich für zwei Mönche – den Altvater und seinen Schüler – bestimmt, die in getrennten Appartements wohnten. Gemeinsam war ihnen ein Vestibül, von wo aus die beiden Wohnbereiche zugänglich waren. Wie zahlreiche Inschriften an den Wänden zeigten, war das Vestibül jener Raum, in dem Besucher empfangen wurden.

Seit den Anfängen gehörte ein Oratorium zur Eremitage, das sich durch eine nach Osten ausgerichtete Gebetsnische auszeichnete. Seit dem 6. Jahrhundert war diese Nische durch zeichenhafte Malereien sowie durch eine plastische aedicula-artige Rahmung ausgezeichnet sowie – anhand von Aufhängevorrichtungen indirekt bezeugt – durch Vorhänge, welche diese Gebetsnische als Schrein erscheinen ließen (Abb. 3). Tatsächlich gibt es Hinweise, dass die Mönche ihre Eremitage mit Oratorium und Gebetsnische als Abbild des Heiligen Zeltes (vgl. die Begriffe adyton, skene, tabernaculum) in der Wüste Sinai verstanden.

In der ersten Hälfte des 7. Jahrhunderts ist in den Kellia eine auffällige Zunahme der Mönchspopulation festzustellen. Es wurden neue Eremitagen gebaut und in den bestehenden wurden neue Wohneinheiten errichtet (Abb. 4), sodass in einer Eremitage nun vielfach drei oder vier, manchmal sogar noch mehr Mönche zusammenlebten. In der Zeit zwischen 600 und 640 verdoppelte sich die Zahl der Eremiten nahezu. Nach 640 hingegen, das heißt nach der islamischen Invasion in Ägypten, nahm die Zahl der Mönche rasch ab. Mitte des 8. Jahrhunderts scheint die Siedlung weitgehend verlassen gewesen zu sein.

Neuartige Raumkomplexe im 7. Jahrhundert

Gleichzeitig mit der starken Zunahme der Mönchspopulation in der ersten Hälfte des 7. Jahrhunderts sind in vereinzelten Eremitagen eigenständige, das heißt vom Wohntrakt der Mönche getrennte und in sich geschlossene Raumkomplexe entstanden. Es handelt sich dabei um geschlossene Raumkomplexe an der Peripherie einzelner Eremitagen, wie aus Abb. 5 hervorgeht. Die Räume waren nicht vom Wohnbereich, sondern direkt vom Innenhof der Eremitage zugänglich.

Diese neuartigen Raumkomplexe sollen am Beispiel der Eremitage Qusur el-Izeila 106 (QIz 106) aufgezeigt werden. Hauptraum war ein zwei- oder, wie im vorliegenden Fall, dreijochiger Saal, der mit Querbögen unterteilt war. Charakteristisch für diesen Hauptraum ist eine monumentale, schreinartige Nische an der Ostwand, welche die Gebetsnische in den Oratorien in vergrößerter Form wiedergibt. Ein weiteres Merkmal dieser Gemeinschaftsräume sind runde und sigma-förmige Medaillons, die auf den Boden gemalt waren, sodass in jedem Joch dieser Haupträume ein solcher »Bodenteppich« situiert war (Abb. 6).

Im Falle der Eremitage QIz 106 war im Westen des Hauptraumes der Wohnraum eines Mönchs angegliedert. Dieser bestand aus einem Oratorium und einem Schlafraum und war durch einen kleinen Vorraum vom Saalbau getrennt. Das Oratorium dieser Wohneinheit wies in der üblichen Art der Mönchszellen eine Gebetsnische für das private Stundengebet auf. Auf der gegenüberliegenden Ostseite des Hauptraumes waren hinter der schreinartigen Nische zwei Nebenräume angegliedert. Der größere Raum war großzügig mit Wandnischen und Fenstern ausgestattet. Der kleinere Raum war ohne Fenster, wies hingegen beim Eingang eine rund 80 cm hohe Schwelle auf. Es dürfte sich dabei um einen Vorratsraum für Getreide gehandelt haben.

Außerhalb dieses Raumkomplexes, doch nahe beim Eingang gelegen, war eine Küche eingerichtet. Sie wies einen bescheidenen Herd für die Zubereitung von einfachen Mahlzeiten sowie einen auffallend großen Brotofen auf. Wie die Brotöfen im Wohnbereich der Eremitagen war dieser für die Herstellung von den heute noch im Orient gebräuchlichen Fladenbroten eingerichtet. In diesen Gemeinschaftsräumen wurde regelmäßig bemalte Keramik gefunden: Teller, Schüsseln und Krüge (Abb. 7). Es handelt sich dabei um kostbares Tischgeschirr, wie es sonst nirgendwo in den Eremitagen je gefunden wurde. An Keramik im Wohnbereich der Eremitagen fanden sich lediglich Kochgeschirr (Abb. 7, 12, 14, 15) und einfache Wasserkrüge.

Versucht man all diese Befunde zu deuten, so weist der vom Wohntrakt der Eremitage getrennte Raumkomplex darauf hin, dass es sich nicht um Privaträume eines Mönchs, sondern zur Hauptsache um Gemeinschaftsräume handelte. Besonders die Größe des dreijochigen Hauptraumes weist auf eine kollektive Nutzung hin. Der erwähnte Wohnbereich eines Mönchs war mit einer verschließbaren Türe vom Hauptraum abgetrennt, und ebenso versperrte eine verschließbare Türe Unberechtigten den Zugang zu den Nebenräumen im Osten. Der langgestreckte Hauptraum mit einer monumentalen schreinartigen Nische in der Ostwand (Abb. 8) weist darauf hin, dass der Saalbau für Gebete einer Schar von Mönchen bestimmt war – also auch als Gemeinschaftsoratorium Verwendung fand. Die Küche (Abb. 11) und die vergleichsweise kostbare Tischkeramik (Abb. 7) zeigen, dass in diesem Hauptraum auch gegessen wurde. Die gemalten Bodenteppiche in den einzelnen Jochen hatten die Funktion von Tischen, um die sich die Mönche beim Essen gruppierten. Im Orient wird seit alters her auf dem Boden gegessen, wobei besonders bei festlichen Anlässen Teppiche als Unterlage der großen Platten ausgebreitet werden, aus welchen mit der Hand gegessen wird.

Bedeutung der Diakonien

Fünf Baukomplexe dieser Art sind in den Kellia bisher näher untersucht worden. Diese waren im Einzelnen verschieden, doch zeigten sie alle ähnliche Raumstrukturen und Einrichtungen, was auf gleichartige Funktionen dieser Bauten hinweist. Aufgrund ihrer Lage getrennt vom Wohntrakt der Mönche dienten diese in sich geschlossenen Baukomplexe *gemeinschaftlichen* Funktionen. Zumindest der Hauptraum stand offensichtlich einer größeren Anzahl von Mönchen zur Verfügung. Der Umstand, dass nur einzelne Eremitagen der Siedlung solche Bauten aufwiesen, deutet darauf hin, dass diese eine gewisse *Zentrumsfunktion* zu erfüllen hatten, die vermutungsweise eine ganze Gruppe von Eremitagen umfasste.

Die zu diesen Baukomplexen gehörigen Kocheinrichtungen und Brotöfen waren für die Zubereitung von *Mahlzeiten* bestimmt. Da im Wohntrakt der betreffenden Eremitagen jeweils mindestens eine weitere Küche existierte, muss davon ausgegangen werden, dass die Mahlzeiten in diesen Raumkomplexen nur zu *besonderen Anlässen* eingenommen wurden, zum Beispiel an den Wochenenden, zu Gedächtnisfeiern oder bei der Präsenz von Gästen. Als Hinweise darauf, dass diese Mahlzeiten einen *festlichen Charakter* hatten, sind einerseits die gemalten Bodenteppiche zu erwähnen, andererseits das farbig bemalte Tafelgeschirr, das ausschließlich in diesen Räumen gefunden und offensichtlich hier benutzt worden ist. Es handelt sich hier nicht um Refektorien, nicht Alltag, sondern festlich begangene Mahlfeiern.

Zu den als Diakonien bezeichneten Gemeinschaftsräumen in den Kellia gehörte ein mehrjochiger Hauptraum mit einer monumentalen Wandnische oder einem Nischenraum auf der Ostseite. Aus Analogie zu den privaten Oratorien der Eremitagen ist anzunehmen, dass diese Saalbauten auch als *Gemeinschaftsoratorien* dienten. Die Mahlfeiern der Mönche waren mit Gebeten und der Rezitation von Psalmen verbunden. Aufgrund der Ausstattung wird man sogar die Abhaltung eigentlicher Stundengebete in diesen Räumen in Erwägung zu ziehen haben. Die Präsenz eines Privatoratoriums in jeder Wohneinheit derselben Eremitagen macht deutlich, dass gemeinschaftliche (Stunden-)Gebete in diesen Räumen nur zu besonderen Anlässen gebräuchlich waren.

Im oberägyptischen Kloster Deir Balizeh wurden im Jahre 1907 griechische Papyri gefunden, die Fragmente eines Euchologions aus der Zeit um 600 enthalten. Es handelt sich dabei um Gebete, die für Agapen und Eucharistiefeiern in klösterlichen Gemeinschaften bestimmt waren. Dieses Euchologion, das zeitgleich mit dem Auftreten von Gemeinschaftsoratorien in den Kellia abgefasst wurde, macht deutlich, dass solche Agapenfeiern, wie sie für das 4. und 5. Jahrhundert in den Textquellen gut bezeugt sind, auch noch an der Wende vom 6. zum 7. Jahrhundert gebräuchlich waren und sich inzwischen gewisse rituelle Abläufe etabliert hatten.

Diese Baukomplexe in den Kellia umfassen weitere Räume für die *Vorratshaltung* von Lebensmitteln und anderen Gütern sowie ein »Verwaltungsbüro« für die *administrativen Belange* des Ökonomen, Räume, wo die Gaben entgegengenommen und an die Mönche sowie an bedürftige Besucher im Sinne von Almosen verteilt wurden. In der Diakonie der Eremitage QIz 106 war zudem mit einem privaten Oratorium und einem Schlafraum eine ganze Wohneinheit eingerichtet. Tatsächlich gibt es in den Schriftquellen Hinweise, wonach in einzelnen Fällen der Ökonom seine Zelle in der Diakonie hatte.

Insgesamt lässt sich somit festhalten, dass die anhand der Raumstruktur und der Ausstattung erkennbaren Funktionen dieser Baukomplexe mit dem breiten Bedeutungsspektrum des Begriffs »Diakonia« in hohem Maße übereinstimmen. Eine Verbindung dieser Bauten mit dem *Dienst der Pforte (Xenodochion)*, mit der Gastfreundschaft und Almosentätigkeit, ist durch die inschriftliche Erwähnung eines Pförtners gegeben, was hier möglicherweise als eine alternative Bezeichnung für den Ökonomen aufzufassen ist.

Der Befund, dass solche Bauten nur in einzelnen Eremitagen auftraten könnte, wie erwähnt, ein Hinweis auf eine gewisse *Zentrumsfunktion* solcher Anlagen sein. Der Umstand schließlich, dass solche Baukomplexe erst im 7. Jahrhundert in den Eremitagen »auftauchen«, weist darauf hin, dass diese Diakonien ältere Einrichtungen, die in den beiden kirchlichen Zentren der Siedlung zu suchen sind, ersetzt haben, zumal diese im 7. Jahrhundert verschwinden, was heißt, in ihrer bisherigen Form und Funktion nicht mehr gebraucht werden. Dies erklärt, weshalb gleichzeitig mit den Diakonien in einzelnen Eremitagen auch Kirchen errichtet wurden (Abb. 9), oder dass der Hauptraum einzelner Diakonien nachträglich zu einer Kirche umgebaut wurde.

Die Entstehung von Kirchen und Diakonien in einzelnen Eremitagen ist als Zeichen einer Desintegration zu deuten. Statt der *einen* Gemeinschaft beziehungsweise der beiden konfessionell getrennten Gemeinschaften finden sich seit dem 7. Jahrhundert in den Kellia zahlreiche kleine Kommunitäten je mit einem eigenen ökonomischen Zentrum und vielfach mit einer eigenen Kirche, während die beiden ursprünglichen kirchlichen Zentren aufgegeben wurden. In der *Geschichte der Patriarchen der koptischen Kirche* wird überliefert, dass im frühen 8. Jahrhundert eine nicht näher bezeichnete Anzahl von Mönchen der Kellia, welche Anhänger verschiedener Sekten gewesen sein sollen, durch den zuständigen Bischof von Sais, wie geschrieben steht, zum rechten Glauben bekehrt worden seien. Somit besteht Anlass zur Vermutung, dass die Vervielfachung der Gemeinschaften in den Kellia als Ausdruck einer Vielfalt spirituell unterschiedlicher Ausprägungen dieser Mönchskommunitäten aufzufassen und insofern auch eine spirituelle Desintegration zu erkennen ist.

< Abbildung 6 (linke Seite)

Grundriss einer Diakonie, die in der ersten Hälfte des 7. Jahrhunderts am Rande einer Eremitage (QIz 106) errichtet wurde (die Eremitage selbst fehlt auf dem Plan).

© Daniela Hoesli, Kunsthistorisches Institut der Universität Zürich, nach einer Vorlage von Giorgio Nogara.

Abbildung 7

Fragment einer bemalten Schüssel, wie sie bei den Agapefeiern in den Diakonien der Kellia verwendet wurden.

© Georges Descœudres (Mission suisse d'archéologie copte)

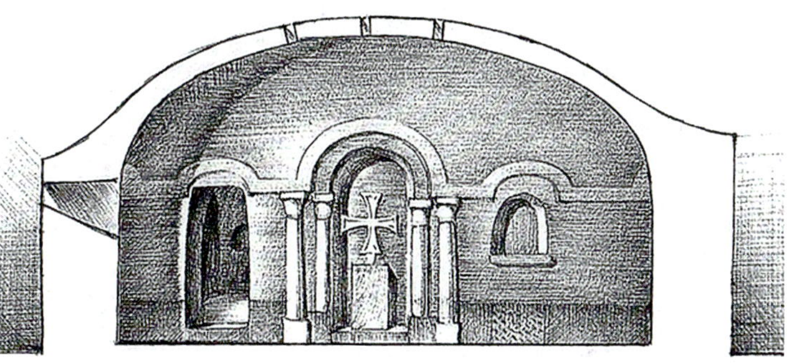

Abbildung 8

Diakonie in der Eremitage QIz 106: rekonstruierender Querschnitt mit Blick gegen die Oratoriennische, links der Eingang in die Nebenräume im Osten der Anlage.

© Henri Casanova, Architekt, Brüssel

Abbildung 9 Rekonstruierende Außenansicht einer Kirche, die in der ersten Hälfte des 7. Jahrhunderts in der Eremitage QIz 16 errichtet wurde.

© Henri Casanova, Architekt, Brüssel

Abbildung 10 Nachgebaute Eremitage des 7. Jahrhunderts, die in der Nähe der Surian-Klosters auf den Fundamenten einer ausgegrabenen Eremitage errichtet wurde.

© Georges Descœudres (Mission suisse d'archéologie copte)

Abbildung 11

Kochstelle der Eremitage QIz 90. Sie wurde Anfang des 6. Jahrhunderts errichtet und im frühen 7. Jahrhundert umgebaut; vgl. coll. 15,10.

© Georges Descœudres (Mission suisse d'archéologie copte)

Abbildung 12

Kochtopf, 7. Jahrhundert; vgl. coll. 15,10.

© Georges Descœudres (Mission suisse d'archéologie copte)

Abbildung 13

Eines der zahlreich in den Kellia aufgefundenen Weihrauchgefäße.

© Georges Descœudres (Mission suisse d'archéologie copte)

Vgl. G. Descœudres: Johannes Cassian und das Meditieren von Bildern, in: Das Schauen Gottes, S. 110.

Abbildung 14 Terra-Sigillata-Schale, 6. Jahrhundert, mit Graffito »EK« für »Ek(k)lesias Kellion«, »Aus dem Besitz der Gemeinschaft der Kellia«.

© Georges Descœudres (Mission suisse d'archéologie copte)

Abbildung 15 Scherbe einer Amphore, auf der zu lesen ist: »Enklesias Kellion«, »Aus dem Besitz der Gemeinschaft der Kellia«.

© Georges Descœudres (Mission suisse d'archéologie copte)

TERRENCE G. KARDONG

Johannes Cassians Lehre von der vollkommenen Keuschheit[1]

Unter den vielen Veränderungen der neueren Geschichte ist die sexuelle Revolution eine der dramatischsten. Heutzutage wird, zweifellos als Gegenreaktion auf die Prüderie des viktorianischen Zeitalters, jede Zurückhaltung in sexuellen Angelegenheiten abgelehnt. Doch scheint die offene Diskussion über Sexualität eher dafür zu sorgen, dass das Interesse daran nachlässt. So scheint es möglich zu sein, eine kleine Studie zum Thema Sexualität zu riskieren, ohne sich dem Verdacht auszusetzen, man spiele mit lüsternen Interessen.

Johannes Cassian (ca. 360–435), einer der bedeutendsten asketischen Autoren der frühen Kirche, war selbst ein Opfer von Prüderie. Obwohl er drei lange Essays[2] über die Keuschheit des Christen schrieb, hielt der viktorianische Übersetzer seiner Werke[3] diese Stücke für zu freizügig für die zarten Empfindsamkeiten seiner Leser und ließ sie aus seiner Übersetzung heraus. Der vorliegende Aufsatz geht von der Vermutung aus, dass die heutige Zeit Cassian nicht mehr so schockierend, vielmehr interessant und instruktiv finden wird.

Cassian ist nicht der einzige frühchristliche Autor, der über Sexualität und Keuschheit schreibt. Tatsächlich haben fast alle Kirchenväter eine Abhandlung über die Jungfräulichkeit verfasst. Cassian ist auch nicht der einzige, der freizügig über diese Dinge spricht. Sein Zeitgenosse Hieronymus legt seine Worte ebensowenig auf die Goldwaage, selbst wenn er freundschaftlich oder mit gutem Rat an Frauen schreibt. Aber Cassian hat eine vollständigere und zusammenhängendere Lehre über die Keuschheit entwickelt als die meisten anderen christlichen Moraltheologen seiner Zeit.

Idealist oder Realist?

Cassian behauptete, es gäbe ein hohes Maß an Keuschheit. Wenn Gott es schenkt, können Menschen diese Keuschheit leben. Sie müssen dann nicht mehr gegen die Versuchungen der Wollust (lat. fornicatio, vgl. coll. 5, die Aufzählung der Hauptlaster) ankämpfen. Wenn sie noch kämpfen, klassifiziert Cassian sie als »enthaltsam« (coll. 12,11; inst. 6,4), nicht als keusch. Der keusche Mensch hat allen körperlichen Ausdruck der Sexualität überwunden, ebenso alles erotische Denken und selbst das unterbewusste Verlangen. Daraus ergibt sich ein freudvoller Zustand der Freiheit – der keusche Mensch erlebt Frieden und Glück.[4]

Vermutlich ist die erste Reaktion des modernen Lesers auf die hier zusammengefasste Lehre der Unglaube. Es fällt leicht, sie als romantische, idealistische Übertreibung eines asketischen Autors abzutun, dessen Aufgabe es letztlich war, Männer zu Höherem zu drängen. Außerdem hat man Cassian kritisiert, er würde mit der biblischen Nostalgie und mit der selektiven Erinnerung des Volkes Israel auf die Zeit in Ägypten zurückblicken, indem er nur solche Beispiele und Lehren in Betracht ziehe, die für seine gallo-romanischen Leser erbaulich genug waren.[5] Zudem liegt der Verdacht nahe, es handele sich hier um ein Beispiel jenes Angelismus[6], den man bei asketischen Autoren mit platonischer Mentalität häufiger findet – und Cassian gehört zu ihnen.[7] Vielleicht – so könnte ein moderner Leser folgern – sollte Cassians Lehre eher als idealistische Flucht vor Körper und »Fleisch« verstanden werden denn als eine tatsächlich mögliche Haltung normaler menschlicher Wesen.

Natürlich gibt es bei Cassian Passagen, in denen ein wehmütiges Sehnen nach einer endgültigen Lösung des Keuschheitsproblems durchscheint. In coll. 7,2 wird Abbas Serenus als Muster an Keuschheit präsentiert: Er sei der Versuchung durch einen Engel des Herrn entzogen worden, der die lästigen Säfte aus seinem Bauch entfernte. Das erinnert an Gregors Bericht über den jungen Benedikt: Nachdem er auf das Drängen des Fleisches reagierte, indem er sich in den Brombeerdornen wälzte, so heißt es, wurde der Heilige nie wieder von dieser Versuchung gequält.[8]

Aber Cassian ist sich der möglichen Kritik durchaus bewusst und versucht, ihr vorzubeugen. An verschiedenen Stellen (coll. 7,3; 12,4) lässt er die beiden jungen Gesprächspartner (sich selbst und Germanus) Trauer und Verzweiflung über das hohe Ideal ausdrücken, das ihnen die ägyptischen Meister vorgeben. Dies ist ein übliches literarisches Mittel, um die Diskussion auf die Einführung des Ideals hinzulenken. Cassian weiß also um die Standard-Kritik an einer fordernden Askese. Er verwendet einen Gutteil von coll. 12,6–7 darauf, zu zeigen, dass selbst die vollkommene Keuschheit, die er fordert, nicht gleichzusetzen ist mit völliger Sündlosigkeit. Nur Christus war wirklich »makellos«. Große Heilige wie Petrus und Paulus waren nur »heilig«, also immer noch Sünder, die der Gnade bedurften.

Cassian lässt keineswegs die Möglichkeit außer Acht, dass man ihn der Leugnung der menschlichen Natur bezichtigen könnte. In coll. 12,1 interpretiert er Paulus in Kol 3,5: »Demütigt eure Glieder, die auf der Erde sind«, dahingehend, dass wir unsere natürlichen Möglichkeiten nicht ausrotten sollen, sondern lediglich die Sünde, die in ihnen wohnt. Er kommentiert weiter: »In einem gewissen Sinn bedeutet dem Fleisch zu entkommen ein Verharren im Körper bei gleichzeitiger Überwindung der Natur; wir bleiben umgeben von einem zerbrechlichen Körper, fühlen aber den Stachel des Fleisches nicht mehr.« (inst. 6,6)[9]

Der überzeugendste Beweis, dass Cassian in Sachen Sexualität Realist und Idealist zugleich ist, findet sich ganz einfach in seiner Bereitschaft, sich mit den höchst weltlichen Einzelheiten zu beschäftigen. Er bleibt nicht im Bereich der Abstraktion, sondern bespricht ganz sachlich einige sehr irdische Aspekte der Frage. Selbst heute noch könnten zart besaitete Leser durchaus der Meinung sein, er beschäftige sich übermäßig mit bestimmten Themen.

Collatio 12,9 behandelt nächtliche Illusionen. Darin, und ebenso in inst. 6,8 beschäftigt sich Cassian mit dem Problem des nächtlichen Samenergusses. Moderne Moraltheologen halten diese Erscheinung kaum noch für ein Gewissensproblem, aber Cassian tut das. Tatsächlich kann man, ohne unfair zu sein, sagen, dass ein Gutteil seiner Lehre über die

Keuschheit auf die Vermeidung oder zumindest Verringerung nächtlicher Samenergüsse hinausläuft. Bei seiner Auflistung der sechs Zeichen vollkommener Keuschheit (coll. 12,7) nennt er als letztes die Freiheit von erotischen Träumen und ihren Folgen.[11]

Einige von Cassians Gedanken über dieses Thema sind das Ergebnis seiner wunderlichen, vor-wissenschaftlichen Vorstellungen von menschlicher Biologie. In seinen Augen begründen sich nächtliche Samenergüsse zumindest zum Teil aus der Ansammlung schlechter Säfte im Knochenmark, hervorgerufen durch unmäßiges Essen (coll. 12,3). Die tatsächliche Ausscheidung dieser Säfte mag also ganz unschuldig sein, aber der Grund für ihre Ansammlung ist tadelnswert. Außerdem werden wir noch sehen, dass Cassian seine Theorie nicht allein auf solche dubiosen Vorstellungen gründet, sondern sich auch mit den psychologischen und spirituellen Ursachen beschäftigt.

Als Abbas Chaeremon von Germanus über den Zusammenhang von Wasserlassen und Samenerguss befragt wird, antwortet dieser ziemlich scharf, es gäbe eine ganz einfache Antwort: »Trink weniger Wasser!« (coll. 12,11). Cassian scheut sich auch nicht vor der Frage nach erotischen Erfahrungen von Eunuchen (coll. 12,5). Kurz gesagt, der Autor ist durchaus bereit, intime Details der persönlichen Hygiene und Moral zu besprechen, und zwar sachlich und ohne jede Lüsternheit.[12]

An einer Stelle in der Diskussion mit Abbas Theonas ruft Germanus aus: »Es ist gut, dass wir uns so aufrichtig mit dieser Frage beschäftigen. Früher hat uns die Bescheidenheit davon abgehalten, uns darüber belehren zu lassen, denn wir wagten nicht, zu fragen. Aber jetzt veranlassen uns die Situation und das Thema unseres Gesprächs, den Punkt ohne Zaudern anzusprechen.« (coll. 22,4)

Vermutlich werden nur wenige Leser in unserer Zeit der verpflichtenden Sexualerziehung dieselbe Erleichterung über Cassians Freimut verspüren, aber zumindest können wir ihn nicht so schnell als jemanden abtun, der keine Verbindung zur Realität hat. Obwohl er ein weltflüchtiger Asket war, war er sich der grundlegenden Tatsachen des Lebens ebenso bewusst wie wir. Er zieht jedoch andere Schlüsse daraus.

Vollkommene Keuschheit im Verbund christlicher Tugenden

Die schwindelerregende Höhe von Cassians Lehre über die vollkommene Keuschheit innerhalb seiner gesamten moralischen und religiösen Lehre mag dem heutigen Leser ein wenig unheimlich sein. Obwohl wir heutzutage an eine ziemliche Allgegenwart sexueller Reize und Bilder in der weltlichen Unterhaltung und Werbung gewöhnt sind, wird das Thema in der jüngeren katholischen Lehre und Predigt doch eher wenig behandelt. Ohne Frage setzt Cassian auf der Skala der Tugenden Keuschheit sehr hoch an. In seinem Kommentar zu 1 Thess 4,3 (»Dies ist der Wille Gottes, eure Heiligung, dass ihr euch der Fleischeslust enthaltet«) betont er die Tatsache, dass Paulus die Keuschheit unter den Tugenden, die zur Heiligung führen, an erste Stelle setzt (inst. 6,14–5). Und er hat auch keine Schwierigkeiten damit, andere Bibelstellen zu finden, die dasselbe »beweisen«, nämlich, dass die Keuschheit die Königin der Tugenden ist.

In inst. 6,3 argumentiert er, die Keuschheit sei einzigartig und anders als die anderen Tugenden hinsichtlich der Verhinderung und Heilung der Wollust. Während man die anderen Laster besser durch direkte Konfrontation anginge, müsse man die Wollust indirekt bekämpfen. Zutiefst geht es um den Rückzug von der offensichtlichen Oberfläche des Problems. Andererseits sieht Cassian die beste Möglichkeit, den Zorn abzulegen, im Umgang mit Menschen und im Lernen durch harte Erfahrung, wie man sie mit Milde und Nachgiebigkeit behandelt. Aber nachdem die anderen Menschen ja Objekte der Wolllust sind, kann man dieses Laster nur besiegen, indem man sich von ihnen entfernt (inst. 6,4).[13]

Cassian hat aber nicht die Absicht, die Keuschheit zu sehr zu betonen. Tatsächlich gibt er sich Mühe, sie fest mit den anderen Tugenden zu verknüpfen. Besondere Sorgfalt verwendet er auf den Erhalt einer organischen Verbindung zwischen Keuschheit und Nächstenliebe: »Es ist notwendig, dass die riesigen Belohnungen für vollkommene und dauerhafte Keuschheit die Fülle einer so starken Nächstenliebe umfassen, dass die Freude über beide gleichermaßen eintritt. Sie sind so eng miteinander verbunden, dass man die eine nicht ohne die andere erlangen kann.«

(coll. 12,1). Später spricht er im selben Text über die Beziehung zwischen Keuschheit und Sanftmut, die ebenfalls ein Aspekt der Nächstenliebe ist: »Soviel nämlich einer in der Milde und Geduld seines Herzens Fortschritte macht, soviel auch in der Reinheit des Körpers. Umso weiter weg er die Leidenschaft des Jähzorns vertreiben kann, umso viel fähiger wird er, an der Keuschheit festzuhalten. Die Hitze des Körpers wird nur ablegen, wer zuvor die Unruhe des Herzens bändigt. Was sehr deutlich die herrliche Seligpreisung aus dem Mund unseres Erlösers verkündet: ›Selig die Sanftmütigen, denn sie werden das Land besitzen.‹ (Mt 5,5)«

Der aufmerksame Leser wird bemerken, dass Cassian sich in diesem Abschnitt im Kreis dreht. Zuerst sagt er, man müsse sanftmütig sein, um keusch sein zu können. Dann sagt er, wir müssen keusch sein, bevor wir Frieden erlangen können. Vielleicht will er den Kausalzusammenhang nicht zu sehr betonen. Aber nach seiner gesamten Lehre zu urteilen[14], ist die Nächstenliebe ein Ergebnis der Keuschheit und aller anderen Tugenden. So bemerkt er in coll. 12,16, man könne kein hohes Maß an Keuschheit für sich in Anspruch nehmen, solange man andere Menschen hart beurteilt. Für Cassian ist eine Tugend, die keine tolerante Nächstenliebe zum Ergebnis hat, grundsätzlich verdächtig. Und ebenso misstraut er jeder Behauptung von Nächstenliebe, die nicht die anderen Tugenden mit einschließt.

Der eben zitierte Abschnitt über Sanftmut und Keuschheit (coll. 12,6) zeigt auch noch einen weiteren Punkt, den Cassian betont: Für ihn ist die Beruhigung des Geistes (Sanftmut) eine Grundlage jeder Beruhigung des Körpers (Keuschheit). In seinen gesamten Schriften betont er den Vorrang des Innenlebens. Jegliche christliche Tugend muss von innen kommen, also aus dem Herzen. Es ist wichtig, dies im Kopf zu behalten, wenn wir seine Kommentare über praktische Askese lesen, denn dabei scheint er manchmal zu sehr mit Äußerlichkeiten beschäftigt. (vgl. inst. 6,1–2.12)[15]

Cassian spricht darüber ausführlich in coll. 22,3f, wenn er sich mit den Gründen für den nächtlichen Samenerguss beschäftigt. Wir haben bereits bemerkt, dass er einen Grund dafür in der körperlichen Ordnung sieht, nämlich in der Völlerei, die ein Übermaß an Säften produziert. Aber ihm ist durchaus bewusst, dass die Wurzeln der Unreinheit nicht immer rein körperlicher Natur sind. Ein zweiter Grund, den er annimmt, ist der Mangel an geistlicher Ernsthaftigkeit und Wachsamkeit. Wenn der Geist frei durch alle Gedanken streifen darf, die ihm gerade einfallen, dann werden sich verstörende Bilder aufstauen, die uns später belästigen, vor allem im Schlaf.

Es soll also auf keinen Fall erlaubt sein, dass der Geist uneingeschränkt schweift; wir müssen größte Wachsamkeit selbst über die leisesten, entferntesten Möglichkeiten der Versuchung bewahren. Cassian geht sogar so weit, den Asketen vor Erinnerungen an seine Mutter, seine Schwester oder andere fromme Frauen zu warnen.[16] Er entwickelt eine Art Domino-Theorie: Kleine Dinge führen zu größeren Dingen. Auch in der Benediktsregel (Prolog 28; 4,50) ist davon die Rede, dass man böse Gedanken am Felsen Christus zerschmettern solle, sobald sie auftauchen.

An anderer Stelle zitiert Cassian den hl. Basilius im Zusammenhang mit dem Vorrang innerer Keuschheit: »›Ich kenne keine Frau und bin doch nicht jungfräulich.‹ Damit meint er, dass körperliche Reinheit sich nicht darin erschöpft, den Frauen abzuschwören, sondern in einer Integrität des Herzens, die eine dauerhaft unverdorbene Heiligkeit des Herzens erhält, sei es aus Gottesfurcht oder aus Liebe zur Reinheit.«[17]

Aber darüber hinaus gibt es noch eine andere Quelle für Schwierigkeiten, und die ist nicht von dieser Welt. Cassian zeigt das in der bezaubernden Geschichte von einem ägyptischen Mönch, der unmittelbar vor der sonntäglichen Messe von einem nächtlichen Samenerguss heimgesucht wurde und sich deshalb der Kommunion enthalten wollte.[18] Als er das Problem seinen Vorgesetzten vorlegt, führen sie eine systematische Untersuchung der Gründe durch. Nachdem sie sich vergewissert haben, dass der Bruder weder der Völlerei noch dem geistlichen Stolz frönt[19], kommen sie zwangsläufig zu dem Schluss, das Problem sei durch die Machenschaften von Dämonen verursacht. Deshalb ist der Bruder zur Teilnahme an der Kommunion berechtigt. Tatsächlich muss er zur

Kommunion gehen, denn die Dämonen verwirren ihn ja gerade aus dem Grund, um ihn der Stärkung durch die Eucharistie zu berauben.

Die Dämonenlehre Cassians und der frühen asketischen Autoren im Allgemeinen ist dem modernen Denken nicht besonders gut zugänglich. Wir erklären so viel wie möglich durch Naturwissenschaft und Psychologie und übergeben den Rest dem Bereich des noch nicht Erklärbaren. Die frühen Christen erklärten das Rätselhafte durch Rückgriff auf übernatürliche oder vornatürliche Kräfte. Im Falle der Versuchung muss eine vornatürliche Kraft im Spiel sein, denn Gott erschafft nichts Böses. Obwohl die Betonung der Dämonen uns heute einigermaßen unmenschlich erscheint, hat sie in Cassians Lehre von der Askese eher den umgekehrten Effekt. Manchmal ist sie das einzige, was seine rigorose asketische Lehre davon abhält, über die moralische Sensibilität hinaus in den Bereich der Skrupel abzugleiten.[20] Nach vernünftigen Anstrengungen von unserer Seite sollen wir uns für unser Scheitern nicht selbst die Schuld geben, sondern uns damit begnügen, sie Kräften zuzuschreiben, die jenseits unserer Kontrolle liegen.

Theorie und Praxis der Keuschheit

Eine weitere bemerkenswerte Verbindung zwischen Cassians und unserem Empfinden liegt darin, dass er darauf besteht, der Schlüssel zur gesamten Askese und tatsächlich zum gesamten geistlichen Leben liege in der Praxis. In seinen gesamten Schriften weist er immer und immer wieder darauf hin: Asketisches Wissen hat keinerlei praktischen Wert, solange es nicht in die Tat umgesetzt wird. So werden Germanus und Cassian von einem Altvater gewarnt, es würde ihnen nichts nützen, durch Ägypten zu wandern und den Weisen zuzuhören, wenn sie sich nicht selbst einer endgültigen spirituellen und asketischen Disziplin unterwerfen.(coll. 18,2–3).

Dieser Punkt ist in der Lehre von der Keuschheit besonders ausgeprägt. Cassian ist sich der Tatsache durchaus bewusst, dass seine Lehre hart ist – so hart, dass man fast nicht glauben kann, man könne ihr folgen (coll. 12,7). Aber er warnt davor, die Möglichkeiten der Keuschheit aufgrund der Meinung von Menschen zu beurteilen, die sie nicht aus eigener Erfahrung kennen:

»Und so gewissermaßen auf die Grenzlinie von Fleisch und Geist gestellt, soll er [wer diese Erfahrung hat] beobachten und beurteilen, was für die menschliche Natur unabdingbar ist und untrennbar mit ihr verbunden, was durch lasterhafte Gewohnheit oder jugendlichen Leichtsinn hineingetragen wurde. Auch soll er sich nicht durch falsche Meinungen der Masse verführen lassen bezüglich der Wirkung und Natur von Fleisch und Geist, noch sich zufrieden geben mit den voreiligen Urteilen Unerfahrener. Indem er das Maß seiner Reinheit auf der untrüglichen Waage seiner Erfahrung und mit unbestechlicher Prüfung erforscht, soll er sich auf keinen Fall täuschen lassen von der irrigen Meinung der Leute, die durch das Laster ihres Leichtsinns mit häufigeren Entleerungen verunreinigt, die kreatürliche Verfassung dafür verantwortlich machen. Obwohl feststeht, dass sie der Natur Gewalt antun und von ihr eine Befleckung erpressen, die sie selbst nicht verursacht, machen sie für ihren ungezügelten Umgang mit den Bedürfnissen des Fleisches sogar den Schöpfer verantwortlich, indem sie ihre eigene Schuld auf eine böse Natur abschieben.« (coll. 12,8)

Natürlich ist es durchaus möglich, in eine zerstörende Beschäftigung nur mit sich selbst zu verfallen, wenn man sich allein auf die eigenen Erfahrungen verlässt. Cassian ist sich dieser Gefahr sehr bewusst und widmet einen Großteil von coll. 2 der Lösung dieses Problems. Dort fordert er eine absolute Bindung an die Tradition und den Rat der Älteren. Eine solche Unterwerfung verlangt natürlich ein hohes Maß an Demut. Die Demut wird damit zur Grundtugend der Diskretio, die ihrerseits den Rest des asketischen Lebens bestimmt. Koinobitische Regelschreiber wie der Magister und der heilige Benedikt sprechen ebenfalls von der Demut als Fundament ihrer Regeln, denn nur eine demütige Unterwerfung unter die Normen der Tradition konnte ihre Klöster vor dem Chaos exotischer Asketen-Übungen schützen, wie sie die syrische und ägyptische Wüste manchmal heimsuchten.

Was heutige Verhaltensforscher in einigermaßen fatalistischer Weise auf Umgebung und Genetik zurückführen, erklärten Cassian und die Schule des Origenes mit dem Beharren auf dem freien Willen. Deshalb spricht coll. 7, die zu einem Großteil der Keuschheit gewidmet ist, ständig vom genuin freien Willen [und weist voraus auf coll. 13]. Diese Betonung trägt stark zu der grundsätzlich optimistischen Haltung bei, die Cassians gesamtes Denken zum Thema Keuschheit durchzieht.

Um das hohe Ideal zu erreichen, das von den rigorosesten Asketen seiner Zeit entwickelt worden war, entwirft Cassian konkrete Wege, welche die besten ihm bekannten Traditionen enthalten. So listet Abbas Chaeremon die folgenden sechs Stufen der Keuschheit für den Mönch auf (coll. 12,7):[21]

1. Nicht während der Vigil der Wollust zum Opfer fallen.
2. Nicht bei lüsternen Gedanken verharren.
3. Nicht im Geringsten durch den Anblick einer Frau zur Begierde gereizt werden.
4. Während der Vigil auch körperlich nicht erregt werden.
5. Wenn wir über die Fortpflanzung des Menschen sprechen, nicht bei ihren erotischen Aspekten verweilen.
6. Keine erotischen Träume haben.

Im Hinblick auf die letzte Stufe dieser ziemlich wunderlichen und willkürlichen Liste könnte man aufgrund der modernen Physiologie die Frage stellen, ob vollkommene Keuschheit einfach in der vollständigen Abwesenheit von Ejakulationen besteht. Cassian selbst ist sich da nicht so sicher. Einmal sagt er, die Enthaltsamkeit könne derartige Ereignisse auf einmal in vier Monaten beschränken (coll. 2,23). An anderer Stelle legt er sich auf einmal in zwei Monaten fest (inst. 6,20).

Cassian und Germanus sind durch das hohe Ideal ziemlich entmutigt. Sie bitten um Vorschläge, wie sie es überhaupt anfangen könnten, ein so fernes Ziel anzusteuern, und um einen Hinweis, wie lange es wohl dauern werde, bis sie es erreichen. Chaeremon erwidert, das könne er ihnen nicht sagen, denn es sei individuell verschieden. Aber er schlägt ihnen die folgende Disziplin vor (coll. 12,15):

1. Enthaltsamkeit von sinnlosen Gesprächen.
2. Kontrolle aller zornigen Gefühle und irdischen Sorgen.
3. Zwei Brote am Tag.
4. Nicht mehr Wasser als unbedingt nötig.
5. Drei bis vier Stunden Schlaf.
6. Vor allem aber die Gewissheit, dass echte Keuschheit eine Gabe Gottes ist. Er fügt hinzu, sie sollten nach einem sechsmonatigen Test dieses Programms sagen können, ob sie zur vollkommenen Keuschheit überhaupt fähig seien.

Diese Liste ist von Cassian lediglich als Musterprogramm gemeint, dem man sechs Monate lang genau folgen soll. Das zeigt sich in seinen Kommentaren an anderer Stelle, wo er bemerkt, dass die Diskretio den Weg zwischen zwei Extremen aufweise: Zwischen Luxuria und übermäßiger Enthaltsamkeit (coll. 2,16–17). Er besteht auch darauf, dass Regelmäßigkeit ein Schlüsselprinzip aller Askese sei. Vor allem aber müsse man die Diskretio einüben, bei der man ankomme, wenn man das Programm, das die Ältesten lehren, demütig annehme.

Keuschheit als Gottesgabe

Es wäre irreführend, Cassians Lehre von der vollkommenen Keuschheit lediglich im Kontext asketischer Übungen zu sehen. Das wäre nur Wasser auf die Mühlen derjenigen, die antike Asketen kritisieren, weil sie ein Christentum voller Werke und ohne Blick auf die Gnade Gottes vertreten. Wegen der Kontroverse mit Augustinus, dem großen Theologen der Gnade, wird Cassian in dieser Hinsicht besonders wenig geschätzt.[22] Aber seine eigenen Schriften rechtfertigen die Kritik nicht allzu oft. Cassian ist sich der Notwendigkeit der Gnade sehr bewusst, auch im Hinblick auf den Weg zur Keuschheit.

Er stellt fest, dass wir, selbst wenn wir Keuschheit durch ein strenges Programm der Demütigung anstreben, sie ohne die Hilfe der göttlichen Gnade nicht vollkommen erreichen werden. Askese kann uns Gottes Barmherzigkeit und die Freiheit von größeren Problemen sichern, aber vollkommene Keuschheit erreichen wir damit nicht. »Wenn seine Unversehrtheit unbeschädigt durch die Nacht kommt, soll er über die Reinheit jubeln, die ihm geschenkt wurde. Aber er möge bedenken, dass er sie nicht durch eigene Anstrengung und Wachsamkeit erreicht hat, sondern durch Gottes Schutz. Und er möge verstehen, dass sein Körper nur so lange auf diesem Weg mitgeht, wie der barmherzige Gott ihm die Gnade schenkt, es zu tun.« (coll. 12,4; vgl. inst. 6,5)

In coll. 12,6 betont Cassian, dass ein Mann, der sich auf den Weg zur vollkommenen Keuschheit macht, oft schnelle Erfolge erlebt und relativ frei von verstörenden Leidenschaften ist. Dann wird er anfangen, gut von seinen eigenen Anstrengungen zu denken, aber der Herr bringt ihn zurück zur Wirklichkeit, indem er ihm demütigende Versuchungen schickt, die er überwinden darf. Er wird mit seiner Schwäche und mit der Notwendigkeit der göttlichen Hilfe konfrontiert. So kann der Rückzug der Gnade sogar Gnade sein, jedenfalls nach Cassians Vorstellung. Über dasselbe Thema sagt er: »Vielleicht wollt ihr ... ein wahrhaft deutliches Argument hören, durch das ihr das Gesagte billigen könnt und versteht, dass der Kampf mit dem Körper, der als unser Feind und als schuldig angesehen wird, unseren Gliedern zu Nutzen eingesenkt wurde. Betrachtet – ich bitte euch – diejenigen, die an ihrem Körper verschnitten sind. Welche Ursache macht sie träge und furchtsam im Streben nach den Tugenden? Vielleicht [die Ursache], dass sie glauben, nicht in der Gefahr zu stehen, die Keuschheit zu beschädigen?« (coll.12,5)

Die Faszination Cassians für Eunuchen kommt uns heute grotesk vor und hat sicher mit seiner Sehnsucht nach Freiheit von verstörenden Leidenschaften zu tun. Aber die Tatsache, dass er in diesem Abschnitt darauf hinweist, dass Eunuchen einige grundlegende Zutaten eines energischen tugendhaften Lebens nicht besitzen, zeigt, dass er sich des Wertes sexueller Triebe für die Energie eines Menschen bewusst ist. Er kannte unsere Theorien zur Triebumleitung noch nicht, und so war er ziemlich unsicher, wie man die sexuelle Energie in konstruktive zölibatäre Kanäle fließen lassen konnte, aber ein Gefühl für ihre Bedeutung hat er durchaus.

Jedenfalls gelingt es Cassian, eine relativ optimistische Haltung zur Versuchung einzunehmen. Tatsächlich durchzieht seine Aussagen ein optimistisches und positives Denken, das verhindert, dass ein düsterer moralischer Traktat daraus wird, der durchaus hätte entstehen können, wenn man die Höhe des geforderten Ideals und die ziemlich niedrige Wertschätzung der menschlichen Fähigkeit zum Guten sieht, die er vertritt. Man könnte wohl sagen: Asketisches Leben ist für Cassian ein schwieriger Kampf. Es verlangt eine schmerzhafte Ausmerzung von Fehlern. Doch weiß er, dass das nicht alles ist: »Die Lebendigkeit des Geistes vermag keinesfalls ohne eine Leidenschaft der Sehnsucht oder Furcht, der Freude oder Trauer verwirklicht zu werden, wenn eben diese nicht zur guten Seite hin gewandelt werden. Deshalb: Wenn wir uns danach sehnen, die Begierden des Fleisches aus unseren Herzen auszureißen, dann lasst uns schnell an ihrer Stelle geistliche Freuden setzen, damit unser Geist sich immer daran festklammert, sondern vielmehr etwas hat, wobei er ständig bleiben und die Aufreizungen der gegenwärtigen, nur eine Zeit land dauernden Freuden zurückweisen kann. Wenn unser Geist, durch tägliche Übung erzogen, zu diesem Stand voranschreitet, dann versteht er – die Erfahrung belehrt ihn – die Empfindung jenes Verses, den wir zwar alle wie gewohnt im Psalmengesang beten, dessen Sinn aber nur wenige Erfahrene verstehen: »Beständig ist mir der Herr vor Augen. Er steht mir zur Rechten, nie werde ich wanken.« (Ps 16,8; coll. 12,5)

Dieser Kommentar dient dazu, den letzten Punkt einzuführen, die Kernaussage von coll. 12: Vollkommene Keuschheit als wunderbar freudvolle Erfahrung. Cassian weiß, dass viele Menschen Keuschheit und Zölibat als schwierig empfinden, als turbulenten Kampf. Er ist voller Mitgefühl, besteht aber darauf: »Vollkommene Keuschheit unterscheidet sich von den Anfängerübungen der Enthaltsamkeit durch beständige Ruhe. Vollendung wahrer Keuschheit heißt: Sie kämpft nicht mehr an gegen die Wogen fleischlichen Begehrens, sondern sagt sich davon mit allem Erschrecken los. So bewahrt sie ihre beständige und unverletzliche Reinheit und kann nichts anderes sein als Heiligkeit.« (coll. 12,11)

Ebenso stellt er wahre Keuschheit der Enthaltsamkeit gegenüber und vergleicht letztere einem Krieger, der sich ständig im Kampf befindet. Er wird vielleicht nicht besiegt, aber er bleibt auch nicht völlig unverletzt (inst. 6,5). Im Gegensatz dazu ist der vollkommen keusche Mann nicht einfach einer, der alle Angriffe der Sinnlichkeit besiegt. Er ist einer, dem Gott die Freiheit von diesen Kämpfen geschenkt hat (coll. 12,11).

Noch erstaunlicher als die friedliche Qualität der vollkommenen Keuschheit ist ihr Merkmal der Freude. Diese Qualität zeigt sich im folgenden Abschnitt, der es verdient, als Hohes Lied auf die Keuschheit zu gelten: »Groß und wunderbar und keinem unter den Menschen in der Tiefe bekannt als allein denen, die [es] erfahren haben, ist, was der Herr seinen Getreuen, die noch in diesem zerbrechlichen Gefäß [des Körpers] leben (vgl. 2 Kor 4,7), in unaussprechlicher Freigebigkeit schenkt. Als der Prophet dies in der Reinheit des Geistes erkannte, rief er sowohl für sich selbst wie in Vertretung jener, die zu diesem Zustand und dieses Empfinden hindurchgelangt sind, aus: ›Wunderbar sind deine Werke. Meine Seele erkennt es wohl.‹ (Ps 138,14 = 139,14) Nur wenn man annimmt, dass der Prophet dies von keiner anderen Empfindung des Herzens und auch nicht von anderen Werken Gottes gesagt hat, versteht man, was er Großes und Neues gesagt hat. Es dürfte auch keinen unter den Menschen geben, der nicht aus der Größe der Schöpfung erkennen könnte (vgl. Röm 1,20), dass die Werke Gottes wunderbar sind. Was Gott jedoch in seinen Heiligen Tag für Tag wirkt, und in besonderer Freigebigkeit überreichlich schenkt, erkennt niemand außer die Seele dessen, der [dies] genießen darf. Diese Seele ist im geheimsten Gemach ihres Gewissens so sehr die Zeugin seiner Wohltaten, dass sie diese nicht nur mit keinem Wort auszusprechen vermag, sondern nicht einmal mit ihren Sinnen oder ihrer Vernunft fassen kann, wenn sie, von jener feurigen Glut [Gottes] davongekommen (vgl. Ex 3,2.4), zu diesen stofflichen und irdischen Bildern herabsinkt. Wer jedoch wird das Wirken Gottes an sich nicht bewundern, wenn er die unersättliche Gefräßigkeit des Bauches und die verschwenderische und verderbliche Genusssucht der Kehle so in sich gedrosselt sieht, dass er nur mit Mühe selbst das bisschen und allernötigste an Nahrung selten und widerwillig zu sich nimmt? Wer verstummt nicht angesichts der Werke Gottes, wenn er fühlt, dass jenes Feuer des Begehrens, das er zuvor für natürlich und unauslöschlich hielt, so erkaltet ist, dass er sich nicht einmal durch die einfachste Regung des Körpers gereizt fühlt? Unmöglich, nicht vor der Kraft Gottes zu erschaudern, wenn man wahrnimmt, dass ansonsten harte und grausame Menschen, die sogar durch den willigsten gehorsam ihrer Untergebenen zu schrankenlos wütendem Jähzorn gereizt wurden, zu solcher Milde gewandelt wurden, dass sie nicht nur durch keine Beleidigung mehr aufgebracht werden, sondern sich sogar mit außergewöhnlichem Großmut über zugefügte Beleidigungen freuen? In der Tat, wer wird nicht die Werke Gottes bewundern und mit aller Begeisterung, deren er fähig ist, ausrufen: ›Ich habe erkannt: Groß ist der Herr.‹ (Ps 134,5 = 135,5), wenn er entdeckt, dass er selbst oder ein anderer von einem An-sich-Reißer zu einem Großzügigen, von einem Lüsternen zu einem Enthaltsamen, von einem Hochmütigen zu einem Demütigen, von einem Verwöhnten und Verzärtelten zu einem Schmutzigen und Abgehärteten wurde, der die Not und Bedrängnis der gegenwärtigen Zeit sogar freiwillig auf sich nimmt? Dies sind in der Tat wunderbare Werke Gottes. Die Seele des Propheten und derer, die ihm ähnlich sind, erkennt staunend und stumm, das überblendete Auge unbeweglich auf die wunderbare Schau gerichtet: Dies sind die wunderbaren Zeichen Gottes, die er auf Erden errichtet hat.« (coll. 12,12)[23]

Dieser wahrhaft strahlende Abschnitt, der in sich schon Zeugnis für die Unfehlbarkeit echter spiritueller Erfahrung ablegt, empfiehlt sich selbst am besten, weil er den unmissverständlichen Ton der Erfahrung anklingen lässt. Die begeisterte Werberede Cassians für die Freuden der zölibatären Keuschheit weist ihn als wertvollen Zeugen unserer heutigen Kämpfe rund um das Thema Zölibat aus.

JOHANNES CASSIAN

Unterredungen mit den Vätern

(Teil 2)

Prolog

Obwohl die große Zahl der Heiligen, die durch euer Beispiel angespornt, den wunderbaren Tugendglanz eurer Vollkommenheit, mit dem ihr herrlich funkelnden Sternen gleich, in dieser Welt mit strahlender Klarheit leuchtet, kaum nachzuahmen vermag, wurdet ihr dennoch, heilige Brüder Honoratus und Eucherius[1], von der überschwänglichen Huldigung an jene erhabenen Männer entflammt, von denen wir die ersten Unterweisungen zur Anachorese empfangen haben. So wünscht nun der eine, der ja immerhin einem großen Koinobion von Brüdern vorsteht, dass seine Herde, die tagtäglich dadurch unterwiesen wird, dass sie euren heiligen Wandel vor Augen hat, auch durch die Weisungen jener Väter unterrichtet wird. Der andere jedoch wollte, um auch aus der leibhaften Begegnung mit ihnen zu lernen, Ägypten durchziehen, Die Provinz hinter sich lassend, die sozusagen unter der Eiseskälte Galliens erstarrt ist, wollte er wie der allerreinste Täuberich (vgl. Ps 55,7) in jene Gegenden entfliehen, welche die Sonne der Gerechtigkeit aus nächster Nähe erwärmt, und die von den reifen Tugendfrüchten in Überfülle haben.

Die Macht der Liebe bezwang mich unentrinnbar, mich diesem höchst wagemutigen Unterfangen des Schreibens nicht zu verweigern, der Sehnsucht des einen und der Mühe des anderen entgegenzukommen, wenn ich nur das Ansehen des erstgenannten bei seinen Söhnen steigern und den anderen von der Notwendigkeit, eine so gefahrvolle Seefahrt zu unternehmen, abhalten könnte. Außerdem: Da eurem Zutrauen und eurer Begeisterung weder jene »Einrichtungen der Klöster«[2] – die ich in zwölf Büchern für Bischof Castor seligen Angedenkens so gut ich konnte niederschrieb, noch die zehn Unterredungen mit den Vätern, die in der Wüste Sketis leben, und die ich auf Anforderung der heiligen Bischöfe Helladius und Leontius soweit es mir möglich war, der Reihe nach aufschrieb[3], genug sein konnten, so glaube ich jetzt, mit heißer Feder in gleicher Manier, damit der Verlauf unserer Reise erkennbar wird, sieben Unterredungen mit drei Vätern, die in einer anderen Einsiedelei leben, und die wir als erste sahen, in Erinnerung rufen zu sollen. Dadurch möge ergänzt werden, was in unseren vorausgehenden unbedeutenden kleinen Werken vielleicht weniger verständlich war oder ausgelassen wurde.

Sollten jedoch auch diesen sieben [Unterredungen] den heiligen Durst eures Verlangens nicht stillen können, werden weitere sieben Unterredungen, die an die Brüder auf den Stöchadischen Inseln[4] wohnen, gehen sollen, die Glut eures Verlangens – wie ich annehme – sättigen.

Wer durch die Liebe
zum Bild und Gleichnis Gottes hindurchgelangt ist,
wird Freude am Guten haben
und die Leidenschaft für Geduld und Milde besitzen.

Collatio 11

Abbas Chaeremon spricht über die Vollkommenheit der Liebe

1 Als wir in der Zeit unseres Aufenthalts im Koinobion Syriens[1] nach den ersten Anfängen im Glauben und dem nachfolgenden leidlichen Erfolg begannen, uns nach mehr Gnade des Fortschritts zu sehnen, beschlossen wir, nach Ägypten aufzubrechen, sogar die entlegendsten Gebiete der Wüste Thebais zu durchdringen, und möglichst viele der heiligen [Väter], deren Ruhm von Mund zu Mund sich über den ganzen Erdkreis verbreitet hatte, aufzusuchen, gewiß nicht mit der Absicht, es ihnen gleichzutun, sie aber doch wenigstens kennenzulernen.

So kamen wir also zu einer Stadt in Ägypten mit Namen Thennesi[2], nachdem wir die Seefahrt hinter uns gebracht hatten. Die Einwohner dieser Stadt werden aus allen Richtungen vom Meer und von Salzseen umspült, sodass sie, da Land fehlt, Lebensunterhalt und Besitz nur über den Seehandel erwerben [können]. Nicht einmal zum Bau von Gebäuden wäre genügend Lehm da, wenn er nicht von weit her auf Schiffen herbeigeschafft würde.

2 Die uns wohlgesonnene Gottheit schenkte unserem Verlangen, dass, als wir vor Anker gingen, auch ein vortrefflicher Mann, Bischof Archebius[3], ankam. Man hatte ihn aus dem Verbund der Anachoreten herausgerissen und zum Bischof der Stadt Panephysis gemacht. Er bewahrte sich gleichwohl sein ganzes Leben lang den Vorsatz [zu einem Leben in] der Wüste mit solcher Entschiedenheit, dass er nicht von seinem vorherigen Lauf in Demut abwich, sich auch nicht blenden ließ von der Ehre, die man ihm erwies. Er war nämlich der Meinung, dass er nicht für dieses Amt als geeignet befunden worden war, weil er dessen würdig gewesen wäre. Vielmehr beklagte er, dass man ihn aus der Schule der Anachoreten vertrieben hatte, da er unwürdig war. Obwohl er dort 37 Jahre lang gelebt hätte, hätte er nicht zur Reinheit einer so hohen Berufung hindurchgelangen können.

Als er uns nun im erwähnten Thennesi, wohin ihn eine Bischofswahl geführt hatte, ehrerbietig und voller Menschenfreundlichkeit aufgenommen und von unserer Sehnsucht erfahren hatte, dass wir nämlich sehnlichst wünschten, auch die heiligen Väter in den entlegeneren Teilen Ägyptens[4] aufzusuchen, sagte er: »Kommt, seht zunächst die Väter, die nicht weit entfernt von unserem Monasterion leben. Ihr Alter leuchtet aus gebeugten Körpern, ihre Heiligkeit aus ihrem Antlitz, sodass allein schon der Blick auf sie denen, die sie betrachten, eine große Lehre sein kann. Von ihnen mögt ihr das, was ich als verloren betrauere – Verlorenes kann man schließlich nicht mehr weitergeben – weniger über Worte, als durch das Beispiel eines heiligen Lebens lernen. Ich glaube jedoch, dass ich meinen eigenen Mangel etwas lindern kann, wenn es mich dazu drängt, euch, die ihr die Perle sucht, von der das Evangelium spricht (vgl. Mt 13,45) und die ich selbst nicht besitze, wenigstens zu helfen, sie leichter zu erwerben.«

3 Wir nahmen also Stab und Beutel, wie es dort für alle Mönche, die sich auf den Weg machen, üblich ist. Unser Führer geleitete uns selbst auf dem Weg zu seiner Stadt, nach Panephysis[5]. Das Gebiet dieser Stadt, sogar den größten Teil und einst reichsten – man sagt jedenfalls, dass von ihr die königlichen Kornkammern beschickt wurden – hat durch ein plötzliches Erdbeben das Meer, als es seine Grenzen überschritt, besetzt und auf diese Weise, nachdem es fast alle Siedlungen zerstört hatte, das einst fruchtbare Land mit Salzseen bedeckt, ganz so, wie im Psalm geistlich gesungen wird: »Er wandelte Wasserläufe in Wüste, Oasen in Ödland. Fruchtbringende Erde [verwandelte er] in eine Salzwüste wegen der Bosheit ihrer Bewohner.« (Ps 106,33sq = 107,33ff) Man glaubt, dass dies Wort für Wort von jener Gegend gesagt wurde. So verwandelte also die Überschwemmung viele Orte, die höher lagen, in Inseln und bot, nachdem ihre Bewohner geflohen waren, den heiligen [Brüdern], die sich zurückzogen, die ersehnte Einsamkeit. Zu ihnen gehörten auch die drei Altväter Chaeremon, Nesteros und Joseph, hochbetagte Anachoreten.

4 Der gottselige Archebius zog es vor, uns zuerst zu Chaeremon[6] zu führen, weil dessen Monasterion näher und er im Alter weiter vorangeschritten war als die beiden anderen. Zwar hatte er das hundertste Lebensjahr in ungewöhnlicher Geistesfrische überschritten, doch war sein Rücken durch das vorgerückte Alter und die vielen Gebete gekrümmt, sodass er, wie in die früheste Kindheit zurückentwickelt, mit herabhängenden und bis zur Erde reichenden Armen einherging. Uns kam also gleichermaßen sein Antlitz wie seine Art sich zu bewegen sonderbar vor. Doch trotz der beschädigten und abgestorbenen Gliedmaßen hatte er die Strenge seiner früheren Zucht nicht verloren. Wir baten ihn um ein Wort und um Unterweisung[7], gaben aber auch zu erkennen, dass der Grund für unseren Besuch allein die Sehnsucht nach geistlicher Unterweisung war. Da seufzte er tief [und sagte]: »Wie könnte ich euch etwas beibringen – ich, dem die Altersschwäche mit der früheren Kraft auch die Glaubwürdigkeit der Worte nahm? Wie könnte ich mir herausnehmen zu lehren, was ich selbst nicht tue oder einen anderen in den Dingen unterweisen, von denen ich weiß, dass ich sie kaum oder nur zögerlich tue? Deshalb habe ich auch nicht zugelassen, dass einer der jüngeren Brüder bis in dieses Alter bei mir wohnt, damit nicht durch mein Vorbild die Disziplin eines anderen verweichlicht. Das Ansehen eines Lehrers wird nämlich ausgehöhlt, wenn er es nicht durch die Wirkung seines Tuns im Herzen des Schülers verankert.«

5 Davon nicht wenig verwirrt und betroffen antworteten wir folgendermaßen: »Es mag zwar sein, dass uns für eine völlig ausreichende Unterweisung schon die unangenehme Lage dieses Ortes sowie das Einsiedlerleben an sich, das selbst jugendliche Kraft kaum erträgt, genügen sollte; das unterrichtet uns gewiss hinlänglich und zur Genüge, selbst wenn du schweigst, und macht uns niedergeschlagen[8]. Dennoch bitten wir, dass du dein Schweigen ein wenig unterbrichst und uns stattdessen geziemend beibringst, womit wir die Tugend, die wir an dir sehen, wenn schon nicht durch Nachahmung, so doch wenigstens durch Bewunderung fassen können. Wenn auch unsere offensichtliche Lauheit nicht verdient, was wir als Gabe erbitten, sollte es doch wenigstens die Mühsal einer so weiten Reise als Belohnung verdienen, [die Mühsal,] unter der wir vom Unterricht für Anfänger im Koinobion von Bethlehem voller Sehnsucht nach unserem Fortschritt hierher geeilt sind.«

6 Da sprach der gottselige Chaeremon:

Drei Dinge sind es, die Menschen veranlassen, Laster aufzugeben: Furcht vor der Hölle oder weltlichen Gesetzen, Sehnsucht nach dem Reich der Himmel, Leidenschaft für das Gute an sich oder Liebe zur Tugend.

Denn es steht geschrieben, dass Furcht durchaus die Keime des Bösen vernichtet: »Gottesfurcht hasst Bosheit.« (Prov 8,13) Hoffnung wehrt sogar den Angriff aller Laster ab. Es heißt nämlich: »Alle, die auf ihn [Gott] hoffen, werden nicht zuschanden.« (Ps 33,23 = 34,23) Die Liebe fürchtet nicht einmal, durch Sünden zu Fall zu kommen, denn »die Liebe fällt niemals« (1 Kor 13,8). Und: »Die Liebe deckt die Menge der Sünden zu.« (1 Petr 4,8) Deshalb sieht der gottselige Apostel als den Gipfel des Heils die Vollendung dieser drei Tugenden, wenn er sagt: »Es bleiben Glaube, Hoffnung, Liebe, diese drei.« (1 Kor 13,13) Es ist ja der Glaube, der bewirkt, auf Abstand zu gehen zur Ansteckung mit den Lastern aus Angst vor dem künftigen Gericht und der Strafe, die Hoffnung, die, indem sie unseren Geist von dieser Welt wegruft, alle Ergötzlichkeiten des Fleisches verachtet in Erwartung des himmlischen Lohnes, die Liebe, die uns durch die Glut des Geistes (vgl. Röm 12,11) zur Liebe Christi und zur Frucht der geistlichen Tugenden entzündet und dadurch bewirkt, mit aller Verachtung zu verweigern, was dem entgegensteht. Wenn diese drei auch zu ein- und demselben Ziel[9] zu streben scheinen – sie fordern nämlich heraus, Abstand zu halten zu den Verlockungen – so unterscheiden sie sich dennoch hochgradig hinsichtlich ihres Ranges voneinander. Die beiden ersteren nämlich sind den Menschen zueigen, die, obwohl sie nach Fortschritt streben, noch nicht die Leidenschaft für die Tugenden empfinden. Die dritte jedoch gehört insbesondere zu Gott und zu denen, die in sich das »Bild und Gleichnis Gottes« (Gen 1,26) aufgenommen haben. Er allein nämlich wirkt, was gut ist und weder aus Furcht noch wegen einer Belohnung, sondern aus leidenschaftlicher Güte. Wie Salomo sagt: »Der Herr wirkt alles um seiner selbst willen.« (Prov 16,4) Den ganzen Reichtum an Gutem schenkt er ja denen, die es verdienen und denen, die es nicht verdienen, weil er festhält an seiner Güte und weil er weder durch Beleidigungen ermüdet werden kann noch durch Bosheiten von Menschen zu einem Ausbruch von Leidenschaften verleitet werden kann. Er bleibt immer die vollkommene Güte und ändert sich nicht.

7 Wenn also jemand nach Vollkommenheit strebt, wird er von jener ersten Stufe der Furcht, als deren Merkmal wir nannten, dass sie knechtisch ist, heißt es doch von ihr: »Wenn ihr alles getan habt, sagt: ›Wir sind unnütze Knechte‹.« (Lk 17,10), [wird er also] zum höher hinaufführenden Pfad der Hoffnung mit vorwärts drängendem Schritt emporsteigen. Er gleicht nicht mehr dem Knecht, sondern dem Tagelöhner, weil er den vereinbarten Lohn erwartet und sozusagen des Freispruchs von den Sünden gewiss, und sicher vor der Furcht vor Strafe, im Bewusstsein seiner guten Werke, fordert er allem Anschein nach zwar den ihm zustehenden Lohn, doch zu jener tiefen Zuneigung des Sohnes, der im Vertrauen auf die Großzügigkeit der väterlichen Güte nicht zweifelt, dass aller Besitz des Vaters auch ihm gehört, kann er nicht hindurchgelangen. Auch jener Verschwender, der mit dem Erbe des Vaters auch [das Recht,] Sohn genannt zu werden, verloren hatte, wagt nicht, darauf zu hoffen, wenn er sagt: »Ich bin nicht mehr wert, dein Sohn zu heißen. Mach mich zu einem deiner

Tagelöhner.« (Lk 15,19) Denn nachdem ihm verweigert worden war, sich mit Eicheln, [dem Futter] der Schweine – das bedeutet: mit der schmutzigen Speise der Laster – zu sättigen, kehrte er in sich selbst zurück.[10] Von heilsamer Furcht gepackt hatte er schon begonnen, den Schmutz der Schweine zu verabscheuen und fürchtete infolge des bitteren Hungers den Tod. So wurde er zum Knecht, sehnte sich, wenn er an den Lohn dachte, nach der Einstellung als Tagelöhner und sagte: »Wie viele Tagelöhner meines Vaters haben Überfluss an Brot, ich hingegen sterbe hier vor Hunger. Ich will zu meinem Vater zurückkehren und zu ihm sagen: ›Vater, ich habe gesündigt gegen den Himmel und vor deinen Augen; ich bin nicht mehr wert, dein Sohn zu heißen. Mach mich zu einem deiner Tagelöhner.‹« (Lk 15,17–19) Doch sein Vater stürzte auf ihn zu, kam dem Wort demütiger Reue zuvor und nahm ihn mit größerer Zärtlichkeit auf als [ihm] in der Anrede entgegengebracht worden war; nicht zufrieden, wenig zu schenken, und ohne Zögern zwei Stufen überspringend setzte er ihn wieder in die frühere Sohneswürde ein. Deshalb: Lasst auch uns eilen, damit wir zur dritten Stufe von Söhnen, die glauben, dass alle Güter des Vaters auch ihnen gehören, auf dem Weg der unzerstörbaren Liebe aufsteigen, und so würdig werden, Bild und Gleichnis des himmlischen Vaters anzunehmen, und in der Nachfolge jenes wahren Sohnes ausrufen können: »Alle Güter meines Vaters sind mein.« (Joh 16,15)

Das bezeugt über uns auch der gottselige Apostel, wenn er sagt: »Alles ist euer, sei es Paulus oder Apollo oder Kephas, sei es Welt, Leben oder Tod, Gegenwärtiges oder Zukünftiges: Alles ist euer.« (1 Kor 3,22) Zum erwähnten Bild [des Vaters zu werden] fordern uns auch die Gebote des Erlösers auf. Er sagt: »Seid vollkommen, wie euer himmlischer Vater vollkommen ist.« (Mt 5,48) Dabei kommt es jedoch nicht selten vor, dass das Empfinden für die Güte Gottes unterbrochen wird, wenn die Kraft der Seele durch Lauheit, Freude oder Lust geschwächt wird und dann die augenblickliche Furcht vor der Hölle oder die Sehnsucht nach den zukünftigen Gütern wegnimmt. Doch auch dann kommt es vor, dass ein Weiterkommen uns Schritt für Schritt wachsen lässt, sodass wir anfangen, aus Furcht vor Strafe oder in der Hoffnung auf Belohnung unsere Schritte von den Lastern wegzulenken, und wir zur Stufe der Liebe weitergehen können. [Die Schrift] sagt ja: »Furcht ist nicht in der Liebe, vielmehr schickt die vollkommene Liebe die Furcht hinaus; denn wer sich fürchtet, ist nicht vollkommen in der Liebe. Lasst uns also lieben, weil Gott uns als erster geliebt hat.« (1 Joh 4,18f)

Nicht anders jedoch können wir zu jener wahren Vollkommenheit emporsteigen, als dass wir, so wie er uns aus keinem anderen Grund als um unseres Heiles willen geliebt hat, unsererseits ihn nur um seiner Liebe willen lieben. Wir müssen also eifrig darauf bedacht sein, dass wir von der Furcht zur Hoffnung, von der Hoffnung zur Gottesliebe,[11] das heißt, zur Liebe zu eben den Tugenden in vollkommener Glut des Geistes emporsteigen, sodass wir im Überschritt zu einer Liebe, die sich wie von selbst zum Guten hingezogen fühlt,[12] soweit es der menschlichen Natur möglich ist, unerschütterlich festhalten, was gut ist.

8 Es besteht ja durchaus ein großer Unterschied zwischen dem, der aus Furcht vor der Hölle oder in der Hoffnung auf künftigen Lohn das Züngeln der Laster in sich löscht, und dem, der durch das Verspüren der göttlichen Liebe das Schlechte als solches und die Unreinheit flieht und das Gut der Reinheit allein durch die Liebe zur Keuschheit und die Sehnsucht danach besitzt. Auch schielt er nicht nach der Einlösung eines Versprechens für die Zukunft, sondern glücklich im Wissen um das augenblickliche Gut tut er alles nicht im Blick auf die Strafen, sondern aus Freude an den Tugenden. Diese Haltung kann weder durch die Gelegenheit zur Sünde – nicht einmal wenn kein einziger Mensch als Zeuge anwesend ist – missbraucht noch durch heimliche Lustphantasien verletzt werden, wenn er nur die Leidenschaft für die Tugend zuinnerst beibehält und was ihr entgegensteht nicht nur mit dem Herzen nicht aufnimmt, sondern sogar mit größter Abscheu verwirft.

Die Ansteckung mit den Lastern zu hassen ist für jemanden, der sich an einem augenblicklichen Gut freut, das eine; etwas anderes ist es, einen augenblicklichen Schaden zu fürchten; und noch etwas anderes, sich vor zukünftiger Strafe zu fürchten. Schließlich ist es viel mehr, um des Guten an sich willen nicht vom Guten weichen zu wollen, als aus Furcht vor dem Bösen Bösem die Einwilligung zu verweigern. Das eine macht das freiwillig Gute aus, das andere ist Beispiel eines erzwungenen und nolens volens[13] jemandem abgetrotzten Guten, entweder durch die Furcht vor Strafe oder die Gier nach Belohnung. Denn wer nur aus Furcht zu den Gaukeleien der Laster auf Abstand geht, kehrt, sobald der Auslöser der Furcht entfällt, zu dem zurück, was er liebt. Er wird folglich noch keinen festen Stand im Guten haben, auch nicht irgendwann einmal von der Anfechtung Ruhe haben, weil er nicht den starken und beständigen Frieden der Reinheit [des Herzens] besitzen kann. Wo Kampfgetümmel herrscht, bleiben Hiebe, die Wunden schlagen, nicht aus. Es ist also notwendig, dass jeder, der in den Kampf gestellt ist, mag er auch noch so streitbar sein und tapfer kämpfend den Feinden viele tödliche Wunden zufügen, dennoch gelegentlich die feindliche Lanze zu spüren bekommt. Wer jedoch nach überwundenem Kampf der Laster gegen ihn schon die Sicherheit des Friedens genießt, und zur Leidenschaft für die Tugend als solcher weitergeschritten ist, wird den festen Stand im Guten, dem er sich schon völlig übereignet hat, beibehalten. Denn er glaubt, dass kein Schaden schlimmer ist als der Verlust der innersten Keuschheit. Auch beurteilt er nichts als kostbarer und wertvoller als die augenblickliche Reinheit, für die eine schwerwiegende Verletzung das Schaden bringende Übergehen der Tugenden oder die akute Ansteckung mit den Lastern ist. Diesem [Menschen], behaupte ich, wird weder eine augenblickliche Achtung von Menschen etwas mehr an Ehre geben, noch wird Einsamkeit sie mindern; denn da er immer und überall sein Gewissen als Richter nicht nur seiner Taten, sondern auch seiner Gedanken mit sich trägt, wird er sich anstrengen, vor allem danach zu streben, wovon er weiß, dass er dadurch weder in Bedrängnis gebracht noch getäuscht werden, noch davon verlassen werden kann.

9 Wenn es einem Menschen geschenkt wird, den Stand [auf dieser Stufe] mit Gottes Hilfe, nicht indem er sich des Erfolgs seiner eigenen Anstrengung rühmt, innezuhaben, wird er anfangen, vom Los eines

Unfreien, das von Furcht bestimmt ist, und von der tagelöhnerischen Gier der Hoffnung, mit der weniger die Güte dessen, der etwas schenkt, als vielmehr der Lohn für eine Leistung eingefordert wird, zum Angenommensein an Sohnes Statt überzugehen, wo nicht mehr Furcht und nicht mehr Gier ohne Ende herrscht, sondern »die Liebe, die niemals fällt«. (1 Kor 13,8) Der Herr zeigt, was wem zusteht, wenn er bestimmte Leute in Sachen Furcht und Liebe tadelt: »Der Sohn ehrt den Vater, der Sklave fürchtet seinen Herrn. Wenn ich Vater bin, wo ist meine Ehre? Wenn ich der Herr bin, wo ist die Furcht vor mir?« (Mal 1,6LXX) Notwendigerweise hat einer, der Knecht ist, Furcht; denn »wenn er den Willen seines Herrn kennt, aber tut, was Strafe verdient, wird er viele Schläge bekommen.« (Lk 12,47) Deshalb: Wer durch diese Liebe zum Bild und Gleichnis Gottes hindurchgelangt ist, wird Freude am Guten haben allein wegen des Guten als solchem und eine entsprechende Leidenschaft für Geduld und Milde besitzen. Auch bricht er über keinem Laster derer, die sündigen, in Zorn aus. Vielmehr wird er flehentlich um Vergebung [für sie] bitten, um ihre Schwachheiten mittrauernd und mitleidend. In der Erinnerung daran, wie lange er selbst von den Stacheln ähnlicher Leidenschaften angefochten wurde, bis er vom Erbarmen des Herrn gerettet wurde. Nicht durch eigene Anstrengung aus dem Kampf mit dem Fleisch herausgerissen,[14] sondern durch den Schutz Gottes gerettet, wird er verstehen, dass diejenigen, die in die Irre gehen, nicht mit Zornesausbrüchen, sondern mit Barmherzigkeit behandelt werden sollen. Er singt Gott in völliger Herzensruhe jenes Gebet: »Du hast meine Fesseln gesprengt; dir will ich das Opfer des Lobes darbringen.« (Ps 115,16f=116,16f) Und: »Wenn der Herr mir nicht geholfen hätte, hätte meine Seele bald in der Unterwelt gewohnt.« (Ps 93,17=94,17) In dieser Demut des Geistes verharrend kann er auch jenes Gebot des Evangeliums zur Vollkommenheit erfüllen: »Liebt eure Feinde, tut denen Gutes, die euch hassen, betet für eure Verfolger und diejenigen, die euch verleumden.« (Mt 5,44) So werden wir würdig, zu jenem Lohn zu gelangen, der hinzugefügt wird, durch den wir nicht nur das Bild und Gleichnis Gottes erkennbar werden lassen, sondern wahrhaft als Söhne eingesetzt werden; wie [der Herr sagt]: »Seid Söhne eures Vaters in den Himmeln, der seine Sonne aufgehen lässt über Gute und Böse, und regnen lässt über Gerechte und Ungerechte.« (Mt 5,45) Diese Zuneigung [eines Sohnes] erreicht zu haben erkennt auch der gottselige Johannes, wenn er sagt: »Damit wir Zuversicht haben am Tag des Gerichts; denn wie er sind auch wir in der Welt.« (1 Joh 4,17) Inwiefern jedoch könnte die schwache und zerbrechliche menschliche Natur sein wie er ist, wenn nicht dadurch, dass sie über Gute und Böse, Gerechte und Ungerechte als stille Nachahmerin Gottes allezeit die Liebe ihres Herzens ausbreitet, damit so die gute Leidenschaft um des Guten als solchem willen zum Einsatz kommt. So gelangt sie zu jener wahren Annahme als Sohn Gottes, von der auch der gottselige Apostel sagt: »Jeder, der aus Gott geboren ist, vollbringt keine Sünde; denn der Same Gottes ist in ihm. Er kann nicht sündigen, weil er aus Gott geboren ist.« (1 Joh 3,9) Und an anderer Stelle: »Wir wissen, dass jeder, der aus Gott geboren ist, nicht sündigt, denn die Abstammung von Gott bewahrt ihn und der Böse tastet ihn nicht an.« (1 Joh 5,18) Dies darf jedoch nicht von jeder Art von Sünden angenommen werden. Vielmehr gilt es nur für die Sünden, die zum Tod führen. Wer davon nicht abstehen und sich reinigen will, über den sagt der vorgenannte Apostel [Johannes] an anderer Stelle, dass für ihn nicht einmal gebetet werden darf. Er sagt: »Wer weiß, dass sein Bruder eine Sünde begeht, und zwar keine, die zum Tod führt, soll für ihn beten und er [Gott] wird ihm das Leben schenken – denen, die nicht eine Sünde begehen, die zum Tod führt. Es gibt jedoch eine Sünde, die zum Tod führt. Für den, [der sie tut,] sage ich nicht, dass man beten soll.« (1 Joh 5,16) Ansonsten [gilt]: Von den Sünden, die nicht als zum Tod führend bezeichnet werden, gegen die auch diejenigen, die Christus treu dienen, selbst wenn sie mit noch so viel Umsicht auf sich Acht haben, nicht gefeit sein können, heißt es folgendermaßen: »Wenn wir sagen, wir haben keine Sünde, täuschen wir uns selbst und die Wahrheit ist nicht in uns.« (1 Joh 1,8) Außerdem: »Wenn wir sagen: ›Wir sündigen nicht‹, machen wir ihn zum Lügner und sein Wort ist nicht in uns.« (1 Joh 1,10) Es ist ja unmöglich, dass auch nur einer der Heiligen nicht in jene Kleinigkeiten gerät, die durch Worte, Gedanken, Unwissenheit, Vergessen, Zwang übertölpelt oder mit Absicht begangen werden. Auch wenn es heißt, dass diese [Dinge] weit entfernt davon sind, [Sünden] zum Tod[15] zu sein, können sie doch nicht ohne Schuld und von Tadel frei sein.

10 Wenn also jemand auf den Spuren der vorgenannten Leidenschaft für die Güte[16] sowie der Nachahmung Gottes wandelt, dann wird er sich auch mit den innersten Regungen der göttlichen Langmut umhüllen und ebenso für seine Verfolger beten: »Vater, vergib ihnen, denn sie wissen nicht, was sie tun.« (Lk 23,34) Im übrigen ist es ein deutliches Zeichen, dass eine Seele noch nicht vom dem Morast der Laster geläutert wurde, wenn sie bei fremden Verfehlungen nicht mitleidet im Empfinden von Barmherzigkeit, sondern unerbittlich das Richtbeil ansetzt. Wie aber sollte jemand die Barmherzigkeit des Herzens von sich behaupten können, wenn er nicht hat, wovon der Apostel aufzeigt, dass damit die Erfüllung des Gesetzes vollkommen wird, wenn er sagt: »Tragt einer des anderen Last, so werdet ihr das Gesetz Christi erfüllen.« (Gal 6,2) Aber er besitzt auch nicht jene Tugend der Liebe, die »sich nicht zum Zorn reizen lässt, sich nicht aufbläht, nichts Böses denkt, alles auf sich nimmt, alles erträgt«. (1 Kor 13,4–7) Denn »der Gerechte erbarmt sich auch über die Seelen des Viehs, die Eingeweide des Gottlosen jedoch sind leer von Barmherzigkeit.« (Prov 12,10LXX) Daher ist ziemlich sicher, dass ein Mönch genau den Lastern unterworfen ist, die er an einem anderen mit unbeugsamer und unmenschlicher Strenge verurteilt. Denn »ein hartherziger König läuft in Böses. Wer seine Ohren verstopft, damit er die Schwachen nicht hören muss – schreit er dann selbst, wird keiner da sein, der ihn hört.« (Prov 13,17LXX)

11 Germanus [sagte]: Gewiss wurde gewaltig und großartig von der vollkommenen Liebe gesprochen. Doch beschäftigt uns, dass du, indem du die Liebe mit so hohem Lob bedacht hast, gesagt hast, dass die Gottesfurcht und die Hoffnung auf Lohn nicht vollkommen sind. Schließlich scheint doch der Prophet eine völlig andere Meinung darüber gehabt zu haben, wenn er sagt: »Fürchtet den Herrn, alle seine Heiligen; denn nichts fehlt denen, die ihn fürchten.« (Ps 33,10 = 34,10) Und an anderer Stelle gesteht er, sich durch den Blick auf den Lohn im Beachten der gerechten Entscheide Gottes geübt zu haben, wenn er sagt: »Ich habe mein Herz geneigt zum Tun deiner gerechten Entscheide bis in Ewigkeit wegen der Belohnung.« (Ps 118,112 = 119,112) Auch sagt der Apostel: »Durch den Glauben verschmähte Mose, als er herangewachsen war, ein Sohn der Tochter des Pharao zu sein. Er wählte lieber, mit dem Volk Gottes unterdrückt zu werden, als die Annehmlichkeiten einer flüchtigen Sünde zu genießen, denn er hielt die Schmach Christi für größeren Reichtum als die Schätze Ägyptens; er schaute nämlich auf die Belohnung.« (Hebr 11,24–26) Wie also sollte man glauben, dass sie [Glaube und Hoffnung] unvollkommen sind, wenn sogar der gottselige David sich rühmt, im Blick auf die Belohnung die Gebote des Herrn gehalten zu haben und es heißt, dass der Gesetzgeber [Mose], weil er auf den künftigen Lohn schaute, die Aufnahme in die königliche Würde verachtete und härteste Unterdrückung den Schätzen Ägyptens vorzog?

12 Chaeremon [antwortete]: Die göttliche Schrift fordert die Freiheit unseres Willens je nach dem Stand und dem Maß eines jeden einzelnen Geistes zu verschiedenen Graden von Vollkommenheit heraus. Es konnte ja nicht allen die gleiche Krone der Vollkommenheit in Aussicht gestellt werden, weil auch nicht alle die gleiche Tugend, den gleichen Willen oder den gleichen Eifer haben. Daher setzte das göttliche Wort sozusagen verschiedene Ränge und ein unterschiedliches Maß an Vollkommenheit fest. Dass dies so ist, zeigt deutlich die Verschiedenheit der Seligpreisungen im Evangelium. Selig werden nämlich diejenigen genannt, denen das Himmelreich gehört; ebenso selig diejenigen, welche die Erde besitzen werden; selig, die Trost empfangen werden; selig, die satt sein werden (vgl. Mt 5,3ff). Trotzdem glauben wir, dass ein großer Unterschied besteht zwischen dem Wohnen im Himmelreich und dem Besitz eines wie auch immer gearteten Erdreichs; zwischen dem Empfang von Trost und der Fülle von Trost oder Sättigung mit Gerechtigkeit; und dass ein großer Unterschied besteht zwischen jenen, die Barmherzigkeit erlangen werden und jenen, die gewürdigt werden, die alles übertreffende Schau Gottes zu genießen. Wie es heißt: »Einen anderen Glanz hat die Sonne, einen anderen der Mond, einen anderen die Sterne. Sogar Stern und Stern unterscheiden sich im Glanz. So verhält es sich auch mit der Auferstehung von den Toten.« (1 Kor 15,41f) Wenn also die göttliche Schrift auf diese Weise diejenigen lobt, die Gott fürchten und sagt: »Selig sind alle, die den Herrn fürchten« (Ps 127,1 = 128,1), und ihnen daher vollkommene Seligkeit verheißt, sagt sie doch andererseits auch: »Furcht ist nicht in der Liebe; vielmehr vertreibt vollkommene Liebe die Furcht. Furcht ist mit Strafe verbunden; wer sich jedoch fürchtet, ist nicht vollkommen in der Liebe.« (1 Joh 4,18) Auch sagt die Schrift: »Dient dem Herrn mit Furcht.« (Ps 2,11) Und: »Es ist etwas Großes für dich, mein Knecht genannt zu werden.« (Jes 49,6LXX) Außerdem: »Selig der Knecht, den der Herr, wenn er kommt, handelnd vorfindet.« (Mt 24,46) Zu den Aposteln aber wird gesagt: »Ich nenne euch nicht mehr Knechte, denn ein Knecht weiß nicht, was sein Herr tut. Euch nenne ich vielmehr Freunde, denn alles, was ich von meinem Vater gehört habe, habe ich euch kund getan.« (Joh 15,14f) Außerdem: »Ihr seid meine Freunde, wenn ihr tut, was ich euch als Gebot gebe.« (Joh 15,13) Ihr seht also, es gibt unterschiedliche Stufen von Vollkommenheit. Wir werden vom Herrn von Hohem zu noch Höherem herausgefordert, sodass derjenige, der sich selig und vollkommen in der Gottesfurcht beweist, wenn er wie geschrieben steht »von Tugend zu Tugend« (Ps 83,8 = 84,8) und von Vollkommenheit zu Vollkommenheit schreitet, das heißt mit den Flügeln des Geistes von der Furcht zur Hoffnung sich emporschwingt, schließlich zu einem noch seligeren Stand eingeladen wird: Zur Liebe. Wer ein treuer und kluger Knecht ist, soll den Überschritt wagen zum Bund der Freundschaft und zur Annahme an Sohnes Statt (vgl. Gal 4,5). In diesem Sinn ist auch unsere Aussage zu verstehen. Nicht als ob wir dem Blick auf jene ewige Strafe oder den seligsten Lohn, der den Heiligen versprochen wird, jede Bedeutung absprechen würden. Vielmehr [meinen wir]: Er ist nützlich und führt diejenigen, die sich darin üben, in die

Anfänge der Seligkeit ein. Die Liebe jedoch, in der völligeres Vertrauen und schon ewige Freude ist, nimmt diese [Nachfolger von Furcht und Hoffnung] von der knechtischen Furcht und der Hoffnung eines Tagelöhners weg und an ihre Hand, und führt sie zur Annahme als Söhne, macht aber auch sozusagen aus Vollkommenen noch Vollkommenere. »Denn«, so sagt der Erlöser, »bei meinem Vater gibt es viele Wohnungen.« (Joh 14,2) Und: Auch wenn es scheint, als könnte man alle Gestirne am Himmel sehen, besteht doch ein großer Unterschied zwischen der Helligkeit der Sonne und des Mondes, des Morgensterns und der übrigen Sterne. Deshalb zeigt der gottselige Apostel den Weg der Liebe auf, indem er sie, die erhabener ist als alles, nicht nur der Furcht und der Hoffnung, sondern sogar allen Gnadengaben, die als groß und wunderbar angesehen werden, vorzieht. Denn als er am Ende seiner Liste aller Gnadengaben die Tugenden im Einzelnen beschreiben wollte, sprach er folgendermaßen: »Ich zeige euch noch einen ungleich erhabeneren Weg: Wenn ich mit Menschen- und Engelszungen redete, wenn ich die Gabe der Prophetie hätte, und kennte alle Geheimnisse und jede Wissenschaft; wenn ich allen Glauben hätte, sodass ich Berge versetzen könnte, wenn ich all meinen Besitz zur Speisung der Armen hingeben würde, wenn ich meinen Körper der Verbrennung [im Martyrium] hingeben würde, hätte aber die Liebe nicht – es nützte mir nichts.« (1 Kor 12,31; 13,1–3) Ihr seht also, dass nichts Wertvolleres, nichts Vollkommeneres und nichts Erhabeneres als die Liebe zu finden ist. Denn: »Prophetisches Reden – es wird überflüssig werden; Reden in fremden Sprachen – es wird aufhören; Wissen – es wird nutzlos sein; die Liebe jedoch wird niemals hinfällig werden.« (1 Kor 13,8) Ohne sie werden nicht nur die außergewöhnlichsten Gnadengaben, sondern selbst der Ruhm des Martyriums zu hohlen Eitelkeiten.

13 Wenn also jemand in der Vollkommenheit dieser Liebe fest verankert ist, wird er notwendigerweise im Überschritt der Furcht zu jener höheren Stufe der Liebe emporsteigen, die weder die Angst vor Strafe noch das Verlangen nach Belohnung erzeugt, sondern die Größe einer

Liebe, mit der ein Sohn den gütigsten Vater, ein Bruder den Bruder, ein Freund den Freund, eine Gattin den Mann in treu sorgender Zuneigung ehrt ohne Schläge oder Schelte zu fürchten, jedoch schon die zarteste Verletzung der Liebe. Nicht nur in allen Taten, sondern auch Worten ist sie ganz darauf bedacht, in äußerst aufmerksamer Anhänglichkeit nur ja nicht die Glut der Liebe, die ihr entgegengebracht wird, erkalten zu lassen. Wie großartig diese Furcht ist, hat einer der Propheten elegant ausgedrückt in den Worten: »Reichtümer, die retten: Weisheit und Verstehen; die Gottesfurcht selbst ist der Schatz [Zions].« (Jes 33,6) Nicht deutlicher hätte er die Würde und den Rang dieser Furcht ausdrücken können, als indem er sagte, dass die Reichtümer unseres Heiles, die in der wahren Weisheit und Erkenntnis Gottes bestehen, allein von der Gottesfurcht bewahrt werden können. Zu dieser Furcht werden nicht die Sünder, sondern die Heiligen von den Worten des Propheten eingeladen, wenn der Psalmdichter sagt: »Fürchtet den Herrn, alle Heiligen; denn denen, die ihn fürchten, fehlt es an nichts.« (Ps 33,10 = 34,10) Wer demnach den Herrn mit dieser Furcht fürchtet, von dem ist sicher, dass seiner Vollkommenheit nichts fehlt. Doch von jener Furcht, die Strafe fürchtet, sagt der Apostel Johannes deutlich: »Wer Furcht hat, ist nicht vollkommen in der Liebe; denn Furcht ist mit Strafe verbunden.« (1 Joh 4,18) Es besteht also ein großer Unterschied zwischen jener Furcht, der nichts fehlt, die ein Schatz an Weisheit und Erkenntnis ist, und jener unvollkommenen [Furcht], die »Anfang der Weisheit« (Ps 110,10 = 111,10) genannt wird. Da sie Bestrafung beinhaltet, wird sie aus den Herzen der Gläubigen mitsamt den Wurzeln ausgerissen, wenn die Fülle der Liebe sie überkommt: »Furcht ist nicht in der Liebe, sondern die vollkommene Liebe schickt die Furcht hinaus.« (1 Joh 4,18) Wahrhaftig: Wenn der Anfang der Weisheit in der Furcht besteht, welch andere Vollendung kann es für sie geben als die Liebe Christi, welche jene Furcht der vollkommenen Liebe in sich beschließt und schon nicht mehr Anfang, sondern Schatz an Weisheit und Erkenntnis genannt wird? Es gibt also zwei Stufen der Furcht: Eine für Anfänger, das heißt für diejenigen, die noch unter dem Joch und dem Schrecken von Knechten leben. Von dieser Stufe heißt es:

»Der Knecht fürchtet seinen Herrn«. (Mal 1,6LXX) Und im Evangelium: »Ich nenne euch nicht mehr Knechte, denn der Knecht weiß nicht, was sein Herr tut.« (Joh 15,14) »Deshalb«, sagt [Johannes,] »bleibt der Knecht nicht für immer im Haus; der Sohn bleibt für immer.« (Joh 8,35) Der gottselige Apostel weiht uns also ein, damit wir von jener Furcht, die Strafe erwartet, zur völligen Freiheit der Liebe und zum Vertrauen von Freunden und Söhnen Gottes übergehen. Schließlich bekennt er, der jene Knechtsstufe der Furcht einst durch die Kraft der Liebe des Herrn überwunden hatte, dass er vom Herrn mit größeren Gütern beschenkt wurde, sobald er das Niedere verachtete. Er sagt: »Gott hat uns nicht den Geist der Furcht gegeben, sondern der Kraft, der Liebe und der Nüchternheit.« (2 Tim 1,7)

Auch diejenigen, die in der vollkommenen Liebe zu diesem himmlischen Vater brannten und die er durch göttliche Annahme an Kindesstatt von Sklaven zu Söhnen gemacht hatte, ermahnt er mit folgendem Wort: »Ihr habe nicht erneut den Geist der Knechtschaft in Furcht empfangen, sondern den Geist der Sohnschaft, durch den wir rufen: ›Abba, Vater.‹« (Röm 8,15) Von dieser Furcht hatte auch der Prophet bei der Beschreibung des siebenfachen Geistes, der unzweifelhaft auf jenen Menschen und Gott[17] herabstieg, gesagt: »Auf ihn wird ruhen der Geist des Herrn,[18] der Geist der Weisheit und der Einsicht, der Geist des Rates und der Stärke, der Geist der Erkenntnis und Frömmigkeit.« (Jes 11,3) Dabei ist genau darauf zu achten, dass er nicht sagt: »Ruhen wird auf ihn der Geist der Gottesfurcht« wie er es von anderen, von Vorgängern gesagt hatte. Vielmehr sagt er: »Erfüllen wird ihn der Geist der Gottesfurcht.« (Jes 5,3) So überströmend nämlich ist der Reichtum seiner Fülle, dass er, wen er einmal mit seiner Kraft in Besitz genommen hat, nicht nur zu einem Teil im Geist besetzt, sondern ganz. Aus gutem Grund. Denn da er der »Liebe, die niemals fällt« (1 Kor 13,8), verbunden ist, erfüllt er nicht nur, sondern besitzt denjenigen, den er ergriffen hat, auf ewig, durch keinerlei Reizen zeitlicher Freuden oder Vergnügungen abgeschwächt, was gelegentlich noch bei jener Furcht vorkommen kann, die hinaus geschickt wird (vgl. 1 Joh 4,18).

Dies ist also die Furcht der Vollkommenheit, mit welcher [Christus, wahrer] Gott und [wahrer] Mensch – so wird überliefert – erfüllt war. Er war nicht nur gekommen, um die Menschheit zu erlösen, sondern auch, um ihr die Gestalt der Vollkommenheit und das Vorbild für die Tugenden zu schenken. Der wahrhaft Sohn Gottes war, konnte nicht jene knechtische Furcht vor Strafen [für Vergehen, auf die der Tod steht] haben, denn »er beging keine Sünde und in seinem Mund fand sich keine Täuschung«. (1 Petr 2,22)

14 Germanus: Da wir nun Genaueres über die Vollkommenheit der Liebe vernommen haben, bitten wir, auch über das Ziel[19] der Keuschheit etwas mehr erfahren zu dürfen. Wir bestreiten ja nicht, dass jene alles überragende Höhe[20] der Liebe, [die Krönung des Baus der Tugenden,] durch die man, wie bereits dargelegt wurde, zum Bild und Gleichnis Gottes emporsteigt, ohne die Vollkommenheit der Keuschheit nicht fest stehen kann. Doch möchten wir unterrichtet werden, ob die Beständigkeit in der Keuschheit so unerschütterlich stehen kann, dass niemals ein Kitzeln der Begierde die Unversehrtheit unseres Herzens angreift, und ob wir die Kraft haben können, solange wir in diesem Fleisch leben, uns so der Leidenschaft des Fleisches zu entfremden, dass wir niemals versengt werden von den züngelnden Flammen [der Leidenschaften].

15 Chaeremon: Zwar ist es gewiss Zeichen höchster Glückseligkeit und eines einzigartigen Verdienstes, jene Regung, mit der wir dem Herrn anhangen, ohne Unterlass zu lernen oder zu lehren, damit das Nachsinnen darüber entsprechend dem Wort des Psalmdichters (vgl. Ps 1,2) alle Tage und Nächte unseres Lebens prägt und unseren Geist, der unstillbar hungert und dürstet nach der Gerechtigkeit (vgl. Mt 5,6), durch andauerndes Wiederkäuen dieser himmlischen Speisen nach oben ausgerichtet hält. Doch sollen wir uns auch um unser Lastvieh, den Leib, kümmern in Einklang mit der gütigsten Vorsorge unseres Herrn(vgl. Mk 7,37), damit er nicht unterwegs zusammenbricht. »Der Geist ist zwar willig, aber das Fleisch ist schwach.« (Mt 26,41)

Das sollten auch wir jetzt berücksichtigen durch die Aufnahme von wenigstens etwas Speise, damit nach der Stärkung des Leibes die Spannkraft des Geistes sich umso sorgfältiger zur Spurensuche in Richtung dessen aufmachen kann, was ihr ersehnt.

Zu vollkommener Reinheit
reicht allein die Keuschheit einer körperlichen Enthaltsamkeit nicht aus,
wenn nicht auch die Unversehrtheit des Geistes dazukommt.

Collatio 12

Abbas Chaeremon spricht über die Keuschheit des Leibes und des Herzens

1 Als nach dem Ende der Mahlzeit, die uns eher lästig als willkommen vorkam, da wir als Speise ersehnten, etwas zu lernen, der Altvater bemerkt hatte, dass wir auf der Stelle den geschuldeten und versprochenen Vortrag erwarteten, sagte er:

Angenehm ist mir nicht nur eure angespannte Aufmerksamkeit, etwas zu lernen, sondern auch die Folgerichtigkeit der gestellten Frage. Die vernünftige Gliederung der Fragestellung wurde von euch in der Tat eingehalten. Es ist ja notwendig, dass auf die Fülle der alles überragenden Liebe jener unermessliche Lohn der vollkommenen und dauernden Reinheit folgt und dass die Freude über diese doppelte Siegespalme ebenfalls doppelt ist. Denn beide sind in solcher Gemeinschaft aneinander gebunden, dass man die eine nicht ohne die andere haben kann. Dies also beinhaltete eure Bitte, wir sollten in einer ähnlichen Erörterung darlegen, ob jenes Feuer der Begierde, deren Glut dieses [unser] Fleisch wie in sich eingebrannt empfindet, überhaupt völlig gelöscht werden kann.

Zur Lösung dieser Frage lasst uns zuerst sorgfältig erfragen, was der gottselige Apostel meint, wenn er sagt: »Tötet eure Glieder, die auf der Erde sind.« (Kol 3,5) Zuerst wollen wir also auf Spurensuche gehen, welche Glieder das sind, die er zu töten befiehlt. Danach wollen wir auch das

Übrige erforschen. Der gottselige Apostel zwingt uns durch seinen nicht gerade sanften Befehl nicht in das Abhacken von Händen, Füßen oder Geschlechtsorganen. Vielmehr will er, dass der »Leib der Sünde«, der aus [einem Verbund von mehreren] »Gliedern« besteht,[1] möglichst schnell durch den Eifer vollkommener Heiligkeit aufgelöst wird. Von diesem Leib sagt er an anderer Stelle: »Damit der Leib der Sünde niedergerissen wird.« (Röm 6,6) Welcher Art dieses Niederreißen sein soll, erklärt er folgendermaßen: »Damit wir nicht Sklaven der Sünde sind.« (Röm 6,6) Unter Tränen fleht er, auch selbst davon befreit zu werden, wenn er sagt: »Ich elender Mensch! Wer wird mich befreien von diesem Todesleib?« (Röm 7,24)

2 Nachweislich wird dieser Leib der Sünde durch viele Gliedmaßen von Lastern aufgebaut. Zu seinen Teilen gehört, was in Taten, Worten und Gedanken gesündigt wird. Sehr richtig heißt es, dass seine Glieder »auf der Erde« sind. Denn diejenigen, die sie einsetzen, können nicht ernsthaft sagen: »Unser Wandel ist im Himmel.« (Phil 3,20) Die Glieder dieses Leibes also beschreibt der Apostel an der Stelle, an der er sagt: »Tötet eure Glieder, die auf der Erde sind: Unzucht, Unreinheit, Gier, böse Begierde und Habsucht, die Knechtschaft unter Götzen ist.« (Kol 3,5) Er war überzeugt, dass an erster Stelle die Unzucht begraben werden muss, die durch fleischliche Vereinigung vollzogen wird. Als zweites Glied nennt er die Unreinheit, die nicht selten ohne jede Berührung einer Frau sich sowohl im Schlaf wie in wachem Zustand durch den Mangel an Sorgfalt eines nicht aufmerksamen Geistes anschleicht und daher in dem Gesetz genannt und verboten wird, das denjenigen, die unrein geworden sind, nicht nur die Teilnahme an den heiligen Opfern versagt, sondern auch befiehlt, sie von der Gemeinschaft im Lager auszuschließen, damit sie nicht das Heilige durch ihre Berührung verunreinigen. »Jeder Mensch, der vom heiligen Opferfleisch, das dem Herrn gehört, isst, wird vor dem Herrn zugrunde gehen; was ein Unreiner berührt hat, wird unrein sein.« (Lev 7,20LXX) Im Buch Deuteronomium [steht] ebenfalls: »Wenn unter euch ein Mann ist, der nachts im Traum unrein wurde, der soll aus dem Lager hinausgehen und nicht zurückkehren, bis er sich bei Sonnenuntergang mit Wasser gewaschen hat. Nach Sonnenuntergang soll er ins Lager zurückkehren.« (Dtn 23,10f) Als drittes Glied der Sünde setzt er [der Apostel] die Gier, die jeden auch ohne Leidenschaft des Körpers anfallen kann, da sie sich in den geheimsten Winkeln der Seele nährt. Zweifelsohne wurde »Gier« von »wonach man giert« abgeleitet. Danach von den schwereren Sünden zu den leichteren herabsteigend führt er als viertes Glied die böse Begierde an, die nicht allein auf die vorgenannte Leidenschaft der Schamlosigkeit, sondern allgemein auf alle schädlichen Begierden bezogen werden kann und eine Erkrankung des Willens[2] darstellt. Davon sagt der Herr im Evangelium: »Wer eine Frau ansieht in der Absicht des Begehrens, ist im Herzen schon ein Eheschänder.« (Mt 5,28) Es bedeutet nämlich viel mehr, auch dann den Wunsch eines schlüpfrigen Gedankens zurückzuweisen, wenn ihm Gelegenheit für einen aufreizenden Anblick gegeben wird. Hiermit wird mit aller Deutlichkeit nachgewiesen, dass zur Vollkommenheit der Reinheit allein die Keuschheit einer körperlichen Enthaltsamkeit nicht ausreichen kann, wenn nicht auch die Unversehrtheit des Geistes dazukommt.[3] Nach all dem nennt er als letztes Glied des Körpers die Habsucht, wobei er zweifelsfrei zeigt, dass es nicht nur darum geht, das Herz vom Übergriff auf fremden Besitz abzuhalten, sondern auch den eigenen Besitz großherzig zu verschenken. Im Buch von den Taten der Apostel kann man lesen, dass die Schar der Gläubigen dies getan hat, von der es heißt: »Die Schar der Gläubigen jedoch war ein Herz und eine Seele. Keiner unter ihnen, der Besitz hatte, bezeichnete ihn als sein Eigentum, vielmehr besaßen sie alles gemeinsam. Alle, die Äcker oder Häuser besaßen, verkauften sie und legten den Erlös den Aposteln zu Füßen. Einem jeden wurde zugeteilt je nachdem was er nötig hatte.« (Apg 4,32.34f) Um nicht den Anschein zu erwecken, dass solche Vollkommenheit nur wenige etwas angeht, hält er fest, dass Habsucht Sklavendienst für Götzenbilder ist. Völlig zu Recht. Wer nämlich nicht mit Bedürftigen, die in Not sind, teilt, und sein Geld [wie ein Raubvogel seine Beute] mit Krallen der Undankbarkeit festhält, der missachtet die

Gebote des Christus und rennt in die Schuld des Götzendienstes, denn er zieht die Liebe zu irdischem Stoff dem göttlichen Liebesgebot[4] vor.

3 Wenn wir also beobachten, wie viele Christus zuliebe ihr Vermögen so weggegeben haben, sodass wir zu der Überzeugung kommen, sie haben nicht nur ihren Besitz an Geld, sondern auch ihr Streben danach für immer abgeschnitten, dann ist es nur folgerichtig, wenn wir annehmen, dass auf die nämliche Weise auch der Brand der Unzucht gelöscht werden kann. Der Apostel hätte ja kaum eine unmögliche Sache mit einer möglichen verbunden; vielmehr, weil er wusste, dass beides möglich ist, hat er entschieden, dass beides auf gleiche Weise getötet werden muss. Der gottselige Apostel vertraut in so hohem Maß darauf, dass Unzucht und Unreinheit aus unseren Gliedern mit Stumpf und Stiel gezogen werden kann, dass er verkündet, wir sollten sie nicht nur töten, sondern es soll unter uns nicht einmal die Rede davon sein. Er sagt: »Von Unzucht, jeglicher Form von Unreinheit oder Habsucht soll unter euch nicht die Rede sein, auch nicht von törichtem Benehmen, Geschwätz oder Possenreißerei, die sich nicht gehören.« (Eph 5,3f) Dass all diese Dinge in gleicher Weise schädlich sind und eines wie das andere uns vom Reich Gottes ausschließen, lehrt er, wenn er sagt: »Ihr sollt jedoch wissen: Keiner, der Unzucht treibt, kein Unreiner oder Habsüchtiger – was Sklavendienst unter Götzen bedeutet – hat einen Erbanteil im Reich des Christus und Gottes.« (Eph 5,5) Es dürfte also kein Zweifel bestehen, dass die Ansteckung mit Unzucht und Unreinheit aus unseren Gliedern getilgt werden kann, da ja der Apostel gebietet, dass sie nicht anders als Habsucht, Geschwätz, Possenreißerei, Trunkenheit und Diebstahl, die sich leicht abschneiden lassen, mit Stumpf und Stiel auszurotten sind.

4 Wir dürfen jedoch sicher sein, dass, auch wenn wir uns aller Zucht in Sachen Enthaltsamkeit unterwerfen – dem Hunger und dem Durst, auch den Nachtwachen sowie unablässiger Arbeit und beständigem Eifer in der Lesung – wir die andauernde Reinheit der Enthaltsamkeit keineswegs als Lohn für diese Dinge beanspruchen können, sondern nur wenn wir, uns unter Schweiß in diesen Dingen beharrlich mühend, durch die Erfahrung als unsere Lehrmeisterin[5] gelehrt werden, dass die Unversehrtheit der Reinheit durch die Freigebigkeit der göttlichen Gnade geschenkt wird. Daher soll auch jeder anerkennen, dass er in diesen Übungen nur ohne zu ermüden durchhalten muss, damit er würdig wird – wenn er durch die Anfechtung in diesen Dingen zur Barmherzigkeit des Herrn vordringt – vom Ankämpfen des Fleisches gegen ihn und der Herrschaft der übermächtigen Laster durch Gottes Geschenk befreit zu werden; nicht dadurch, dass er sich darauf verlässt, durch jene Dinge die unbeschädigte Keuschheit des Körpers, die er will, erreichen zu können. Mit solch großer Sehnsucht und Liebe soll er darauf brennen, die Enthaltsamkeit zu erreichen, wie ein äußerst gieriger Geizhals auf Geld aus ist oder ein maßlos Ehrgeiziger auf Ehre; oder wie einer, von unerträglicher Liebe zu einer schönen Frau überwältigt, in ungeduldigster Glut wünscht, seine Sehnsucht zu stillen. So geschieht es: Wenn einer in unstillbarem Verlangen nach dauerhafter Unversehrtheit brennt, dann verachtet er begehrte Speisen, es ekelt ihn vor dem Drang zu trinken, er verschmäht schließlich sogar den Schlaf, welcher der Natur geschuldet ist, oder betrachtet ihn mit aufgeschrecktem und argwöhnischem Geist zumindest wie einen ziemlich betrügerischen Dieb der Reinheit, oder als Nebenbuhler und Feind der Keuschheit. So soll ein jeder, täglich in der Frühe zum Erforscher seiner Unversehrtheit geworden, sich freuen über die Reinigung, die ihm zuteil wurde, und sich bewusst sein, dass er sie nicht durch seine Anstrengung oder durch Wachsamkeit, sondern unter dem Schutz des Herrn erreicht hat. Er soll auch einsehen, dass seinem Körper die Ausdauer darin solange erhalten bleibt, wie der Herr sie in seiner Barmherzigkeit schenken wird. Denn: Wer an diesem Vertrauen ohne zu wanken festhält, wird niemals mit hochmütigen Gedanken auf seine eigene Kraft vertrauen. Auch wird er nicht, getäuscht vom langen Waffenstillstand der anstößigen Körperflüssigkeiten, sich in schmeichelhaftester Sicherheit wiegen, da er weiß, dass er sich schnell mit dem Austritt sehr unreiner Flüssigkeit beschmutzen wird, wenn der göttliche Schutz sich auch nur ein wenig von ihm zurückzieht. Deshalb soll er für seine Beständigkeit mit aufgebrochenem Herzen[6] und aller Demut in nimmermüden Gebeten wachen.

5 Aber vielleicht wollt ihr für diese Sache, die wir angesprochen haben, ein wahrhaft deutliches Argument hören, durch das ihr das Gesagte billigen könnt und versteht, dass der Kampf mit dem Körper, der als unser Feind und als schuldig angesehen wird, unseren Gliedern zu Nutzen eingesenkt wurde. Betrachtet – ich bitte euch – diejenigen, die an ihrem Körper verschnitten sind. Welche Ursache macht sie träge und furchtsam im Streben nach den Tugenden? Vielleicht [die Ursache], dass sie glauben, nicht in der Gefahr zu stehen, die Keuschheit zu beschädigen? Niemand soll jedoch meinen, ich hätte dies so verstanden, als ob unter ihnen keiner gefunden werden könnte, der standhaft in vollkommener Entsagung brennt. Vielmehr [habe ich dies so verstanden], dass sie ihre Natur in gewisser Weise besiegen, wenn sich glücklicherweise einige von ihnen nach der in Aussicht gestellten Siegespalme in höchster Anspannung des Geistes ausstrecken. Das brennende Verlangen und die Sehnsucht nach ihr bringen den, den sie einmal in Brand gesetzt hat, dazu, Hunger, Durst, Nachtwachen, Armut und alle körperlichen Mühen nicht nur geduldig, sondern sogar gern auszuhalten. Denn es heißt: »Der Mann müht sich unter Schmerzen und bezwingt sein Verderben mit Gewalt.« (Prov 16,26LXX) Und an anderer Stelle: »Doch der Seele eines Bedürftigen erscheint sogar das Bittere süß.« (Prov 27,7LXX) Anders nämlich kann das Verlangen nach den Dingen dieser vergänglichen Welt weder unterdrückt noch entwurzelt werden, außer wenn an die Stelle der Schaden bringenden Leidenschaften andere, heilsame Leidenschaften eingelassen werden. Die Lebendigkeit des Geistes vermag keinesfalls ohne eine Leidenschaft der Sehnsucht oder Furcht, der Freude oder Trauer verwirklicht zu werden, wenn eben diese nicht zur guten Seite hin gewandelt werden. Deshalb: Wenn wir uns danach sehnen, die Begierden des Fleisches aus unseren Herzen auszureißen, dann lasst uns schnell an ihrer Stelle geistliche Freuden setzen, damit unser Geist sich immer daran festklammert und etwas hat, wobei er ständig bleiben und die Aufreizungen der gegenwärtigen, nur eine Zeit lang dauernden Freuden, zurückweisen kann.

Wenn unser Geist, durch tägliche Übung erzogen, zu diesem Stand voranschreitet, dann versteht er – die Erfahrung belehrt ihn – die Empfindung jenes Verses, den wir zwar alle wie gewohnt im Psalmengesang beten, dessen Sinn aber nur wenige Erfahrene verstehen: »Beständig ist mir der Herr vor Augen. Er steht mir zur Rechten, nie werde ich wanken.« (Ps 15,8 = 16,8) Allein derjenige erfasst die Kraft und den Sinn dieses Gesanges wirklich, der, hindurchgelangend zu dieser Reinheit des Körpers und der Seele, von der wir reden, weiß, dass in jedem Augenblick, will er nicht von dieser [Reinheit] abkommen, seine Rechte vom Herrn beschützt wird, das heißt, dass seinen heiligen Werken von ihm Bestand verliehen wird. Der Herr steht nämlich seinen Heiligen nicht zur Linken – schließlich hat ein heiliger Mann nichts Linkisches[7] – sondern steht ihnen immer zur Rechten. Die Sünder und Unfrommen jedoch sehen ihn [den Herrn] nicht, weil sie keine Rechte [Hand] haben, welcher der Herr beistehen könnte. Auch können sie nicht mit dem Propheten sagen: »Meine Augen [richte ich] immerdar auf den Herrn; er zieht meine Füße aus der Schlinge.« (Ps 24,15 = 25,15) Dies kann nur derjenige aufrichtig bekennen, welcher alles, was es in dieser Welt gibt, als schädlich, überflüssig, auf jeden Fall aber minderwertiger als die Tugenden, die das Höchste sind, beurteilt, und so seinen Blick mit allem Eifer und aller Sorgfalt einzig auf das Bestellen seines Herzens-Erdreichs richtet und die Reinheit seiner Enthaltsamkeit. So wird der Geist zur vollkommenen Heiligkeit des Körpers und der Seele hindurchgelangen, wenn er, durch solche Übung gefeilt, im Voranschreiten blank und rein wurde.

6 Soviel nämlich einer in der Milde und Geduld seines Herzens Fortschritte macht, soviel auch in der Reinheit des Körpers. Umso weiter weg er die Leidenschaft des Jähzorns vertreiben kann, umso viel fähiger wird er, an der Keuschheit festzuhalten. Die Hitze des Körpers wird nur ablegen, wer zuvor die Unruhe des Herzens bändigt. Was sehr deutlich die herrliche Seligpreisung aus dem Mund unseres Erlösers verkündet:

»Selig die Sanftmütigen, denn sie werden das Land besitzen.« (Mt 5,5) Nicht anders nämlich werden wir unser Land besitzen, will heißen, nicht anders wird das Land dieses rebellischen Körpers unserem Befehl und Willen untertan, als wenn vorher unser Geist in der Milde der Geduld fest verankert ist. Außerdem kann keiner die Kriege der Begierde, die gegen sein Fleisch entbrennen, zum Stillstand bringen, wenn er nicht vorher in [der Handhabung der] Waffen der Sanftmut gelernt hat: »Die Sanftmütigen werden das Land besitzen, für immer und ewig werden sie darauf wohnen.« (Ps 36,11.29 = 37,11.29) Wie wir dieses Land besitzen können, lehrt uns – ich zitiere – derselbe Prophet in den nachfolgenden Versen des Psalms selbst: »Warte auf den Herrn und achte auf seinen Weg. Er wird dich erhöhen, sodass du das Land zum Erbe erhältst.« (Ps 36,34 = 37,34)

Es steht also fest, dass niemand zum dauerhaften Erben dieses Besitzes aufsteigen kann, als einzig jene, die, durch unerschütterliche Milde der Geduld die harten Wege und Gebote des Herrn einhaltend, durch ihn, der sie aus dem Sumpf der fleischlichen Leidenschaften herauszieht, erhöht werden. »Die Sanftmütigen werden das Erdreich besitzen.« (Ps 36,11 = 37,11) Sie werden es nicht nur besitzen, sondern sie werden auch »sich freuen an der Fülle des Friedens« (Ps 36,11 = 37,11). Keiner, in dessen Fleisch noch die Kriege der Begierde toben, kann diesen Frieden dauerhaft genießen. Es gibt keine andere Möglichkeit, als dass er in den grauenhaften Kämpfen mit den Dämonen und von den feurigen Pfeilen der Genusssucht verwundet, von seinem Landbesitz vertrieben wird, bis der Herr »die Kriege aufhören lässt bis hin zu den Grenzen seines Landes, den Bogen zertritt, die Waffen zerbricht und die Schilde im Feuer verbrennt,« (Ps 45,10 = 46,10) und zwar in jenem Feuer, das auf die Erde zu werfen der Herr gekommen ist (vgl. Lk 12,49). Er zerbricht den Bogen und die Waffen, mit denen die unreinen Geister Tag und Nacht gegen ihn [den Menschen, der im Kampf steht] kämpften und sein Herz mit den feurigen Pfeilen der Leidenschaften durchbohrten. So wird er [dieser Mensch], wenn der Herr die Kämpfe aufhören lässt und ihn von allen sengenden Flammen befreit, zu jenem Zustand der Reinheit gelangen, sodass er nach Ablegen der Verwirrung, die ihn selbst, das heißt sein

Fleisch, während des Kampfes in Schrecken versetzte, anfängt, sich daran [an seinem Körper] wie am heiligsten Zelt Gottes zu freuen. »Böses trifft ihn nicht, kein Unheil naht seinem Zelt.« (Ps 90,10 = 91,10) Durch die Kraft der Geduld wird er zu jenem Wort des Propheten hindurchgelangen, sodass er als Lohn der Sanftmut nicht nur sein Land zum Erbe erhält, sondern auch »sich freut an der Fülle des Friedens« (Ps 36,11 = 37,11). Solange aber noch Kampfgetümmel übrigbleibt, kann nicht Fülle des Friedens einkehren. Es heißt ja nicht »sie freuen sich am Frieden«, sondern »an der Fülle des Friedens«. Dadurch wird deutlich nachgewiesen, dass Geduld die wirksamste Medizin für das Herz ist, entsprechend jenem Wort Salomos: »Ein sanftmütiger Mann ist ein Arzt für das Herz.« (Prov 14,30LXX) Folglich reißt er nicht nur den Zündstoff für Zorn, Traurigkeit, Akedia, eitle Ruhmsucht und Hochmut mitsamt der Wurzel aus, sondern damit auch den Zunder der Gier aller Laster. Wie Salomo sagt: »In der Langmut liegt das Glück für Könige.« (Prov 25,15LXX) Wer nämlich allezeit sanftmütig und ruhig ist, fängt weder im Gestrüpp des Jähzorns Feuer, noch bleibt ihm im Würgegriff von Akedia und Traurigkeit der Atem weg, noch wird er durch die Eitelkeit der Ruhmsucht [bis zum Platzen] aufgeblasen, noch durch das Geschwür des Stolzes überheblich. »Denn reicher Friede [breitet sich aus] bei denen, die den Namen des Herrn lieben. Es trifft sie kein Unheil.« (Ps 118,165 = 119,165) Nicht umsonst wird daher verkündet: »Ein Geduldiger ist besser als ein Starker, und wer seinen Zorn im Griff hat [ist besser] als einer, der eine Stadt erobert.« (Prov 16,32LXX) Bis wir aber würdig werden, einen starken und anhaltenden Frieden fest zu umfassen, ist es nötig, dass wir in den Kämpfen, die gegen uns wüten, erprobt werden und oft unter Seufzen und Tränen diesen Vers wiederholen: »Elend bin ich, ganz und gar niedergeschlagen; den ganzen Tag gehe ich betrübt einher. Meine Lenden sind erfüllt mit Spott, an meinem Fleisch ist nichts gesund angesichts deines Zorns, kein Friede in meinen Knochen angesichts meiner Torheit.« (Ps 37,7.8.4 = 38,7.8.4) Darüber werden wir dann gehörig und ehrlich weinen, wenn wir nach einer langen Zeit durchgehaltener Reinheit des Herzens, als wir schon meinten, der Ansteckung mit Fleisch und Welt gänzlich entronnen zu sein, plötzlich fühlen, dass die Stachel des Fleisches sich erneut gegen uns richten wegen der Überheblichkeit unseres Herzens. Oder wenn uns womöglich durch die Trugbilder unserer Träume die Unreinheit unseres alten Wirrwarrs[8] beschmutzt. Sobald nämlich jemand anfängt, sich über die unerschütterliche Reinheit seines Herzens und Körpers zu freuen, wird es notwendigerweise dazu kommen, dass er, weil er meint, fernerhin nicht mehr von jener Unverdorbenheit abgebracht werden zu können, sich innerlich vor sich selbst rühmt und sagt: »Ich sprach in meiner Sattheit: ›In Ewigkeit werde ich nicht wanken.‹« (Ps 29,7 = 30,7) Doch wenn er dann, zu seinem Nutzen vom Herrn verlassen, fühlt, dass jener Zustand der Reinheit, in dem er auf sich vertraute, erschüttert wird, und sieht, dass er bei den nächsten Schritten auf dem geistlichen Weg strauchelt, soll er eilends zum Urheber der Unversehrtheit zurückkehren und indem er seine Kraftlosigkeit zugibt, bekennen: »Herr, nicht durch meinen Willen, sondern durch deinen Willen hast du meiner Tugend Kraft verliehen. Du hast dein Angesicht abgewandt, da wurde ich verwirrt.« (Ps 29,8 = 30,8) Auch jenes Wort des gottseligen Ijob [trifft hier zu]: »Selbst wenn ich mich waschen würde mit Wasser, rein wie Schnee, und meine Hände vor Reinheit glänzen würden – du würdest mich dennoch in den Schmutz stoßen, selbst meinen Kleidern würde vor mir ekeln.« (Ijob 9,30f) Wer sich jedoch durch sein eigenes Laster in den Schmutz wirft, kann dies seinem Schöpfer nicht sagen. Bevor man also zu jenem vollkommenen Zustand der Reinheit hindurchgelangt ist es notwendig, durch häufiges Ungleichgewicht erzogen zu werden, bis man, durch Gottes Gnade in jener Reinheit gefestigt, die man erstrebt, würdig wird, aufrichtig zu sprechen: »Ich harrte, ja, ich harrte des Herrn. Er neigte sich zu mir und hörte mein Flehen. Er führte mich aus dem Schlamm des Elends und aus der schmutzigen Brühe. Er stellte meine Füße auf den Felsen und richtete meine Schritte geradeaus.« (Ps 39,2f = 40,2f)

7 Mannigfach sind die Stufen der Enthaltsamkeit, über die wir zu jener unverletzlichen Reinheit emporsteigen. Obwohl unsere menschliche Kraft nicht ausreicht, diese Stufen genau zu unterscheiden und zu benennen, wie es würdig und recht wäre, wollen wir dennoch, da es die Gliederung unserer Darlegung erfordert, versuchen, soweit es das Mittelmaß unserer Erfahrung zulässt, und so gut wir können etwas darüber zu sagen. Dabei überlassen wir das Vollkommenere den Vollkommeneren. Auch urteilen wir nicht voreilig über diejenigen, die, da sie eine reinere Keuschheit besitzen, umso mehr in der Lebensfrische ihres Durchblicks hervorstechen, als sie einen größeren Eifer haben.

Im Folgenden möchte ich den erhabenen Gipfel[9] der Keuschheit in sechs Stufen von unterschiedlicher Höhe vorstellen, und zwar so, dass ich Stufen in der Mitte, von denen es zweifelsohne viele gibt, überspringe, deren Feinheit der menschlichen Wahrnehmung so sehr entgeht, dass weder der Geist sehen noch die Zunge aussprechen kann, in welch täglichen Schritten die Vollkommenheit der Keuschheit nach und nach reift. Lebenskraft der Seele und Reife der Keuschheit wird erworben in Entsprechung zu jedem von der Erde genommenem Körper, der ohne es zu merken, Tag für Tag wächst und gedeiht und so ohne es zu wissen zu seiner letztendlichen Gestalt heranwächst.

Die erste Stufe einer körperlichen Keuschheit besteht darin, dass der wachsame Mönch nicht durch die Anfechtung des Fleisches erdrückt wird. Die zweite, dass sein Geist nicht in lustvollen Gedanken schwelgt; die dritte, dass er beim Anblick einer Frau sich nicht im geringsten zur Begierde hinreißen lässt; die vierte, dass er in wachem Zustand auch nicht die leiseste Wallung des Fleisches in eine Tat umsetzt; die fünfte, dass er den Geist nicht sich weiden lässt in einer ganz heimlich genießenden Zustimmung zu einem lustvollen Verhalten, wenn der Inhalt einer Abhandlung oder eine unvermeidliche Lesung die Vorstellung von einem menschlichen Zeugungsakt weckt. Vielmehr soll er solche Dinge wie eine ganz normale Sache und als etwas, das nun einmal zum Menschsein gehört, mit ruhigem und reinem Herzensblick ansehen, und weiter kein Aufhebens um diese Vorstellung machen und sie im Geist behandeln, als ob es sich um die Herstellung von Ziegeln oder um irgendein anderes Tun handeln würde. Der sechste Schritt der Enthaltsamkeit besteht darin, dass der Mönch auch nicht im Schlaf durch aufreizende weibliche Phantasiebilder zum Narren gehalten wird. Obwohl wir nicht glauben, dass ein solches Gaukelspiel gleichbedeutend mit dem Verfallensein an eine Sünde ist, ist es doch Zeichen für eine noch tief im Innern verborgene Begierde. Solche Phantasien, soviel ist jedenfalls sicher, kommen auf unterschiedliche Art und Weise zustande. Jeder wird nämlich im Schlaf ganz so versucht, wie er sich im wachen Zustand seinen Wünschen entsprechend üblicherweise verhält oder denkt. Anders nämlich werden die versucht, welche körperliche Vereinigung nicht kennen, anders diejenigen, die Erfahrungen mit Frauen haben. Erstere werden normalerweise durch einfachere und reinere Träume aus der Ruhe gebracht, sodass sie auch schon mit etwas Achtsamkeit und mit weniger Anstrengung gereinigt werden können. Die anderen jedoch werden mit schmutzigeren und deutlichen Phantasien verspottet, bis ihr Geist allmählich entsprechend dem Maß an Reinheit, das ein jeder erstrebt, sich zur Verachtung jener Sache wandelt, die er vorher als lustvoll ansah, auch wenn er schlaftrunken ist. Dann trifft auf ihn zu, was starken Männern als höchster Lohn für ihre Mühen vom Herrn versprochen wird durch den Propheten: »Bogen, Schwert und Krieg werde ich aus eurem Land verbannen. Ich lasse euch vertrauensvoll schlafen.« (Hos 2,13) So kann er [der Mönch] schließlich zu jener Reinheit des gottseligen Serenus und einiger ähnlicher Männer hindurchgelangen. Diese Reinheit habe ich deshalb von den sechs vorgenannten Stufen der Enthaltsamkeit getrennt, weil sie nur von sehr wenigen erworben werden kann, ja nicht einmal als möglich angenommen werden kann und weil das, was jenem [Serenus] in besonderer Weise durch die Freigebigkeit eines göttlichen Geschenkes zuteil wurde, nicht als Vorlage für ein allgemeines Gesetz dienen kann, [das befiehlt,] dass unser Geist so sehr durch die Reinheit der Enthaltsamkeit geformt werden müsste, dass er, auch wenn die natürliche Unruhe des Fleisches erstorben ist, jenem unzüchtigen Ausfluss nicht mehr ausgeliefert wird. Ich will auch keineswegs die Meinung derer verschweigen, die über diese Unordnung des Fleisches Festlegungen getroffen haben, und die sagen, dies widerfahre Schlafenden nicht deshalb, weil eine Täuschung durch Träume dies verursacht, sondern eher deshalb, weil in einem kranken Herzen ein Überschuss an jenem Saft irgendwelche Reize auslöst. Außerdem behaupten sie, dass dann, wenn uns Körperliches nicht mehr beunruhigt, wie sein Saft[10] so auch die Versuchung zur Ruhe kommt.

8 Niemand jedoch kann dies für sich übernehmen oder beglaubigen, niemand kann durch eingehende Prüfung mit Sicherheit sagen, ob dies möglich oder unmöglich ist, der nicht durch lange Erfahrung und Reinheit des Herzens und unter Führung des Wortes des Herrn bis zur Schnittstelle von Fleisch und Geist hindurchgelangt ist. Darüber sagt der gottselige Apostel: »Das Wort Gottes ist lebendig und wirksam und schärfer als jedes zweischneidige Schwert; es dringt durch bis zur Trennung von Seele und Geist, von Mark und Bein, beurteilt die Gedanken und Absichten des Herzens.« (Hebr 4,12) Und so gewissermaßen auf die Grenzlinie von Fleisch und Geist gestellt, soll er [wer diese Erfahrung hat] beobachten und beurteilen, was für die menschliche Natur unabdingbar ist und untrennbar mit ihr verbunden, was durch lasterhafte Gewohnheit oder jugendlichen Leichtsinn hineingetragen wurde. Auch soll er sich nicht verführen lassen bezüglich ihrer [Fleisch und Geist] Wirkung und Natur durch falsche Meinungen der Masse, noch sich zufrieden geben mit den voreiligen Urteilen Unerfahrener. Indem er das Maß seiner Reinheit auf der untrüglichen Waage seiner Erfahrung und mit unbestechlicher Prüfung erforscht, soll er sich auf keinen Fall täuschen lassen von der irrigen Meinung der Leute, die durch das Laster ihres Leichtsinns mit häufigeren Entleerungen verunreinigt, die kreatürliche Verfassung dafür verantwortlich machen und, obwohl feststeht, dass sie der Natur Gewalt antun und von ihr eine Befleckung erpressen, die sie selbst nicht verursacht, machen sie für ihren ungezügelten Umgang mit den Bedürfnissen des Fleisches sogar den Schöpfer verantwortlich, indem sie ihre eigene Schuld auf eine böse Natur abschieben. Davon heißt es in den Sprichwörtern sehr schön: »Ein törichter Mensch – er geht in die Irre. Gott aber gibt er in seinem Herzen die Schuld dafür.« (Prov 19,3LXX) Schließlich: Sollte jemand dieser unserer Behauptung die Glaubwürdigkeit absprechen wollen, bitte ich doch sehr darum, dass er nicht aufgrund einer vorgefassten Meinung mit uns streitet, bevor er nicht die Regeln dieser Kunst anwendet. Wenn er dann etliche Monate lang das, was Überlieferung ist, sorgfältig beachtet, wird er in der Tat meine Worte mit einem gut begründeten Urteil beglaubigen.

Übrigens müht sich vergeblich um den Erfolg[11] in einer Kunst oder Disziplin, wer sich nicht zuvor um alles, was zu deren vollendeter Ausführung gehört, mit größtem Eifer und unter Einsatz aller Kräfte bemüht. Das wäre doch – mit Verlaub – so ähnlich, als ob ich behaupten würde, ich könnte eine Art Honig aus Weizen gewinnen oder daraus wie auch aus Rettich- oder Leinsamen ein sehr feinflüssiges Öl herstellen und neben mir stünde einer, der in solchen Dingen gänzlich unerfahren ist – würde er nicht entsetzt sein, weil dies gegen die Natur ist und mich als Urheber einer ganz offensichtlichen Lüge verlachen? Selbst dann, wenn ich unzählige Zeugen anführen würde, die bestätigen, dass sie dies selbst gesehen, gekostet und getan hätten. Wenn ich außerdem das Rezept und die Methode erklären würde, wonach jene Stoffe in sämig fließendes Öl oder süßen Honig verwandelt werden, jener aber, verharrend in der Verstocktheit einer äußerst törichten Meinung, leugnen, dass aus jenen Saaten etwas Süßes oder Flüssiges hergestellt werden kann. Wäre nicht eher seine unvernünftige und störrische Behauptung zu verlachen als der Wahrheitsgehalt meiner Worte, die durch das Gewicht vieler vertrauenswürdiger Zeugen, schwerwiegende Beweise und, was mehr als dies zählt, durch die Beglaubigung in der Erfahrung gestützt wird? Wer also in jenen Zustand der Reinheit durch immer wieder neue Ausrichtung des Herzens gelangt, sodass, während der Geist vom Kitzeln dieser Leidenschaft schon völlig frei ist, das Fleisch überflüssige Säfte im Schlaf hinaustreibt, der wird die Beschaffenheit und das Maß der Natur am besten verstehen. So wird er erst dann, wenn er beim Aufwachen feststellt, dass sein Fleisch nach langer Zeit [wieder] ohne sein Wissen und unverschuldet beschmutzt wurde, den Grund dafür auf den Zwang, den die Natur unterliegt, schieben. Unzweifelhaft kommt er noch zu jenem Zustand, dass er bei Tag und Nacht unverändert bleibt, im Bett wie beim Gebet; wenn er alleine ist oder von Menschen umgeben. Schließlich wird er sich niemals heimlich so ansehen, wie er, würde er von anderen Menschen so gesehen, erröten würde. Ein unvermeidlicher Blick wird nichts an ihm entdecken, was vor den Augen der Menschen verborgen sein sollte. Wenn er so anfängt, sich am süßesten Licht der Keuschheit zu freuen, kann er mit dem Propheten sprechen: »Nacht – mein Freudenlicht[12]; denn Finsternis ist nicht finster vor dir [Gott]. Nacht leuchtet wie Tag. Finsternis der Nacht [leuchtet] wie das Licht des Tages.« (Ps 138,11f = 139,11f) Dann fügt der Prophet an, wie er empfangen hat, was die Möglichkeiten der menschlichen Natur zu überschreiten scheint, indem er sagt: »Du hast meine Lenden in Besitz genommen.« (Ps 138,13 = 139,13) Das heißt: Nicht durch meine Leistung, nicht aus eigener Kraft habe ich die Reinheit verdient, sondern weil du in meinen Lenden den Brand des lustvollen Vergnügens, das in ihnen steckt, gelöscht hast.

9 Germanus: Teilweise haben wir die Erfahrung gemacht, dass die Reinheit des Körpers in wachem Zustand mit Gottes Gnade gewahrt werden kann, und leugnen nicht, dass die Unruhe des Fleisches uns durch harte Strenge gegen uns selbst und willentlichen Widerstand nicht umtreiben kann. Wir möchten jedoch wissen, ob wir auch im Schlaf von dieser Beunruhigung frei sein können. Aus zwei Gründen glauben wir nämlich nicht, dass dies möglich sein kann. Obwohl wir sie nicht ohne Scham aussprechen können, bitten wir doch darum, – schon die dringende Notwendigkeit eines Heilmittels erfordert es ja – dass du es mit der Nachsicht, die dir eigen ist, aufnimmst, wenn wir vielleicht mit zu wenig Scheu die nackten Tatsachen ansprechen. Der erste Grund ist also, dass, wenn durch die Ruhe des Schlafes die Zügel der Vernunft gelockert sind, nicht wahrgenommen werden kann, wenn einen jene Regung überfällt. Der zweite Grund: Die Ansammlung von Urin in den Harnwegen, die während des Schlafs die Harnblase im ständigen Zufluss von Körpersäften füllt, erregt die matten Glieder, was ja auch bei Kindern und Verschnittenen zwangsläufig vorkommt. So kommt es, selbst wenn kein Ergötzen an der Lust die Zustimmung des Geistes beeinträchtigt, dass ihn dennoch die Niederlage der Glieder in der Verwirrung demütigt.

10 Chaeremon: Es ist offensichtlich, dass ihr noch nicht die Kraft wahrer Keuschheit kennt, da ihr glaubt, sie könne nur in wachem Zustand mithilfe von Strenge eingehalten werden. Daher kommt es auch, dass ihr meint, dass im Schlaf, wenn die Zuchtrute des Geistes sozusagen machtlos ist, die Unversehrtheit nicht bewahrt werden kann. Ich behaupte jedoch: Keuschheit hat Bestand nicht unter einem Schutzschirm von Strenge, sondern durch die Liebe zu sich selbst und die Freude an der eigenen Reinheit. Man spricht nämlich nicht von Keuschheit, sondern von Enthaltsamkeit, wenn noch irgendein lustvoller Genuss ihr als Gegner Widerstand leistet. Ihr seht also, dass denen, die durch Gottes Gnade das Hingezogensein zur Keuschheit tief in ihrem Innern verankert haben, das Nachlassen der Strenge im Schlaf nicht schadet, [der Strenge,] die ja selbst wenn man wach ist, sich mit aller Deutlichkeit als unzuverlässig erweist. Was nämlich nur mühsam unterdrückt werden kann, gewährt zwar dem, der kämpft, für einige Zeit einen Waffenstillstand, aber keine anhaltende Ruhe der Sicherheit nach dem Kampf. Was jedoch durch abgrundtiefe Tugend besiegt ist, überträgt – ohne die geringste Spur von Unruhe in der Auseinandersetzung – auf den Sieger beständigen Frieden. Deshalb: Solange wir noch fühlen, dass wir durch die Reizung des Fleisches umgetrieben werden, wissen wir, dass wir noch nicht zum Gipfel der Keuschheit vorgedrungen sind, sondern noch in Kämpfen ermüden, da wir uns noch auf der niedrigeren Stufe der Enthaltsamkeit befinden, wo es nötig ist, allezeit am Erfolg zu zweifeln. Weil ihr jedoch die Reizung des Fleisches durch den Beweis als unvermeidlich darstellen wollt, dass nicht einmal Eunuchen, die keine Geschlechtsorgane haben, davon frei sind, so müsst ihr wissen: Es fehlt ihnen nicht die lodernde Glut im Fleisch oder die Auswirkung der Begierde, sondern lediglich die Fähigkeit zur körperlichen Zeugung. Daher ist offensichtlich: Auch sie, wenn sie zur Keuschheit vordringen wollen, wie wir sie verstehen, dürfen nicht in der Demut, im Aufbrechen ihres Herzens und der Strenge der

Enthaltsamkeit nachlassen, auch wenn man nicht leugnen kann, dass sie Keuschheit mit weniger Mühe erreichen können.

11 Fassen wir also zusammen: Vollkommene Keuschheit unterscheidet sich von den Anfängerübungen der Enthaltsamkeit durch beständige Ruhe. Vollendung wahrer Keuschheit heißt: Sie kämpft nicht mehr an gegen die Wogen fleischlichen Begehrens, sondern sagt sich davon mit allem Erschrecken los. So bewahrt sie ihre beständige und unverletzliche Reinheit und kann nichts anderes sein als Heiligkeit. Dies aber wird geschehen, wenn bei nachlassendem Begehren des Fleisches gegen den Geist (vgl. Gal 5,17) das Fleisch dem Sehnen und der Kraft des Geistes zustimmt und beide anfangen, einander in einem ganz unverbrüchlichen Frieden verbündet zu sein und entsprechend dem Wort des Psalmdichters als »Brüder einträchtig beieinander wohnen« (Ps 132,1 = 133,1). Sie werden jene vom Herrn versprochene Seligkeit in Anspruch nehmen, in der er sagt: »Wenn sich zwei von euch auf Erden einig sind, worum sie bitten wollen: Es wird ihnen zuteil werden von meinem Vater, der in den Himmeln ist.« (Mt 18,19)

Wer also die Stufe jenes geistig verstandenen Jakob, das heißt dessen, der ausreißt, hinter sich gelassen hat, der wird vom Kampf um die Enthaltsamkeit und das Ausreißen der Laster mit betäubtem Hüftnerv zur Belohnung als »Israel«[13] in beständiger Ausrichtung des Herzens aufsteigen. Diese Abfolge hat auch der gottselige David in einer Eingebung durch den heiligen Geist so unterschieden: Zuerst sagt er »Gott ist bekannt in Juda« (Ps 75,2 = 76,2), das heißt, in der Seele, die noch unter dem Bekenntnis von Sünden festgehalten wird; denn »Juda« bedeutet »Bekenntnis«. In »Israel« jedoch, das heißt in demjenigen, der Gott schaut, oder wie manche sagen, der ganz und gar recht vor Gott ist, ist Gott nicht nur bekannt, sondern es ist auch »groß sein Name«. (Ps 75,2 = 76,2) Schließlich sagt er, indem er uns zu noch Höherem ruft, und uns den Ort selbst zeigen will, an dem der Herr seine Freude hat: »Im Frieden entstand seine Wohnstatt.« (Ps 75,3 = 76,3) Das soll heißen: Nicht im Kampfgetümmel und im Ringen mit den Lastern, sondern im

Frieden der Enthaltsamkeit und beständiger Ruhe des Herzens. Sobald jemand würdig geworden ist, diesen Ort des Friedens zu erreichen, nachdem er die Leidenschaften des Fleisches hat austrocknen lassen,[14] wird er von dieser Stufe aus aufbrechen, und zum geistigen [Berg] Zion, das heißt zur heiligen Warte Gottes geworden, wird er auch Gottes Wohnstatt sein. Gott wohnt ja nicht im Kampf um Enthaltsamkeit, sondern auf der fest gegründeten Warte der Tugenden.[15] Von da aus nimmt er nicht nur die Spannung aus den Bogen, drückt sie nicht nur hinunter, sondern zerbricht für immer die Sehnen der Bogen, von denen aus die feurigen Geschoße der Begierden einst gegen uns gerichtet wurden.

Ihr seht also, dass so, wie nicht im Ringen um die Enthaltsamkeit, sondern im Frieden der Keuschheit die Wohnstatt Gottes ist, auch seine Wohnstatt auf der Warte ist, von der er auf die Tugenden niederschaut. Deshalb werden nicht ohne Grund die Tore Zions allen Zelten Jakobs vorgezogen: »Der Herr liebt die Tore Zions mehr als alle Zelte Jakobs.« (Ps 86,2 = 87,2) Weil ihr aber behauptet, die Aufregung des Fleisches sei deshalb unvermeidlich, weil der Urin, wenn er die Harnblase Tropfen für Tropfen füllt, die ruhigen Glieder erregt: Ungeachtet der Tatsache, dass für diejenigen, die aufrichtig nach Reinheit streben, diese Reizung, die lediglich manchmal und nur im Schlaf die Umstände herbeiführen, kein Urteil ist über die Beständigkeit in der Reinheit, muss man wissen: Unter der Befehlsgewalt der Keuschheit werden [die Glieder], wenn sie gereizt werden, so zu ihrer eigentlichen Ruhe zurückgeführt, dass sie nicht nur ohne jeglichen lüsternen Brand, sondern nicht einmal mit der geringsten Erinnerung an die Lust zur Ruhe zurückfinden. Deshalb: Damit das Gesetz des Körpers mit dem Gesetz des Geistes übereinstimmt, ist sogar das übermäßige Trinken von Wasser so einzuschränken, dass jene Ansammlung von Körpersäften im Lauf des Tages, wenn sie nicht so schnell in die ausgetrockneten Glieder fließt, die Reizung des Körpers, die ihr für unvermeidlich haltet, nicht nur zu einem äußerst seltenen, sondern auch milden und schwachen und, um es so zu sagen, zu einem kalten Feuer[16] macht und ohne jede sengende Hitze eine Flamme [kühlenden] Taus erweckt, ganz wie jene Flamme, die Mose sah (vgl. Ex 3,2), sodass der

Dornbusch unseres Fleisches, von unschädlichem Feuer umhüllt, nicht brennt, wie ja auch [im Beispiel] jener drei jungen Männer, für die durch den Tau des Geistes die Flamme des chaldäischen Ofens so zerteilt wurde, dass kein einziger Feuerfunke ihre Haare, nicht einmal die Haarspitzen, versengte (vgl. Dan 3,94). Auch wir können schon, was den Heiligen auf nachfolgende Weise versprochen wird, bereits anfangsweise in diesem Leib besitzen: »Wenn du durch Feuer gehst, wirst du nicht brennen; die Flamme wird dich nicht versengen.« (Jes 43,2)

12 Groß und wunderbar (vgl. Offb 15,3) und keinem unter den Menschen in der Tiefe (vgl. Röm 11,33) bekannt als allein denen, die es erfahren haben, ist, was der Herr seinen Getreuen, die noch in diesem zerbrechlichen Gefäß [des Körpers] leben (vgl. 2 Kor 4,7), in unaussprechlicher Freigebigkeit schenkt. Als der Prophet dies in der Reinheit des Geistes erkannte, rief er sowohl für sich selbst wie in Vertretung jener, die zu diesem Zustand und dieses Empfinden hindurchgelangt sind, aus: »Wunderbar sind deine Werke. Meine Seele erkennt es wohl.« (Ps 138,14 = 139,14) Nur wenn man erkennt, dass der Prophet dies von keiner anderen Empfindung des Herzens und auch nicht von anderen Werken Gottes gesagt hat, versteht man, was er Großes und Neues gesagt hat.[17] Es dürfte auch keinen unter den Menschen geben, der nicht aus der Größe der Schöpfung erkennen könnte (vgl. Röm 1,20), dass die Werke Gottes wunderbar sind. Was Gott jedoch in seinen Heiligen Tag für Tag wirkt, und in besonderer Freigebigkeit überreichlich schenkt, erkennt niemand sonst außer der Seele dessen, der [dies] genießen darf. Diese Seele ist im geheimsten Gemach ihres Gewissens so sehr die Zeugin seiner Wohltaten, dass sie diese nicht nur mit keinem Wort auszusprechen vermag, sondern nicht einmal mit ihren Sinnen oder ihrer Vernunft fassen kann, wenn sie, von jener feurigen Glut [Gottes] davongekommen (vgl. Ex 3,2.4), zu diesen stofflichen und irdischen Bildern herabsinkt. Wer jedoch wird das Wirken Gottes an sich nicht bewundern, wenn er die unersättliche Gefräßigkeit des Bauches und die verschwenderische und verderbliche Genusssucht der Kehle so in sich gedrosselt sieht, dass er nur mit Mühe selbst das bisschen und allernötigste an Nahrung selten und widerwillig zu sich nimmt? Wer verstummt nicht angesichts der Werke Gottes, wenn er fühlt, dass jenes Feuer des Begehrens, das er zuvor für natürlich und unauslöschlich hielt, so erkaltet ist, dass er sich nicht einmal durch die einfachste Regung des Körpers gereizt fühlt? Unmöglich, nicht vor der Kraft Gottes zu erschaudern, wenn man wahrnimmt, dass ansonsten harte und grausame Menschen, die sogar durch den willigsten Gehorsam ihrer Untergebenen zu schrankenlos wütendem Jähzorn gereizt wurden, zu solcher Milde gewandelt wurden, dass sie nicht nur durch keine Beleidigung mehr aufgebracht werden, sondern sich sogar mit außergewöhnlichem Großmut über zugefügte Beleidigungen freuen? In der Tat, wer wird nicht die Werke Gottes bewundern und mit aller Begeisterung, deren er fähig ist, ausrufen: »Ich habe erkannt: Groß ist der Herr« (Ps 134,5 = 135,5), wenn er entdeckt, dass er selbst oder ein anderer von einem An-sich-Reißer zu einem Großzügigen, von einem Lüsternen zu einem Enthaltsamen, von einem Hochmütigen zu einem Demütigen, von einem Verwöhnten und Verzärtelten zu einem Schmuddeligen und Abgehärteten wurde, der die Not und Bedrängnis der gegenwärtigen Zeit sogar freiwillig auf sich nimmt? Dies sind in der Tat wunderbare Werke Gottes. Die Seele des Propheten und derer, die ihm ähnlich sind, erkennt staunend und stumm das überblendete Auge unbeweglich auf die wunderbare Schau gerichtet: Dies sind die wunderbaren Zeichen Gottes, die er auf Erden errichtet hat. Derselbe Prophet ruft, als er diese Zeichen betrachtet, alle Völker auf, auf sie zu sehen und sagt: »Kommt und seht die Werke Gottes, die er als wunderbare Zeichen auf Erden errichtet hat. Er setzt den Kriegen ein Ende bis zu den Enden der Erde. Den Bogen splittert er, er zerbricht das Kampfzeug. Die Schilder verbrennt er im Feuer.« (Ps 45,9f = 46,9f) Denn welch größeres Wunder könnte es geben, als dass in einem einzigen Wimpernschlag aus äußerst geldgierigen Zöllnern Apostel werden, aus grausamsten Verfolgern zu jedem Leid bereite Verkünder des Evangeliums, sodass sie sogar den Glauben, den sie verfolgten, durch das Vergießen ihres eigenen Blutes aussäen? Dies sind die Werke des Herrn, von denen der Sohn bezeugt, dass er sie täglich, eins mit dem Vater, wirkt, wenn er sagt: »Mein Vater wirkt bis zum heutigen Tag, und auch ich wirke.« (Joh 5,17) Von diesen Werken spricht der gottselige David, wenn er im Geist singt: »Gepriesen sei der Herr, der Gott Israels! Er allein vollbringt große Wunder.« (Ps 71,18 = 72,18) Davon sagt auch der Prophet Amos: »Er macht und lenkt alles. Er wandelt den Todesschatten zum hellen Morgenstern.« (Am 5,8LXX) »Dies« nämlich ist »das andere Handeln der Rechten des Höchsten« (Ps 76,11 = 77,11). Um dieses heilsame Wirken bittet der Prophet den Herrn mit den Worten: »Stärke, Gott, was du in uns gewirkt hast.« (Ps 67,29 = 68,29) Ganz zu schweigen von jenen geheimen und verborgenen Fügungen Gottes, die das geistige Auge aller Heiligen in jedem Augenblick in sich besonders vollzogen sieht, jenes himmlische Einströmen geistlicher Freude, durch die ein niedergeschlagener Geist mit den Schwingen der eingehauchten Freude in die Höhe getragen wird; jenes flammende Außer-sich-Sein des Herzens und die ebenso unaussprechlichen wie nie gehörten Tröstungen durch die Freude, mit denen wir zuweilen, wenn wir starr und dumpf gefühllos dahinvegetieren, wie aus tiefstem Schlaf zur hell lodernden Glut des Gebetes erweckt werden. Dies – ich sagte es – ist die Freude, von welcher der Apostel sagt: »Was kein Auge gesehen und kein Ohr gehört hat, was in keines Menschen Herz emporgestiegen ist« (1 Kor 2,9), und zwar [in das Herz] des Menschen, der durch irdische Laster abgestumpft, lediglich Mensch ist, von menschlichen Trieben abhängig ist, aber nichts von den Gaben Gottes sieht. Schließlich fügt derselbe Apostel hinzu, wenn er von sich und seinesgleichen spricht, die zum menschlichen Lebenswandel schon auf Abstand gegangen waren: »Uns aber hat Gott es offenbart durch seinen Geist.« (1 Kor 2,10)

13 In dem Maß nun, wie der Geist zu einer zarteren[18] Reinheit voranschreitet, wird er auch Gott tiefer schauen und es wird ihn selbst eher immer mehr ein Staunen ergreifen, als dass er fähig wäre, zu sprechen oder ein Wort zur Erklärung zu finden. Denn ebenso wenig wie jemand, der die Kraft dieser Freude nie erfahren hat, sie mit seinem Geist fassen kann, vermag derjenige, der von ihr gekostet hat, sie mit Worten zu erklären. [Das wäre,] als ob einer die Süße von Honig einem anderen, der noch nie Süßes geschmeckt hat, mit Worten erklären wollte. In der Tat: Weder könnte der eine den angenehmen Geschmack, den er niemals im Gaumen geschmeckt hat, mit den Ohren kosten, noch der andere mit Worten erklären, was Süße ist, die er durch ihren köstlichen Geschmack kennt. Vielmehr ist es nötig, allein durch die eigene Kenntnis von Süße gelockt, nur schweigend bei sich selbst die Annehmlichkeit des Geschmacks, den man kennt, genießerisch wahrzunehmen. Dementsprechend gilt: Jeder, der würdig ist, zum erwähnten Stand der Tugenden hindurchzugelangen, wird, wenn er dies alles, was der Herr in den Seinen durch besondere Gnade wirkt, schweigend im Geist durchwandern und wenn er Feuer fängt, während er dies alles mit Schrecken betrachtet – er wird aus tiefstem Herzensgrund erschüttert ausrufen: »Wunderbar sind deine Werke! Meine Seele erkennt dies wohl.« (Ps 138,14 = 139,14) Darin also besteht das staunenswerte Werk Gottes, dass der Mensch, der vom Fleisch bestimmt ist (vgl. Röm 8,5), in diesem irdischen Leben die Neigungen des Fleisches abweist und im ständigen Wechsel der Ereignisse und des Schicksals trotz allen Wandels der Umstände nicht von dem einen festen Standort des Geistes weicht.

Ein bestimmter Altvater, in dieser Tugendkraft fest verankert, wurde einst in der Nähe von Alexandria nicht nur von einer bösartigen Menge von Ungläubigen umringt, sondern auch durch die gröbsten Beleidigungen derer, die ihn bedrängten, in die Enge getrieben. Die Spötter hielten ihm entgegen: »Welches Wunder hat denn euer Christus, den ihr verehrt, getan?« Er antwortete: »Dieses [Wunder], dass ich durch diese und noch größere Gemeinheiten, wenn ihr sie mir antut, weder erschüttert noch beleidigt werde.

14 Germanus: Uns macht die Bewunderung für diese schon nicht mehr irdische, sondern geradezu himmlische und engelgleiche Keuschheit vor Staunen ganz und gar benommen, sodass sie uns eher schreckliche Ratlosigkeit einflößt als unsere Seelen lockt, danach zu streben. Wir bitten also darum, dass du uns über die Art des rechten Verhaltens und die Zeit, die man braucht, um sie zu erwerben beziehungsweise zu verankern, unterrichtest, und dass du dies möglichst ausführlich darstellst, inwiefern wir davon ausgehen können, dass Keuschheit vollkommen gelebt werden kann, und damit wir ermutigt werden, sie in einem bestimmten festgesetzten Zeitraum erreichen zu wollen. Denn wenn uns nicht die richtige Aufstellung zum Kampf und die Marschroute aufgrund gesicherten Wissens vorgelegt werden, durch die wir zur Keuschheit vorstoßen können, halten wir sie für diejenigen, die noch in diesem Fleisch leben, unerreichbar.

15 Chaeremon: Es wäre ziemlich unverantwortlich, für eine mögliche Vollkommenheit in der Keuschheit, von der wir sprechen, einen bestimmten Zeitraum festlegen zu wollen, zumal ja auch Willensanstrengung und Kraft sehr unterschiedlich sind. Auch in den Künsten, die Stoffe bearbeiten, und in den Wissenschaften,[19] die vom Sichtbaren handeln, kann dies nicht ohne Weiteres entschieden werden. Es ist ja notwendig, dass sie entsprechend der Spannkraft des Geistes und der Art der Begabung von den Einzelnen schneller oder langsamer erlernt werden können. Die Vorgehensweise und das Zeitmaß jedoch, innerhalb dessen die Möglichkeit besteht, [Keuschheit zu erwerben,] können wir sehr genau vorgeben: Wer sich heraushält aus allem Geschwätz, das von der Akedia kommt; wer für jede Art von Zorn, für Bekümmernisse und Sorgen nach Art der Welt gestorben ist, wer zufrieden ist mit nur zwei Broten am Tag als Stärkung; wer nur soviel Wasser trinkt, bis der Durst fast gelöscht ist; wer die Nachtruhe auf ein Maß von drei, manche sagen von vier Stunden beschränkt – jedoch nicht glaubt, dies als Ergebnis seiner Mühen oder Enthaltsamkeit, sondern durch die Barmherzigkeit des Herrn erreichen zu können. Denn ohne dieses Zutrauen ist alle Mühe menschlicher Anstrengung nichtig. [Wer sich so verhält,] wird erkennen, dass die vollkommene Aneignung [der Keuschheit] in nicht mehr als sechs Monaten nicht unmöglich ist. Im Übrigen ist es ein deutliches Zeichen, dass man schon sehr nahe an der Reinheit ist, wenn man nicht darauf setzt, sie aus eigener Anstrengung und Mühe zu bewerkstelligen. Jeder nämlich, der wahrhaft die Kraft dieses Verses begreift: »Wenn der Herr nicht das Haus baut, arbeiten umsonst, die daran bauen« (Ps 126,1 = 127,1), wird sich folglich nicht mit den Verdiensten seiner Reinheit brüsten, da er versteht, dass er sie nicht durch seinen Fleiß, sondern die Barmherzigkeit des Herrn erreicht hat. Er wird auch nicht gegen andere in zügelloser Strenge wüten, da er weiß, dass menschliche Tugend ein Nichts ist, wenn die Kraft Gottes sie nicht stützt.

16 Daher: Für jeden von uns, der schweißtreibend mit allen Kräften gegen den Geist der Unzucht kämpft, ist es ein großartiger Sieg, seine Hoffnung nicht auf das Heilmittel eines Erfolgs im Kampf zu setzen. Zwar scheint diese Überzeugung selbstverständlich und allen klar zu sein, doch ist sie für Anfänger ebenso schwer wie die Vollkommenheit in der Keuschheit zu verwirklichen. Denn sobald ihnen nur ein Minimum an Reinheit zulächelt, schmeicheln sie sich umgehend selbst, da sich in die verborgenen Winkel ihres Gewissens eine gewisse Überheblichkeit verhohlen einschleicht. Sie meinen dann, sie hätten sie durch ihre gründliche Arbeit erreicht. Unumgänglich werden sie, ein Weilchen von jenem himmlischen Schutz verlassen, so lange von jenen Leidenschaften, welche die göttliche Kraft gelöscht hatte, unterjocht werden, bis sie, von der Erfahrung belehrt, erkennen, dass sie mit ihrer eigenen Kraft und Anstrengung das Gut der Reinheit nicht als Besitz halten können.

Um nun unsere Unterredung über das Ziel[20] einer durch und durch vollkommenen Keuschheit, die wir in langer Nachtarbeit bewältigt haben, in einer kurzen Zusammenfassung abzuschließen, indem wir alles, was ausführlich und weitschweifend erörtert wurde, in einem Satz sagen: Die Vollendung der Keuschheit besteht darin, dass dem Mönch in wachem Zustand kein Ergötzen an einer Lust zum Fallstrick wird und dass ihn im Schlaf kein Schelmenspiel der Träume täuscht. Vielmehr: Wenn ihn im Schlaf lediglich durch die Unachtsamkeit des bewusstlosen Geistes eine Reizung des Fleisches beschleicht, beruhigt sie sich ebenso ohne jede Lüsternheit des Körpers wieder, wie sie auch ohne jedes Kitzeln der Lust entstand.

Soviel über das Ziel der Keuschheit. So gut wir konnten, haben wir es nicht mit Worten, sondern mit der Erfahrung als Lehrmeisterin erklärt. Auch wenn dies, wie ich vermute, von den Trägen und Gleichgültigen vielleicht als unmöglich beurteilt werden wird, bin ich doch sicher, dass es von eifrigen und geistbestimmten Männern gleichermaßen anerkannt und bestätigt werden wird. Denn zwischen Mensch und Mensch besteht ein ebenso großer Unterschied, wie auch das Ziel, auf das die eine oder andere Seele ihre Spannkraft richtet, verschieden ist. Es ist ein Unterschied von Himmel und Hölle, von Christus und Belial, entsprechend dem Wort des Erlösers: »Wenn einer mir dient, folge er mir nach. Wo ich bin, da wird auch mein Diener sein.« (Joh 12,26) Und an anderer Stelle: »Wo dein Schatz ist, da wird auch dein Herz sein.« (Mt 6,21)

So weit also die Worte des gottseligen Chaeremon über die Vollkommenheit in der Keuschheit. Er beendete die erstaunliche Rede vom Gipfel der Reinheit damit, dass er uns, die beklommen staunten, riet, die Glieder – der größte Teil der Nacht war ja schon vergangen – ein wenig der Ruhe zu überlassen und sie auf keinen Fall um die natürliche Stärkung im Schlaf zu bringen, damit nicht, wenn sein Leib matt und kraftlos wird, auch der Geist die Energie der Spannkraft für das Heilige verliert.

Der Mensch kann sich zwar
gelegentlich aus eigenem Antrieb ausstrecken, das Gute zu fassen zu bekommen,
hat es jedoch allezeit nötig, von Gott unterstützt zu werden.

Collatio 13

Abbas Chaeremon spricht über die Gnade Gottes und den Willen des Menschen

1 Wir schliefen ein wenig. Als wir zur morgendlichen Versammlung[1] der Brüder zurückkehrten, trafen wir den Altvater. Da wurde Abbas Germanus von ungeheuren Skrupeln geplagt, weil der gottselige Altvater in der letzten Unterredung, deren Kraft uns tiefste Sehnsucht nach nie gekannter Liebe eingeflößt hatte, in einem Nebensatz das Verdienst menschlichen Mühens geschmälert hatte, als er hinzufügte, dass der Mensch, selbst wenn er sich mit aller Kraft um gute Früchte müht, dennoch nicht die Kraft zum Guten haben kann, sofern er sie nicht aus der Freigebigkeit[2] Gottes als Geschenk empfängt, nicht jedoch aufgrund seiner Anstrengung im Tun. Als wir diese Frage gerade aufgewühlt hin- und herwälzten, kam der gottselige Chaeremon gerade aus seinem Kellion. Nachdem er bemerkt hatte, dass wir mit etwas herumdrucksten, beschleunigte er die Feier der Gebete und Psalmen und beendete sie schneller als üblich. Dann fragte er, was uns umtrieb.

2 Germanus antwortete: So sehr wir durch die Erhabenheit dieser außergewöhnlichen Tugend, die uns in der nächtlichen Erörterung dargelegt wurde, fast – ich sage es einmal so – den Glauben an ihre Möglichkeit verloren haben, so scheint es uns – verzeih, dass wir so reden, auch widersinnig, wenn der Lohn für die Mühen, das heißt, die Vollkommenheit der Liebe, die durch harte schweißtreibende Arbeit erworben wird, nicht entsprechend der Leistung dessen, der arbeitet, berechnet wird. Es wäre doch – mit Verlaub – völlig unangebracht, zwar zu beobachten, wie der Landwirt unermüdlichen Fleiß auf die Pflege seines Landes verwendet, seinem Einsatz jedoch nicht auch den Ertrag zuzuschreiben.

3 Chaeremon: Gerade durch dieses Beispiel, das ihr eingebracht habt, wird umso deutlicher bewiesen, dass die Leistung dessen, der sich anstrengt, nichts erreicht ohne die Hilfe Gottes. Auch wenn ein Landwirt alles versucht, was er kann, um das Erdreich zu bebauen, wird er doch nicht umgehend das Gedeihen der Saat und einen reichen Ertrag an Früchten seiner Leistung zuschreiben können; schließlich hat er schon oft die Erfahrung gemacht, dass [alle] Anstrengung umsonst ist, wenn nicht rechtzeitiger Regen und ein strenger ruhiger Winter darauf folgen. Wir sehen ja auch oft, wie schon hochgewachsene und in voller Reife prangende Früchte denen, die sie halten, sozusagen aus den Händen geschlagen werden, und dass ihnen, die sich große Mühe gegeben haben, die lange schweißtreibende Arbeit nichts eingebracht hat, weil sie nicht mit Gottes Hilfe verrichtet worden war. Wie nämlich die Güte Gottes säumigen Landwirten, die ihr Ackerland nicht regelmäßig pflügen, kein Gedeihen der Saaten schenkt, so wird auch denen, die sich mühen, ihr Fleiß, selbst wenn sie die Nacht durcharbeiten, nichts nützen, wenn ihm nicht durch die Barmherzigkeit des Herrn Erfolg beschieden ist.

Menschliche Überheblichkeit soll nur ja keine Anstrengung unternehmen, sich darin mit der Gnade Gottes zu messen oder [ihr] beizumischen, oder zu versuchen, sich dadurch unter die Teilhaber an den Gaben Gottes einzureihen, dass sie meint, ihre Anstrengung sei der Grund für göttliche Freigebigkeit, und sich rühmt, ein überreicher Ernteertrag stünde in angemessenem Verhältnis zu menschlicher Leistung. [Der Landwirt] soll überlegen und in aufrichtiger Prüfung genau bedenken, dass er nicht einmal die Versuche, die er mit viel Aufwand im Verlangen nach Gewinn unternahm, aus eigener Kraft hätte bewerkstelligen können, wenn ihn nicht der Schutz und die Barmherzigkeit des Herrn zu jeglichem Vollbringen der Landarbeit stark gemacht hätte. Eigener Wille und eigene Kraft blieben wirkungslos, wenn nicht die Güte Gottes ihm die Gelegenheit zur Durchführung zur Arbeit gegeben hätte, [die Gelegenheit,] die einmal durch zu große Trockenheit, ein andermal durch zu viel Regen ausbleibt. Denn wenn auch die Kraft des Viehs,[3] die Gesundheit des Körpers, der Erfolg der Arbeit und das Gelingen des Tuns vom Herrn geschenkt wird, so muss er [der Landwirt] dennoch bitten, dass ihm nicht widerfährt, was geschrieben steht: »Der Himmel wird zu Erz und die Erde zu Eisen.« (Dtn 28,23) [Er muss bitten,] dass nicht »was die Wanderheuschrecke übriglässt, der Blattkäfer frisst, und was der Blattkäfer übriglässt, die Raupe verschlingt, und was die Raupe übriglässt, der Mehltau frisst.« (Joel 1,4) Aber nicht nur darin bedarf der Fleiß des Landwirts, der sich abmüht, der Hilfe Gottes. Sie muss auch den plötzlich eintretenden Fall abwenden, durch den, selbst wenn das Feld voll wäre vom ersehnten Ernteertrag, er nicht nur um seine Hoffnung betrogen würde, sondern auch um den Vorrat der schon geernteten und auf die Tenne oder in die Scheune eingebrachten Ernte verlieren würde. Daraus ergibt sich eindeutig: Nicht nur der Ursprung der Taten, sondern auch der guten Gedanken kommt von Gott, der uns nicht nur die Anfänge eines geheiligten Willens einflößt, sondern uns auch die Kraft und Gelegenheit schenkt, auszuführen, was wir recht begehren. »Jede gute Gabe, jede vollkommene Gabe kommt von oben herab, vom Vater des Lichtes« (Jak 1,17), der, was gut ist, in uns beginnt, ausführt, und vollendet. Wie der Apostel sagt: »Der den Samen gibt dem, der sät, wird auch Brot zu essen geben. Er wird euer Saatgut mehren und die Frucht eurer Gerechtigkeit wachsen lassen.« (2 Kor 9,10) Unsere Entscheidung jedoch ist es, ob wir der Gnade Gottes, die uns täglich an sich zieht, demütig folgen oder, wie geschrieben steht, »mit verhärtetem Nacken und unbeschnittenen Ohren« (Apg 7,51) widerstehen. Dann bekommen wir zu Recht durch Jeremia zu hören: »Ist es nicht so: Wer fällt, steht wieder auf, wer sich verirrt, kehrt um? Weshalb also verharrt dieses Volk in Jerusalem mit störrischer Abkehr auf dem Irrweg? Sie haben ihren Nacken verhärtet, sie wollten nicht umkehren.« (Jer 8,4f)

4 Germanus: Dieser Meinung, deren fromme Haltung von uns nicht bemängelt werden kann, scheint entgegenzustehen, dass sie auf die Vernichtung des freien Willens hinausläuft. Sehen wir doch viele unter den heidnischen Völkern, die kaum die Gnade der göttlichen Hilfe verdienen dürften, nicht nur in den Tugenden des Maßhaltens und der Geduld, sondern auch, was noch mehr verwundern dürfte, in der Tugend der Keuschheit erstrahlen. Wie sollen wir glauben, dass sie ihnen durch Gottes Geschenk zuteil wurden, wenn die Entscheidungskraft des freien Willens gebunden ist? Es heißt doch – soviel wir aus einer Reihe von Büchern und von der Erzählung anderer wissen, dass die Jünger der Weisheit dieser Welt, obwohl sie nicht nur die Gnade Gottes überhaupt nicht kannten, sondern auch nicht den wahren Gott, eine höchst vollendete Reinheit der Keuschheit durch mühsame eigene Anstrengung besessen haben.

5 Chaeremon: Es ist mir durchaus recht, dass ihr, weil euch glühende Liebe zur Erkenntnis der Wahrheit entzündet hat, manchmal auch Albernheiten vorbringt. Dadurch zeigt sich die Kraft des katholischen Glaubens umso bewährter und – ich sage es einmal so – tiefer begründet. Denn welcher Weise dürfte solch widersinnige Vorstellungen haben, zu behaupten, dass die himmlische Reinheit der Keuschheit, im Blick auf die ihr gestern zu bedenken gegeben habt, dass sie durch die Gnade Gottes nicht einmal jedem Sterblichen zuteil wird, sogar von Heiden aus eigener Kraft in Besitz genommen werden könnte? Doch weil ihr – wie gesagt – diese Behauptung zweifelsohne aus Eifer für die Erforschung der Wahrheit aufstellt, so lasst euch sagen, was ich davon halte.

Zunächst: Man darf keineswegs glauben, dass die Philosophen diese Keuschheit des Herzens, die von uns zu leben gefordert wird, eingehalten haben. Von uns wird ja nicht nur verlangt, dass unter uns nicht nur von keiner Unzucht die Rede sein soll, sondern von keinerlei Unreinheit die Rede sein soll. Sie [diese Philosophen] hatten jedoch eine gewisse [wie man im Griechischen sagt] μερικῄ (meriké), das heißt, einen kleinen Anteil an der Keuschheit, nämlich die Enthaltsamkeit des Fleisches, sofern sie die Lust beim Geschlechtsakt zügelten. Die innere Reinheit des Geistes jedoch und die beständige Reinheit des Leibes konnten sie, ich will nicht behaupten, im Tun nicht, auf keinen Fall aber in Gedanken erreichen. Schließlich schämte sich Sokrates, der berühmteste unter ihnen, wie sie selbst verbreiten, nicht, dies von sich zuzugeben. Denn als ein Physiognom[4] ihn betrachtete und sagte: »Er hat die Augen eines Knabenschänders«, und die Schüler des Sokrates auf ihn losgingen, um die ihrem Meister zugefügte Schmach zu rächen, soll Sokrates deren Empörung mit folgendem Ausspruch unterdrückt haben: »Hört auf, meine Freunde. Ich bin es, aber ich halte mich zurück.« Es ist also ganz deutlich, nicht nur durch meine Behauptung, sondern auch durch deren [der Philosophen] Eingeständnis erwiesen, dass nur die zur Tat gewordene Unzucht, das heißt der verabscheute Geschlechtsakt, mit aller Gewalt von ihnen unterdrückt wurde, aus ihrem Herzen jedoch keineswegs das Begehren und die Lust jener Leidenschaft ausgeschlossen wurde. Mit wie viel Abscheu jedoch ist erst jener Ausspruch des Diogenes zu nennen! Die Einstellung nämlich, die jener Philosoph »von Welt« sich nicht schämte, als etwas, das man sich merken sollte, vorzubringen, kann von uns nur mit Scham ausgesprochen oder angehört werden. Diogenes[5] also soll, so wird berichtet, einem, der wegen des Verbrechens des Ehebruchs bestraft werden sollte, gesagt haben: »Für etwas, das umsonst feilgeboten wird, musst du doch nicht mit dem Leben bezahlen!« Es steht also fest, dass jene die Kraft der wahren Keuschheit, nach der wir streben, nicht erkannt haben. So dürfte als hinlänglich gesichert gelten, dass unsere Beschneidung, die geistig ist, (vgl. Dtn 10,16) nur als Geschenk von Gott erworben werben kann, und nur in denjenigen Raum haben kann, die Gott mit völlig aufgebrochenem Geist dienen.

6 Daher: Obwohl man in vielem, eigentlich in allem zeigen kann, dass der Mensch allezeit der Hilfe Gottes bedarf, und dass menschliche Gebrechlichkeit nichts, was zum Heil dient,[6] aus sich allein, das heißt ohne die Hilfe Gottes vollbringen kann, wird dies doch nirgends deutlicher als im Erwerb und Bewahren der Keuschheit gezeigt. Lasst uns jedoch einstweilen, um das Gespräch über die Schwierigkeit ihrer Unversehrtheit etwas hintanzustellen, kurz über ihre Werkzeuge reden. Ich frage: Wer könnte, selbst wenn er glühend im Geist wäre (vgl. Röm 12,11) oder dies rauhe Leben in der Wüste oder – ich will nicht sagen – den täglichen Hunger nach trockenem Brot, sondern selbst die Sättigung ohne die Unterstützung durch das Lob von Menschen ertragen? Wer könnte den anhaltenden Durst nach Wasser ohne den Trost des Herrn ertragen oder die menschlichen Augen um jenen süßen und erquickenden Schlaf in der Frühe bringen und regelmäßig die ganze Erholung im Schlaf innerhalb von vier Stunden fertigbringen? Wer wäre in der Lage, unablässige Ausdauer in der Lesung, wer ununterbrochenen Fleiß in der Arbeit, von der er keinen augenblicklichen Gewinn[7] hat, ohne die Gnade Gottes aufzubringen? Wie wir all dies ohne Unterlass nicht ohne die göttliche Einhauchung ersehnen können, so können wir es auch nicht ohne seine Hilfe überhaupt vollführen. Um dies nicht nur mit der bewährten Unterweisung durch die Erfahrung zu belegen, sondern auch durch überzeugende Beweise und Argumente: Kassiert nicht in vielem, was wir sinnvoll zu erfüllen wünschen, eine gewisse Gebrechlichkeit den Vorsatz, den wir gefasst haben, obwohl uns eine restlos entfachte Glut des Verlangens und vollkommener Wille nicht fehlen? Wenn nicht der Herr in seinem Erbarmen die Kraft zur Ausführung schenkt, bleibt dann nicht nur unser Plan ohne Ausführung übrig? So kommt es, dass, obwohl es eine unüberschaubare Menge von Leuten gibt, die sich glaubhaft danach sehnen, dem Tugendstreben anzuhangen, man letztendlich nur eine sehr kleine Schar derer finden wird, die dies tun und durchhalten können.

Dabei übergehe ich, dass nicht einmal dann, wenn uns weit und breit keine Einschränkung abhält, die volle Befähigung zu tun, was wir wollen, unserer Macht untersteht. Denn nicht einmal wenn wir könnten, halten wir das Schweigen in Zurückgezogenheit, strenges Fasten oder ausdauernde Lesung so, wie wir es wollten. Vielmehr lassen wir uns allzu oft schon vom kleinsten Anlass, sogar gegen unseren Willen, von heilsamen Ordnungen abbringen. Daraus ergibt sich: Es ist notwendig, dass wir von Gott den rechten Ort und die rechte Zeit erbitten, um diese [unsere

Vorsätze] auszuführen. Und es ist gewiss, dass unser Können nicht ausreicht, wenn uns nicht auch von Gott die Möglichkeit gegeben wird, was wir können, auch zu tun. (Davon spricht auch der Apostel, wenn er sagt: »Immer wieder wollten wir zu euch kommen, doch Satan hat uns gehindert.« 1 Thess 2,18) So kommt es auch vor, dass wir manchmal merken, zu unserem Nutzen von diesen geistlichen Absichten weggerufen zu werden, sodass, indem die Anspannung unseres Laufes unterbrochen wird, obwohl wir es nicht wollten, und wir der Schwäche des Fleisches etwas Erholung gönnen, wir ohne unser Wollen bei einer gesunden Beharrlichkeit erhalten werden. Über dieses Wirken Gottes sagt der gottselige Apostel etwas Ähnliches: »Deswegen [wegen einer Krankheit] habe ich den Herrn dreimal gebeten, dass [der Stachel im Fleisch] von mir weicht. Doch er sagte zu mir: Meine Gnade genügt dir. Denn die Kraft wird in der Schwachheit vollendet. (2 Kor 12,8–9) Und an anderer Stelle: »Wir wissen nicht, was wir beten sollen, wie sich's gebührt.« (Röm 8,26)

7 Der Wille Gottes bleibt unveränderlich bestehen: Der Mensch ist nicht erschaffen, um zu sterben, sondern um in Ewigkeit zu leben. Wenn Gottes Güte in uns nur den kleinsten Funken an gutem Willen glimmen sieht, oder er ihn selbst aus unserem Herzen wie aus hartem Gestein ausschlägt, entzündet er ihn, erweckt ihn und macht ihn stark, indem er die Glut anfacht; denn er »[Gott] will, dass alle Menschen gerettet werden und zur Erkenntnis der Wahrheit kommen«. (1 Tim 2,4) »Es ist nicht der Wille eures Vaters in den Himmeln, dass auch nur einer von diesen Kleinen verlorengeht.« (Mt 18,14) An anderer Stelle heißt es: »Gott will nicht, dass eine Seele verlorengeht, sondern nimmt sich vor und sinnt darauf, dass nicht völlig zugrundegeht, wer verstoßen ist.« (2 Reg = 2 Sam 14,14) Gott nämlich ist wahrhaftig und lügt nicht, wenn er unter Schwur versichert: »So wahr ich lebe, spricht Gott, der Herr, ich will nicht den Tod des Gottlosen, sondern dass er umkehrt von seinem Weg und lebt.« (Ez 33,11) Wenn Gott nicht den Willen hat, dass einer von den Kleinsten verlorengeht, wie sollte man ohne ungeheuerliche Gotteslästerung meinen, dass er nicht umfassend alle, sondern nur einige anstatt aller retten will? Deshalb [gilt]: Wer immer verlorengeht, geht gegen seinen [Gottes] Willen verloren. Daher ruft Gott täglich einem jeden von ihnen zu: »Kehrt um von euren ganz und gar üblen Wegen. Warum wollt ihr sterben, ihr vom Haus Israel?« Und an anderer Stelle: »Wie oft wollte ich deine Kinder sammeln wie die Henne ihre Küken unter ihre Flügel sammelt, doch du hast nicht gewollt.« (Mt 23,37) Außerdem [heißt es]: »Weshalb hat sich dieses Volk in Jerusalem abgewandt mit hartnäckiger Abkehr?« (Jer 8,5) »Sie haben ihr Angesicht hart gemacht, sie wollten nicht umkehren.« (Jer 5,3) Täglich ist daher die Gnade Christi gegenwärtig, die, weil »er will, dass alle Menschen gerettet werden und zur Erkenntnis der Wahrheit kommen«, (1 Tim 2,4) alle ohne Ausnahme zu sich ruft, wenn er sagt: »Kommt alle zu mir, die ihr mühselig und beladen seid, ich werde euch erquicken.« (Mt 11,28) Würde er jedoch nicht allumfassend alle, sondern nur einige rufen, folgte daraus: Nicht alle sind beladen, weder mit einer Ursprungs- noch mit einer aktuellen Sünde. Auch wäre dann jenes Wort nicht wahr: »Alle haben gesündigt und sind ohne Ehre vor Gott.« (Röm 3,23) Man bräuchte auch nicht zu glauben, dass »der Tod auf alle Menschen überging« (Röm 5,12) Und: So sehr gehen alle, die verloren gehen, gegen den Willen Gottes verloren, dass man nicht behaupten darf, Gott hätte den Tod erschaffen. Dies bezeugt ja auch die Schrift: »Gott hat den Tod nicht gemacht noch freut er sich am Untergang der Lebenden.« (Weish 1,13) Daher kommt es in den meisten Fällen, dass unser Gebet entweder später oder überhaupt nicht erhört wird, weil wir anstelle von Gutem Schädliches verlangen. Ein anderes Mal entscheidet der Herr, wie der gütigste Arzt uns zu nutzen, und selbst, wenn wir es überhaupt nicht wollen, das, was wir für schädlich halten, zu geben. So manches Mal auch verhindert er den abscheulichen Erfolg unserer verderblichen Pläne und tödlichen Unternehmungen, hält sie auf, zieht diejenigen, die [den Weg] zum Tod laufen, zurück zum Heil und entreißt die [den Weg] nicht wissen dem Rachen der Unterwelt.

8 Diese seine Sorge um uns und seine Vorsehung drückt das Wort Gottes im Bild der ehebrecherischen Stadt Jerusalem, die sich mit ins

Verderben führender Eile der Verehrung von Götzenbildern zuwandte, durch den [Mund des] Propheten Hosea geschickt aus, wenn Jerusalem sagt: »Ich will meinen Liebhabern nachlaufen, die mir Brot und Wasser geben, meine Wolle und mein Leinen, mein Öl und meinen Trank.« (Hos 2,5) Die göttliche Gunst antwortet darauf zum Heil für Jerusalem, nicht unter Rücksicht auf seinen Willen: »Siehe, ich will ihren Weg mit Dornen umzäumen, sie mit einer Mauer umgeben. Sie wird ihren Weg nicht finden. Sie wird ihren Liebhabern nachlaufen, sie aber nicht zu fassen bekommen. Sie wird sie suchen, aber nicht finden. Dann wird sie sagen: ›Ich will zu meinem ersten Mann zurückkehren, denn damals ging es mir besser als jetzt.‹« (Hos 2,6f) An anderer Stelle beschreibt er unseren Trotz und unsere Verachtung, wodurch wir mit widerspenstigem Geist seine Einladung zu heilbringender Umkehr verschmähen, in diesem Vergleich und sagt: »Ich sprach: ›Vater‹ wirst du mich nennen und nicht zaudern, mir zu folgen. Doch wie eine Frau den Mann verachtet, der sie liebt, so verachtet das Haus Israel mich, Spruch des Herrn.« (Jer 3,19f) Völlig übereinstimmend damit, dass er Jerusalem mit einer Ehebrecherin verglichen hatte, die ihren Mann verlässt, verglich er auch die unverbrüchliche Liebe seiner Güte mit einem Mann, der seine Frau verliert. Denn die Treue und Liebe Gottes, mit der er allezeit die Menschen umhegt, kann, weil sie durch keine Beleidigungen so ausgelöscht werden kann, dass sie von der Sorge um unser Heil ablassen würde und nur von unseren Sünden besiegt, von ihrem ersten Vorsatz abgebracht wird, durch keinen anderen Vergleich besser erklärt werden als mit dem Beispiel eines Mannes, der eine Frau mit glühendster Leidenschaft liebt, und umso heftiger mit brennender Eifersucht um sie wirbt, je mehr er sich von ihr vernachlässigt und abgewiesen fühlt. Unablässig ist Gottes Schutz uns immer nahe. Die Liebe Gottes zu seinem Geschöpf ist so groß, dass er es nicht nur begleitet, sondern ihm auch oft in seiner Vorsehung zuvorkommt. Der Prophet, der dies erfahren hatte, bekennt sich dazu aus tiefstem Herzen, wenn er sagt: »Mein Gott – seine Barmherzigkeit wird mir zuvorkommen.« (Ps 58,11 = 59,11) Wenn Gott in uns auch nur einen kleinen Anfang guten Willens erblickt, erleuchtet und stärkt er ihn sofort und spornt ihn an zum Heil, indem er dem Wachstum verleiht, was er entweder selbst gepflanzt hat oder durch unseren Versuch hat keimen sehen. Er sagt: »Noch bevor sie rufen, will ich hören. Noch während sie sprechen, will ich sie erhören.« (Jes 65,24) Und an anderer Stelle: »Auf die Stimme deines Rufens wird er antworten, sobald er sie hört.« (Jes 30,19) Doch haucht er nicht nur heilige Sehnsucht ein, sondern bereitet auch die Widerfahrnisse des Lebens und die Gelegenheiten, Gutes zu wirken, vor. Auch zeigt er den Irrenden die Richtung des Weges zum Heil.

9 Menschliche Vernunft jedoch kann nicht leicht verstehen, wie der Herr denen, die bitten, gibt; sich von denen, die suchen, finden lässt; denen, die anklopfen, öffnet; andererseits jedoch von denen, die ihn nicht suchen, sich finden lässt; sich offen zu erkennen gibt unter denen, die nicht nach ihm fragen; den ganzen Tag seine Hände ausstreckt nach einem Volk, das ihm nicht glaubt, sondern widerspricht (vgl. Mt 7,7; Jes 65,1f; Röm 10,20f); wie er die Widerspenstigen und weit Entfernten ruft, die Unwilligen zum Heil zieht; denen, die sündigen wollen, die Gelegenheit entzieht, ihren Willen durchzusetzen und sich denen, die sich zu einer Schandtat aufmachen, gütig in den Weg stellt. Wem aber könnte sich leicht erschließen, auf welche Weise das Höchste an Heil unserer Entscheidung zuerkannt wird, von der es heißt: »Wenn ihr wollt und mich hört, werdet ihr essen von den Gütern des Landes.« (Jes 1,19) Und wie [könnte sich leicht erschließen]: »Es kommt nicht auf den an, der will oder läuft, sondern auf Gott, der sich erbarmt.« (Röm 9,16) Was aber soll bedeuten, dass »Gott einem jeden entsprechend seinen Werken vergilt« (Röm 2,6), dass aber doch »Gott es ist, der in euch das Wollen und Vollbringen wirkt entsprechend seinem guten Wollen« (Phil 2,13)? Und: »Dies kommt nicht aus euch, sondern ist Gabe Gottes: Nicht aufgrund der Werke, damit niemand sich rühmt.« (Eph 2,8f) Was soll außerdem jenes Wort bedeuten, das gesagt wird: »Nähert euch dem Herrn, und er wird sich euch nähern« (Jak 4,8), wenn er doch an anderer Stelle sagt: »Niemand kommt zu mir, wenn nicht der Vater, der mich gesandt hat, ihn zieht« (Joh 6,44)? Was soll es bedeuten, wenn es heißt: »Ebne den

Weg für deinen Fuß, richte deinen Weg gerade aus« (Prov 4,26LXX)? Was soll es bedeuten, wenn wir im Gebet sprechen: »Richte meinen Weg vor deinem Angesicht gerade aus« (Ps 5,9)? Und: »Mach vollkommen meine Schritte auf deinen Wegen, damit meine Füße nicht straucheln« (Ps 16,5 = 17,5)? Was wiederum soll es bedeuten, wenn wir ermahnt werden: »Macht euch ein neues Herz und einen neuen Geist« (Ez 18,31)? Was soll weiterhin jenes Versprechen bedeuten: »Ich werde ihnen ein neues Herz geben, einen neuen Geist werde ich in ihr Inneres schenken. Ich werde das Herz aus Stein aus ihrem Leib nehmen und ihnen ein Herz aus Fleisch geben, damit sie in meinen Vorschriften wandeln und meine Entscheide beachten« (Ez 11,19f)? Was soll es bedeuten, dass der Herr die Vorschrift gibt: »Jerusalem, wasche dein Herz von der Bosheit, damit du gesund wirst« (Jer 4,14)? Und was soll es dann bedeuten,[8] dass der Prophet eben dies vom Herrn erbittet, wenn er sagt: »Gott, erschaffe in mir ein reines Herz« (Ps 50,12 = 51,12)? Ebenso: »Wasche mich, und ich werde weißer als Schnee« (Ps 50,9 = 51,9)? Was soll es bedeuten, dass zu uns gesagt wird: »Erleuchtet euch mit dem Licht der Erkenntnis.«[9] (Hos 10,12LXX)? Und was soll es bedeuten, dass es andererseits von Gott heißt: »Der den Menschen Erkenntnis lehrt« (Ps 93,10 = 94,10)? Und: »Der Herr erleuchtet die Blinden.« (Ps 145,8 = 146,8)? Oder auch, was wir mit dem Propheten im Gebet sprechen: »Erleuchte meine Augen, damit ich nicht in den Todesschlaf falle.« (Ps 12,4 = 13,4)? In all diesen [Schriftworten] wird sowohl die Gnade Gottes als auch die Freiheit unserer Entscheidung verkündet, gleichermaßen jedoch, dass der Mensch sich zwar gelegentlich aus eigenem Antrieb ausstrecken kann, das Gute zu fassen zu bekommen, es jedoch allezeit nötig hat, von Gott unterstützt zu werden. Keiner genießt ja Gesundheit, sobald er es möchte. Keiner wird vom Zustand einer Krankheit befreit entsprechend der Sehnsucht seines Wollens. Was nützt es schon, das Geschenk der Gesundheit zu begehren, wenn nicht Gott, der alles zum Leben Nötige selbst zuteilt, auch die Kraft zur Gesundheit schenkt? Um noch einleuchtender zu verdeutlichen, dass auch aus einem Gut der Natur, das uns durch eine Wohltat des Schöpfers geschenkt wurde, manchmal die Anfänge guter Willensregungen entstehen, die jedoch, wenn sie nicht vom Herrn gelenkt werden, nicht bis zum Vollbringen der Tugenden vorstoßen können, ist der Apostel Zeuge, wenn er sagt: »Zwar liegt es an mir, das Gute zu wollen; das Gute jedoch zu vollbringen, so weit komme ich nicht.« (Röm 7,18)

10 Die heilige Schrift bestätigt die Freiheit unseres Willens, wenn sie sagt: »In aller Wachsamkeit bewahre dein Herz.« (Prov 4,23) Doch der Apostel macht die Schwäche des Willens offenbar, wenn er sagt: »Der Herr bewahre eure Herzen und euren Verstand in Christus Jesus.« (Phil 4,7) David verkündet die Kraft des freien Willens, wenn er sagt: »Ich neigte mein Herz, deine gerechten Entscheide zu tun.« (Ps 118,112 = 119,112) Doch lehrt er auch die Schwäche dieses [Willens], wenn er betet: »Neige mein Herz zu deinen Geboten, nicht zur Habgier.« (Ps 118,36 = 119,36) Auch Salomo sagt: »Der Herr neige unsere Herzen sich zu, damit wir wandeln auf all seinen Wegen und seine Gebote halten, seine Anordnungen und Entscheide.« (3 Reg = 1 Kön 8,58) Der Psalmenschreiber verweist auf die Macht des freien Willens, wenn er sagt: »Halte deine Zunge vom Bösen fern; deine Lippen sollen nicht trügerisch reden.« (Ps 33,14 = 34,14) Die Schwäche [des freien Willens] bekennen wir, wenn wir beten: »Herr, stelle eine Wache vor meinen Mund, ein Wehr um meine Lippen.« (Ps 140,3 = 141,3) Die Fähigkeit unseres Willens wird vom Herrn erklärt, wenn er sagt: »Löse die Fesseln deines Halses, gefangene Tochter Zion.« (Jes 52,2) Von der Gebrechlichkeit [dieses Willens] spricht der Prophet, wenn er sagt: »Der Herr löst die Gefesselten« (Ps 145,7 = 146,7) und: »Du hast meine Fesseln gesprengt, dir will ich als Opfer Lob darbringen« (Ps 115,16f = 116,16f). Im Evangelium hören wir, wie der Herr uns ruft, durch den freien Willen zu ihm zu eilen: »Kommt alle zu mir, die ihr euch müht und belastet seid, ich will euch erquicken.« (Mt 11,28) Doch bezeugt derselbe Herr die Schwäche des freien Willens, wenn er sagt: »Niemand kann zu mir kommen, wenn ihn nicht der Vater, der mich gesandt hat, zieht.« (Joh 6,44) Der Apostel feuert unseren freien Willen an, wenn er sagt: »Lauft so, dass ihr [den Siegespreis] zu fassen bekommt.« (1 Kor 9,24) Die Schwäche [dieses Willens] jedoch bekundet Johannes der Täufer, wenn er sagt: Ein Mensch kann nichts von sich aus nehmen, wenn es ihm nicht vom Himmel gegeben wird.« (Joh 3,27) Uns wird befohlen, aufmerksam über unsere Seele zu wachen, wenn der Prophet sagt: »Habt acht auf eure Seelen.« (Jer 17,21) Doch ruft der andere Prophet in demselben Geist aus: »Wenn nicht der Herr die Stadt bewacht, wacht der Wächter umsonst.« (Ps 126,1 LXX = 127,1) Als der Apostel an die Philipper schreibt, um ihren freien Willen aufzuzeigen, sagt er: »Mit Furcht und Zittern wirkt euer Heil.« (Phil 2,12) Um jedoch die Schwäche des freien Willens zu verdeutlichen, fügt er hinzu: »Gott ist es nämlich, der in euch das Wollen und das Vollbringen wirkt, je nach gutem Willen.« (Phil 2,13)

11 Diese beiden also [Gnade und freier Wille] sind sozusagen untrennbar miteinander vermischt und ineinander verschlungen. Daher kommt es, dass unzählige [Leute] als großes Problem hin- und herwälzen, was wovon abhängig ist: Ob also Gott sich unser erbarmt, weil wir den Anfang guten Willens zeigen oder ob wir dem Ansatz guten Willens folgen, weil Gott sich erbarmt. Viele jedoch, die entweder das eine oder das andere glauben und es weit mehr als es recht ist, behaupten, sind in unterschiedliche und einander widersprechende Irrtümer verstrickt. Wenn wir nämlich sagen, dass der Anfang des guten Willens bei uns liegt: Was war dann in dem Verfolger Paulus, was in dem Zöllner Matthäus? Der eine wurde, als er auf Verbrechen und Mord an Unschuldigen aus war, der andere von Gewalttat und öffentlichem Betrug weg zum Heil gezogen. (vgl. Apg 9; Mt 9,9) Wenn wir aber sagen, dass die Anfänge guten Willens immer von der Gnade Gottes eingehaucht werden, was sollen wir dann sagen vom Glauben des Zachäus, was von der Frömmigkeit jenes Räubers am Kreuz (vgl. Lk 19,2ff; 23,40ff), die durch ihre Sehnsucht dem Himmelreich in gewisser Hinsicht Gewalt antaten (vgl. Mt 11,12) und so der ausdrücklichen Aufforderung durch eine Berufung zuvorkamen? Wenn wir jedoch die Vollendung der Tugenden und das Befolgen der Gebote Gottes unserem Willen zuschreiben, weshalb beten wir dann: »Gott, stärke, was du in uns gewirkt hast« (Ps 67,29 = 68,29)? Und:

»Die Werke unserer Hände lass über uns kommen.« (Ps 89,17 = 90,17) Wir wissen, dass Bileam verführt wurde, Israel zu verfluchen, doch wir sehen, dass ihm, obwohl er es wollte, nicht erlaubt wurde, zu verfluchen. (vgl. Num 22,5ff) Abimelech wird bewacht, damit er nicht, wenn er Rebekka anrührte, gegen Gott sündigt. (vgl. Gen 20,6) Joseph wird durch die List seiner Brüder verschleppt, damit die Kinder Israel nach Ägypten hinabziehen und jenen, die den Brudermord besprachen, Hilfe für kommende Hungersnöte geschaffen würde. (vgl. Gen 37,28) Eben dieser Joseph machte es deutlich, als er, von der Brüdern schließlich erkannt, sagte: »Fürchtet euch nicht, und es soll euch nicht Elend und Not bedeuten, dass ihr mich in dieses Land verkauft habt. Zu eurer Rettung hat Gott mich euch vorausgeschickt.« (Gen 45,5) Und dann: »Gott hat mich vorausgeschickt, um euch auf Erden überleben zu lassen, und damit ihr Nahrung zum Leben haben könnt. Nicht durch euren Plan, sondern durch den Willen Gottes wurde ich gesandt: Er hat mich wie zum Vater des Pharao und Ersten im ganzen Land Ägypten gemacht.« (Gen 45,7f) Und als er nach dem Tod des Vaters den Brüdern, die sich fürchteten, den Argwohn der Furcht nahm, sagte er: »Fürchtet euch nicht! Können wir denn dem Willen Gottes widerstehen? Ihr habt Böses gegen mich geplant, doch Gott wandte es zum Guten, um mich zu erhöhen, wie ihr jetzt seht, um viele Völker zu retten.« (Gen 50,10f) Dass dies damals nach einem Plan geschah, hat auch der gottselige David im 104. Psalm erklärt, wenn er sagt: »Er [der Herr] rief eine Hungersnot über das Land. Er vernichtete allen Vorrat an Brot. Er schickte ihnen einen Mann voraus: Als Sklave wurde Joseph verkauft.« (Ps 104,16f = 105,16f) Diese beiden also, die Gnade Gottes und der freie Wille, scheinen zwar im Gegensatz zueinander zu stehen, doch stimmen sie miteinander überein. In Anbetracht der Ehrfurcht, die wir schuldig sind, folgern wir, dass wir beide gleichermaßen annehmen müssen, damit es nicht aussieht, als ob wir das Richtscheit[10] des Glaubens der Kirche verrücken, wenn wir eines von beiden dem Menschen nehmen. Wenn Gott nämlich sieht, dass wir uns zum Wollen des Guten neigen, kommt er uns entgegen, lenkt und stärkt uns. [Es heißt] ja: »Sobald er die Stimme deines Rufens hört, wird er dir antworten.« (Jes 30,19) Er sagt auch: »Rufe zu mir am Tag der Bedrängnis. Ich will dich herausreißen, und du wirst mich rühmen.« (Ps 49,15 = 50,15) Andererseits: Wenn er sieht, dass wir nicht wollen oder lau geworden sind, schickt er heilsame Ermahnungen in unsere Herzen, durch die der gute Wille in uns wiederhergestellt wird oder Gestalt annimmt.

12 Man darf nicht glauben. Gott hätte den Menschen so geschaffen, dass er [der Mensch] das Gute weder jemals wolle noch könne. Sonst hätte er ihm nicht den freien Willen gelassen, wenn er ihm nur erlaubt hätte, das Böse zu wollen und zu können, das Gute jedoch von sich aus weder zu wollen noch zu können. Denn wie sollte dann nach der Übertretung [des Gottesgebotes] durch den ersten Menschen jenes vom Herrn ausgesprochene Wort gelten: »Siehe, Adam wurde wie einer von uns, wissend um gut und böse.« (Gen 3,22) Man darf ja nicht glauben, dass Adam vorher in völliger Unkenntnis des Guten war. Sonst müsste man ja zugeben, dass er wie ein vernunft- und gefühlloses Tier erschaffen worden war, was ziemlich absurd und dem katholischen Glauben gänzlich fremd ist. Denn laut dem Wort des höchst weisen Salomo »hat Gott den Menschen recht gemacht« (Eccl 7,29LXX), das heißt, er sollte sich des Wissens um das Gute beständig erfreuen. Doch »sie selbst ersannen viele Gedanken« (Eccl 7,29LXX). Sie wurden nämlich, wie es heißt, »wissend um das Gute und das Böse« (Gen 3,22). Adam empfing also nach der Übertretung [des Gebotes], was er nicht hatte: Das Wissen um das Böse. Das Wissen um das Gute, das er schon zuvor empfangen hatte, verlor er jedoch nicht. Dass die Menschheit nach der Übertretung Adams das Wissen um das Gute nicht verloren hat, verkündet schließlich auch das Wort des Apostels sehr deutlich, mit dem er sagt: »Wenn nämlich die Heiden, die das Gesetz nicht haben, von Natur aus tun, was zum Gesetz gehört, sind sie, die das Gesetz nicht haben, sich selbst Gesetz. Sie zeigen, dass das Gesetzeswerk in ihre Herzen geschrieben ist, wobei ihnen ihr Gewissen den Beweis gibt, und ihre Gedanken sich gegenseitig anklagen oder auch verteidigen am Tag, an dem Gott über das Verborgene in den

Menschen richten wird.« (Röm 2,14–16) In diesem Sinn tadelt auch der Herr durch den Propheten die nicht natürliche, sondern freiwillige Blindheit der Juden, die sie sich selbst hartnäckig einbrachten, und sagt: »Ihr Tauben, hört! Ihr Blinden, öffnet die Augen zum Sehen! Wer ist taub, wenn nicht mein Knecht, wer blind, wenn nicht der, zu dem ich meine Boten gesandt habe?« (Jes 42,18f) Damit nun nicht womöglich einer diese ihre Blindheit der Natur, nicht ihrem Willen zuschreiben kann, sagt er auch: »Führe das Volk heraus, das blind ist, obwohl es Augen hat, das taub ist, obwohl es Ohren hat.« (Jes 43,8) Und an anderer Stelle [heißt es]: »Obwohl sie sehen, sehen sie nicht. Obwohl sie hören, hören und verstehen sie nicht.« (Jer 5,21) An ihnen erfüllt sich die Weissagung des Jesaja, die besagt: »Hören werdet ihr mit dem Gehör und nicht verstehen. Mit offenen Augen werdet ihr sehen und doch nichts sehen. Verfettet ist nämlich das Herz dieses Volkes, und ihre Ohren sind schwerhörig. Ihre Augen haben sie geschlossen, damit sie nur ja nicht mit den Augen sehen oder mit ihren Ohren hören oder mit dem Herzen verstehen und umkehren und damit ich sie nur ja nicht heile.« (Jes 6,9fLXX) Schließlich sagt er, als er die Pharisäer schilt, um zu zeigen, dass die Möglichkeit zum Guten in ihnen steckt: »Weshalb beurteilt ihr nicht aus euch selbst, was gerecht ist?« (Lk 12,57) Dies hätte er gewiss nicht zu ihnen gesagt, wenn er nicht gewusst hätte, dass sie mit der natürlichen Urteilskraft entscheiden können, was recht ist. Also: Wir sollten uns hüten, dass wir nicht alle Verdienste der Heiligen so auf den Herrn beziehen, dass wir der menschlichen Natur nur was böse und abartig ist, zuschreiben. Jedenfalls werden wir darin widerlegt vom Zeugnis des höchst weisen Salomo, ja des Herrn, dessen Worte folgendermaßen lauten. Er sagte nämlich, als er nach Vollendung des Tempelbaus betete: »David, mein Vater, wollte ein Haus erbauen für den Namen des Herrn, des Gottes Israels. Und der Herr sprach zu David, meinem Vater: ›Dass du in deinem Herzen bedacht hast, meinem Namen ein Haus zu bauen – Gut hast du daran getan, als du dies in deinem Geist erwogen hast. Dennoch wirst nicht du meinem Namen ein Haus bauen.« (3 Reg = 1 Kön 8,17–19) Dieser Gedanke also und Plan des Königs David – ist er gut und aus Gott zu nennen oder schlecht und von Menschen ausgegangen? Wenn jener Gedanke gut und aus Gott war, weshalb wird von dem, der ihn eingegeben hat, dem David die Ausführung verweigert? Wenn er jedoch schlecht und von einem Menschen war, weshalb wird er vom Herrn gelobt? Es bleibt also nur, dass man annimmt, dass er sowohl gut als auch von einem Menschen war. In derselben Weise können wir auch unsere alltäglichen Gedanken beurteilen. Denn weder ist es allein dem David verliehen, aus sich selbst Gutes zu denken, noch uns natürlicherweise verwehrt, etwas an Gutem zu schmecken oder zu denken.

Es kann also kein Zweifel bestehen: In jeder Seele sind natürlicherweise durch die Wohltat des Schöpfers die Samen der Tugenden eingesenkt. Doch können sie nicht bis zur vollkommenen Reife hindurchgelangen, wenn sie nicht durch die Hilfe Gottes erweckt werden. Denn laut dem gottseligen Apostel »ist weder der etwas, der pflanzt, noch derjenige, der wässert, sondern nur der das Wachstum schenkt: Gott« (1 Kor 3,7). Dass jedoch dem Menschen die Freiheit des Willens nach jeder Seite hin zur Verfügung steht, lehrt auch jenes Buch, welches [Buch] des Hirten[11] heißt, ganz offensichtlich. Dort heißt es, dass einem jeden von uns zwei Engel zur Seite stehen, ein guter und ein böser, es jedoch in der Wahlfreiheit des Menschen liegt, zu entscheiden, welchem er folgen will. Es verbleibt also allezeit im Menschen die freie Entscheidungsmöglichkeit, dass er die Gnade Gottes ablehnen oder lieben kann. Der Apostel hätte nämlich nicht vorgeschrieben in seinem Wort: »Mit Furcht und Zittern wirkt euer Heil« (Phil 2,12), wenn er nicht gewusst hätte, dass wir es aus uns entweder ausbauen oder vernachlässigen können. Doch damit sie nicht glauben sollten, zum Werk des Heils die göttliche Hilfe nicht zu brauchen, fügt er hinzu: »Gott nämlich ist es, der in euch das Wollen und das Vollbringen wirkt, entsprechend dem guten Willen.« (Phil 2,13) Deshalb sagt er auch in der Ermahnung des Timotheus: »Vernachlässige nicht die Gnade Gottes, die in dir ist.« (1 Tim 4,14) Und an anderer Stelle: »Deshalb ermahne ich dich, dass du die Gnade Gottes wiedererweckst, die in dir ist.« (2 Tim 1,6) Daher kommt es, dass er auch, wenn er den Korinthern schreibt, mahnt und drängt, sich nicht durch unfruchtbare

Werke als unwürdig der Gnade Gottes zu erweisen, wenn er sagt: »Als Mitarbeiter jedoch ermahnen wir euch, dass ihr die Gnade Gottes nicht vergeblich empfangt.« (2 Kor 6,1) Simon hatte sie zweifelsohne umsonst empfangen, deshalb nützte ihm der Empfang der heilbringenden Gnade nichts. Denn er wollte dem Befehl des gottseligen Petrus nicht gehorchen, der sagte: »Tue Buße [und kehre dich ab] von deiner Bosheit. Bitte Gott, vielleicht vergibt er dir das Ansinnen deines Herzens; denn ich sehe dich voll bitterer Galle und gefesselt in Ungerechtigkeit.« (Apg 8,22f)

Gott kommt also dem Wollen des Menschen zuvor, denn es heißt: »Mein Gott – seine Barmherzigkeit wird mir zuvorkommen.« (Ps 58,11 = 59,11) Andererseits kommt unser Wille Gott zuvor, wenn er zögert und sich zu unserem Nutzen sozusagen verspätet, unsere Entscheidung zu erfahren, wenn es heißt: »In der Frühe kommt mein Geist dir zuvor.« (Ps 87,14 = 88,14) Und an anderer Stelle: »In der Morgendämmerung bin ich zuvorgekommen und habe geschrien; vorausgeeilt sind meine Augen dem Tagesanbruch.« (Ps 118,147f = 119,147f) Er [Gott] ruft uns auch und lädt uns ein, wenn er sagt: »Den ganzen Tag habe ich meine Hände ausgestreckt nach einem Volk, das mir nicht glaubt, sondern widerspricht.« (Röm 10,21) Von uns jedoch wird er eingeladen, wenn wir zu ihm sagen: »Den ganzen Tag strecke ich meine Hände nach dir aus.« (Ps 87,10 = 88,10) Er wartet auf uns, wenn durch den Propheten gesagt wird: »Deshalb wartet der Herr, um sich über euch zu erbarmen.« (Jes 30,18) Von uns jedoch wird er erwartet, wenn wir sagen: »Ich wartete, ja ich wartete auf den Herrn, und er schaute nach mir.« (Ps 39,2 = 40,2) Und: »Ich habe auf dein Heil gewartet, Herr.« (Ps 118,166 = 119,166) er stärkt uns, wenn er sagt: »Ich habe ihre Arme geübt und stark gemacht [zum Kampf], doch sie erdachten Böses gegen mich.« (Hos 7,15) Er mahnt uns auch, dass wir uns selbst stark machen, wenn er sagt: »Macht stark die schlaffen Hände, kräftigt die wankenden Knie.« (Jes 35,3) Jesus ruft: »Wenn jemand Durst hat, soll er zu mir kommen und trinken.« (Joh 7,37) Auch schreit der Prophet zu ihm: »Ich quälte mich mit Schreien, heiser wurde meine Kehle; meine Augen wurden müde, so lange wartete ich auf meinen Gott.« (Ps 68,4 = 69,4) Der Herr sucht uns, wenn er sagt:

»Ich suchte, doch da war kein Starker. Ich rief, doch da war niemand, der antwortete. (Hld 5,6) Er wird auch selbst von der Braut gesucht, wenn sie unter Tränen klagt: »Auf meinem Lager in den Nächten suchte ich, den meine Seele liebt. Ich suchte ihn, doch ich fand ihn nicht. Ich rief ihn, doch er antwortete nicht.« (Hld 3,1 LXX)

13 Daraus folgt: Allezeit wirkt Gottes Gnade mit unserem Entscheidungsvermögen zusammen, unterstützt, schützt und verteidigt es in allem. Sodass sie bisweilen auch von ihm [dem Entscheidungsvermögen] gewisse Versuche guten Willens verlangt oder erwartet, damit es nicht so aussieht, als ob sie ihre Gaben einem Schläfer, Trägem oder Gleichgültigen zukommen lässt. Sie sucht sozusagen Gelegenheiten, durch die, wenn sie die Starre der menschlichen Gleichgültigkeit durchbrochen hat, ihre großzügige Freigebigkeit nicht unvernünftig erscheint, wobei sie diese im Gewand einer Sehnsucht oder Anstrengung schenkt. Dennoch bleibt die Gnade Gottes immer ein Geschenk, wobei sie schon die geringsten und kleinsten Versuche mit der unermesslich großen Ehre der Unsterblichkeit, und der unvergleichlichen Gabe ewiger Glückseligkeit in unglaublicher Freigebigkeit beschenkt. Man kann ja nicht einwenden, dass dem Räuber am Kreuz (vgl. Lk 23,40) nur deshalb der selige Aufenthalt im Paradies nicht aus Gnade versprochen wurde, weil dem nicht der Glaube des Räubers vorausging. Man darf auch nicht glauben, dass jene Buße des Königs David, als er das eine Wort sagte: »Ich habe gegen den Herrn gesündigt« (2 Reg = 2 Sam 12,13), seine beiden so schwerwiegenden Vergehen getilgt hätte, und nicht vielmehr die Milde Gottes [sie getilgt hat], sodass David durch den Propheten Nathan hören durfte: »Der Herr nimmt deine Sünde hinweg. Du wirst nicht sterben.« (2 Reg = 2 Sam 12,13) Dass er zum Ehebruch Mord hinzufügte, war also seine freie Entscheidung. Dass er jedoch durch den Propheten bestraft wird, Gnade göttlicher Huld. Andererseits: Dass er seine Sünde demütig zugibt, liegt an ihm. Dass ihm jedoch innerhalb eines einzigen Augenblicks die Vergebung so schwerer Verbrechen zugesagt wird, ist Geschenk Gottes, der sich erbarmt. Und was sollten wir von diesem äußerst kurzen Bekenntnis und der unvergleichlichen Größe der göttlichen Erwiderung sagen, wo doch der gottselige Apostel im Blick auf jene Größe des künftigen Lohnes erklärt, was man in Anbetracht jener seiner zahllosen Verfolgungen ganz leicht betrachten kann. Er sagt: »Dieses Augenblickliche und Leichte unserer Trübsal wirkt in uns ein unvergleichliches ewiges Übermaß an Herrlichkeit.« (2 Kor 4,17) Auch an anderer Stelle verkündet er dies mit Nachdruck, wenn er sagt: »Die Leiden dieser Zeit sind nicht ebenbürtig der zukünftigen Herrlichkeit, die an uns offenbart werden wird.« (Röm 8,18) Wie sehr sich auch menschliche Gebrechlichkeit anstrengt, sie wird sich den zukünftigen Lohn nicht verdienen können, noch mindert sie durch ihre Leistung die göttliche Gnade, sodass diese nicht immerdar ein Geschenk[12] bliebe. Deshalb, auch wenn der vorgenannte Lehrer der Völker bezeugt, dass ihm das Apostelamt aus Gottes Gnade verliehen wurde, indem er sagt: »Durch Gottes Gnade bin ich, was ich bin« (1 Kor 15,10), lässt er doch deutlich werden, dass er auch selbst der Gnade Gottes geantwortet hat, wenn er sagt: »Seine Gnade mir gegenüber war nicht vergeblich. Vielmehr habe ich weit mehr als alle anderen gearbeitet. Nicht jedoch ich, sondern Gottes Gnade zusammen mit mir.« (1 Kor 15,10) Wenn er nämlich sagt: »Ich habe gearbeitet«, bezeichnet er den Versuch der eigenen Entscheidung. Wenn er aber sagt: »Nicht jedoch ich, sondern Gottes Gnade«, zeigt er die Kraft des göttlichen Schutzes. Wenn er sagt: »Zusammen mit mir«, erklärt er, dass sie [die Gnade] weder mit einem Trägen noch mit einem Sicheren, sondern mit dem, der sich anstrengt und schwitzt, zusammengearbeitet hat.

14 Wir lernen, dass die göttliche Gerechtigkeit dies auch in Ijob, dem bewährtesten ihrer Kämpfer, vorhergesehen hat, als ihn der Diabolos zu einem außergewöhnlichen Kampf herausforderte. Wenn er nämlich gegen seinen Feind nicht mit seiner eigenen Kraft, sondern nur unter dem Schutz der Gnade Gottes aufgetreten wäre und ohne jede Kraft seiner Geduld, nur unterstützt von der göttlichen Hilfeleistung, jene mannigfachen und mit der ganzen Grausamkeit des Feindes ausgesuchten Qualen und Verderben der Versuchungen ertragen hätte, wie hätte da nicht der Diabolos zu Recht jenes verleumderische Wort wiederholen sollen, das er zu Beginn gegen ihn losgelassen hatte: »Verehrt Ijob Gott etwa umsonst? Hast du [Gott] nicht ihn und sein gesamtes Vermögen mit einem Schutzwall gesichert? Doch ziehe deine Hand ab« – will heißen: Lass ihn mit seinen eigenen Kräften mit mir kämpfen – »wird er dir nicht ins Angesicht fluchen?« (Ijob 1,9–11 LXX) Da jedoch der verschlagene Feind nach dem Kampf keinen derartigen Vorwurf zu wiederholen wagt, gibt er zu, nicht durch Gottes Kraft, sondern die Kraft des Ijob besiegt worden zu sein. Dennoch muss man glauben, dass jenem [dem Ijob] die Gnade Gottes nicht ganz und gar gefehlt hat, die dem Versucher so große Macht zur Versuchung ließ, wie sie wusste, dass er Kraft zum Widerstand hatte. Dabei beschützte sie ihn vor dem Angriff des Diabolos nicht so, dass sie der menschlichen Kraft keinen Raum ließ, sondern trug nur dafür Sorge, dass der äußerst gewalttätige Feind seine [Ijobs] Seele nicht rasend und wahnsinnig machte und dadurch mit einem ungleichen und ungerechten Gewicht zu Boden drückte. Dass der Herr unseren Glauben zuweilen deshalb zu versuchen pflegt, damit er stärker und ehrenhafter wird, lehrt uns auch das Beispiel jenes Vorgesetzten im Evangelium: Obwohl der Herr wusste, dass er dessen Knecht gewiss durch die Macht seines Wortes heilen wird, wollte er lieber seine körperliche Anwesenheit anbieten, indem er sagte: »Ich werde kommen und ihn heilen.« (Mt 8,7) Da aber jener [Vorgesetzte] dieses Angebot in der hell lodernden Glut seines Glaubens überging und sagte: »Herr, ich bin nicht würdig, dass du unter mein Dach eintrittst, aber sprich nur ein Wort, und mein Knecht wird gesund werden« (Mt 8,8), da bewunderte ihn der Herr, lobte ihn und zog ihn all jenen im Volk Israel vor, die zum Glauben gekommen waren, als er sagte: »Amen, ich sage euch, so großen Glauben habe ich in Israel nicht gefunden.« (Mt 8,10) Keines Lobes oder Lohnes wäre er würdig gewesen, wenn Christus in ihm das vorgezogen hätte, was er selbst gegeben hatte.[13] Wir lesen, dass die Gerechtigkeit Gottes diese Prüfung auch jenem ehrwürdigen Patriarchen auferlegt hat, wenn gesagt wird: »Und nach diesen Worten geschah es: Gott versuchte Abraham.« (Gen 22,1 LXX) Die göttliche Gerechtigkeit wollte nämlich nicht jenen Glauben erproben, den der Herr ihm einhauchte, sondern den Glauben, den er als Berufener und vom Herrn Erleuchteter durch die Freiheit seines Entscheidungsvermögens aufbringen konnte. Daher wird nicht ohne Grund die Festigkeit seines Glaubens anerkannt, und zu ihm wird gesagt – wobei ihm die Gnade zu Hilfe kommt, die ihn kurze Zeit verlassen hatte, um ihn zu prüfen: »Lege nicht Hand an den Knaben und tue ihm nichts an; denn jetzt weiß ich, dass du Gott fürchtest. Deinen geliebten Sohn hast du meinetwegen nicht verschont.« (Gen 22,12LXX) Dass diese Art der Versuchung auch uns zur Belohnung unserer Bewährung treffen kann, wird im Buch Deuteronomium vom Gesetzgeber [Mose] deutlich genug vorhergesagt: »Wenn unter euch ein Prophet aufsteht, oder einer, der behauptet, ein Traumbild gesehen zu haben und der ein Zeichen und unglaubliches Wunder vorhersagt, und sogar eintrifft, was er gesagt hat, der aber zu dir sagt: ›Lasst uns gehen und fremden Göttern dienen, die ihr nicht kennt.‹ Höre nicht auf die Worte jenes Propheten oder Träumers! Denn der Herr, dein Gott, versucht dich und prüft, ob du ihn mit ungeteiltem Herzen liebst und seine Gebote hältst oder nicht.« (Dtn 13,1–3) Was also? Wenn Gott zugelassen hat, dass dieser Prophet oder Träumer aufsteht, muss man dann annehmen, dass er diejenigen, deren Glauben auf die Probe zu stellen er beschlossen hat, so beschützt, dass er ihrer freien Entscheidung überhaupt keinen Ort lässt, an dem sie aus eigenen Kräften mit dem Versucher kämpfen? Und weshalb ist es überhaupt nötig, dass diejenigen versucht werden, von denen er weiß, dass sie so schwach und gebrechlich sind, dass sie niemals aus eigener Kraft dem Versucher widerstehen können? Doch ist es tatsächlich so: Die Gerechtigkeit des Herrn hätte nicht zugelassen, dass sie versucht werden, wenn sie nicht gewusst hätte, dass ihnen die nötige Kraft zum Widerstand innewohnt, aufgrund der sie in einem gerechten Urteil in die eine oder andere Richtung, je nach ihrem Verdienst, als schuldig oder lobwürdig beurteilt werden könnten. Solcherart ist auch jenes Wort, das vom Apostel gesprochen wird: »Deshalb: Wer meint, zu stehen, sehe zu, dass er nicht fällt. Nur menschliche Versuchung hat euch angegriffen. Gott aber ist treu. Er lässt nicht zu, dass ihr über das hinaus versucht werdet, was ihr [tragen] könnt. Vielmehr wirkt er mit der Versuchung auch ihr Ende, damit ihr durchhalten könnt.« (1 Kor 10,12f) Wenn er also sagt: »Wer steht, sehe zu, dass er nicht fällt«, stachelt er die Freiheit des Entscheidungsvermögens an, von der er schließlich wusste, dass sie nach Empfang der Gnade entweder durch nachhaltigen Einsatz stehen oder durch Vernachlässigung fallen kann. Wenn er jedoch hinzufügt: »Es hat euch nur menschliche Versuchung erfasst«, so macht er ihnen die Schwäche und Unbeständigkeit eines noch nicht gefestigten Geistes zum Vorwurf, weswegen sie bis jetzt noch nicht von den wirren Horden der verdorbenen Geister angegriffen werden konnten, von denen er wusste, dass er selbst und jene Vollkommenen täglich gegen sie kämpfen. Über sie sagt er zu den Ephesern: »Wir haben gerade nicht einen Kampf gegen Fleisch und Blut, sondern gegen Mächte, gegen Gewalten, gegen die Lenker der Welt dieser Finsternisse, gegen die Geister der Verdorbenheit unter den Himmlischen.« (Eph 6,12) Wenn er jedoch fortfährt: »Gott aber ist treu, der nicht zulässt, dass ihr über das hinaus versucht werdet, was ihr [tragen] könnt«, wünscht er ja nicht, dass der Herr es überhaupt nicht zulässt, das sie versucht werden, sondern dass sie nicht über das Maß hinaus versucht werden, das sie aushalten können. Jenes zeigt die Befähigung des menschlichen Entscheidungsvermögens, dies jedoch die Gnade des Herrn, der die Angriffe der Versuchungen abschwächt. Mit all dem wird bestätigt, dass die göttliche Gnade allezeit die Entscheidungskraft des Menschen so weckt, dass sie jene in allem nicht derart schützt und verteidigt, dass sie diese Entscheidungsfähigkeit nicht auch mit eigenen Versuchen gegen die geistigen Feinde angehen lassen würde. So soll [in diesen Versuchen] entweder der Sieger die Gnade Gottes oder der Besiegte die eigene Schwäche erkennen, und auf diese Weise lernen, nicht die Hoffnung auf die eigene Tapferkeit zu setzen, sondern allezeit auf die göttliche Unterstützung und sich ununterbrochen zu seinem Beschützer zu flüchten. Um dies nun nicht durch unsere Vermutung, sondern die gewichtigeren Zeugnisse der heiligen Schrift zu beweisen, wollen wir wiedergeben, was im Buch Josua steht: »Diese Völker ließ der Herr [im Land] und wollte sie nicht vernichten, damit er das Volk Israel an ihnen prüfte, ob es die Gebote des Herrn, seines Gottes, beachtete, und damit es Übung bekommen sollte im Kampf mit den Feinden.« (Ri 3,1–2; 2,22) Um der unvergleichlichen Milde unseres Schöpfers auch etwas Sterbliches zu vergleichen, nicht dem Maß an Ehrwürdigkeit entsprechend, sondern aufgrund ungefährer Ähnlichkeit: Eine rücksichtsvolle und besorgte Amme trägt den Säugling in den Armen, bis sie ihn irgendwann die ersten Schritte lehrt. Dann lässt sie den Kleinen zuerst kriechen, danach, wenn er sich aufrichtet, hält sie ihn mit der Kraft ihrer Rechten, damit er bei dem einen oder anderen Schritt eine Stütze hat. Bald lässt sie ihn kurze Zeit allein, fasst ihn jedoch sofort, wenn sie ihn taumeln sieht. Wenn er strauchelt, hält sie ihn fest. Wenn er fällt, richtet sie ihn auf, bewahrt ihn vor dem Fall oder, wenn sie ihn sanft fallen lässt, hebt sie ihn nach dem Sturz wieder auf. Wenn ihn aber das Wachstum in das Knabenalter, das Jünglingsalter und frühe Erwachsensein geführt hat, legt sie ihm gewisse Lasten und Mühen auf, durch die er nicht zu Boden gedrückt wird, sondern geübt, und erlaubt ihm, mit Nebenbuhlern zu kämpfen.

Wie viel mehr weiß nun der himmlische Vater aller, wen er in den Armen seiner Gnade tragen und wen er vor seinem Angesicht mithilfe der Entscheidungskraft des freien Willens[14] in der Tugend üben soll. Doch hilft er dem, der sich anstrengt, erhört den, der ruft, verlässt den nicht, der sucht, entreißt manchmal sogar den einer Gefahr, der nicht [einmal] darum weiß.

15 Dadurch wird deutlich gezeigt, dass »Gottes Urteile unergründbar und seine Wege unerforschlich« (Röm 11,33) sind, durch die er die Menschheit zum Heil zieht. Dies können wir auch durch Beispiele von Berufungen in den Evangelien darlegen. Andreas nämlich und Petrus und die anderen Apostel, die in keiner Weise über das Heilmittel zu ihrer Rettung nachdachten, erwählte er im Voraus (vgl. Röm 8,30) durch die voraussetzungslose Gunst seiner Gnade. Den Zachäus (vgl. Lk 19,2f), der sich redlich anstrengt, den Herrn zu Gesicht zu bekommen, und seine kleine Gestalt nach oben auf die Höhe des Feigenbaums hebt, nimmt er nicht nur auf, sondern zeichnet er aus durch seine segensreiche Einkehr bei ihm. Den Paulus zieht er gegen seinen Willen und obwohl er gegen Christus kämpft, an sich (vgl. Apg 9,3ff). Einem anderen befiehlt er so sehr, ihm unzertrennlich anzuhangen, dass er ihm nicht einmal den allerkürzesten Aufschub erlaubt für das Begräbnis seines Vaters. (vgl. Mt 8,21ff) Dem Cornelius, der beständig dem Gebet und Almosengeben obliegt, wird der Weg des Heils sozusagen zur Belohnung gezeigt. Durch den Besuch eines Engels wird ihm befohlen, dass er Petrus herbeirufen und von ihm die Worte des Heils erfahren soll, durch die er zusammen mit seinem ganzen Haus gerettet werden sollte. (vgl. Apg 10) So ordnet jene vielgestaltige Weisheit Gottes (vgl. Ps 104,24) das Heil der Menschen mit vielfacher und undurchdringlicher Fürsorge und teilt die Gnade seiner Freigebigkeit je nach dem Fassungsvermögen eines jeden aus, wie sie auch Heilungen lieber nicht nach einer gleichbleibenden Macht ihrer Hoheit wirken wollte, sondern nach dem Maß des Glaubens, in dem sie die Einzelnen vorfindet, oder wie sie selbst es einem jeden zugeteilt hat. Auch denjenigen, der glaubte, dass zur Reinigung von seinem Aussatz allein der Wille Christi genügte, heilte er allein durch die Zustimmung seines Willens, indem er sagte: »Ich will, sei rein.« (Mt 8,3) Wieder einem anderen, der bat, dass er zu ihm kommt und durch Auflegen seiner Hände seine verstorbene Tochter auferweckt, gewährte er mit dem Betreten des Hauses, worum er gebeten worden war in derselben Weise, wie jener erhofft hatte. Einem anderen, der glaubte, dass das Höchste des Heils im Empfang eines Wortes von ihm besteht und ihm antwortete: »Sprich nur ein Wort, und mein Knecht wird gesund werden« (Mt 8,8), kräftigte er auf Befehl seines Wortes die gelähmten Gelenke [des Knechtes] mit der früheren Kraft, wobei er sagte: »Geh, es soll dir geschehen, wie du geglaubt hast.« (Mt 8,13) Wieder anderen, die von der Berührung der Troddeln an seinem Gewand das Heilmittel erhofften, schenkte er die Gabe der Gesundheit überreichlich. (Mt 9,20) Den einen gewährte er auf Bitten hin Abhilfe von ihren Krankheiten, anderen reichte er die Medizin unverhofft. Die einen ermahnte er zur

Hoffnung, indem er fragte: »Willst du gesund werden?« (Joh 5,6), anderen, die nicht darauf hofften, brachte er Hilfe wider Erwarten. Bei den einen erfragte er die Sehnsucht, bevor er ihren Willen erfüllte, indem er sagte: »Was wollt ihr, dass ich für euch tue?« (Mt 20,32) Einer anderen, die nicht wusste, auf welchem Weg sie das, was sie begehrte, erhalten könnte, zeigte er gütig den Weg, indem er sagte: »Wenn du glaubst, wirst du die Herrlichkeit Gottes sehen.« (Joh 11,40) Unter den einen goss er die Kraft von Heilungen überströmend aus, sodass der Evangelist daran erinnert [mit den Worten]: »Er heilte alle ihre Kranken.« (Mt 14,14) Bei anderen jedoch war jener unermessliche Abgrund der Wohltaten Christi so verschlossen, dass es heißt: »Wegen ihres Unglaubens konnte Jesus unter ihnen keine Kraft wirken lassen.« (Mk 6,5f) Die Freigebigkeit Gottes entfaltet sich also entsprechend dem Fassungsvermögen menschlichen Glaubens, sodass dem einen gesagt wird: »Dir geschehe, wie du glaubst« (Mt 9,29), dem anderen: »Geh, dir geschehe, wie du geglaubt hast« (Mt 8,13), wieder einem anderen: »Dir geschehe, wie du willst« (Mt 15,28; Mk 10,52) und wieder einem anderen: »Dein Glaube hat dich geheilt.« (Lk 18,42)

16 Doch niemand soll glauben, wir hätten dies vorgebracht, um die Behauptung zu stützen, das Höchste unseres Heils hänge von der Stärke unseres Glaubens ab – so die gottlose Meinung einiger, die lehren, dass die Gnade Gottes je nach Verdienst eines jeden zugeteilt wird, wobei sie dem freien Willen alles zutrauen. Wir sagen hingegen in aller Deutlichkeit und frei heraus unsere unerschütterliche Überzeugung: Die Gnade Gottes sprengt und überschreitet nicht selten die engen Grenzen menschlichen Unglaubens. Wir erinnern daran, dass dies jenem königlichen Beamten im Evangelium widerfuhr, der im Glauben, es sei leichter, seinen kranken Haussklaven zu heilen, als ihn von den Toten aufzuerwecken, eilends um die Anwesenheit des Herrn fleht, wenn er sagt: »Herr, komm herab, bevor mein Sohn stirbt.« (Joh 4,49) Obwohl Christus seinen Unglauben tadelte mit den Worten: »Wenn ihr nicht Zeichen und Wunder seht, glaubt ihr nicht«, (Joh 4,48) ließ er dennoch die Gnade seines Gott-Seins walten, keineswegs in Entsprechung zur Kraftlosigkeit seines Glaubens. Die tödliche Fieberkrankheit trieb er hinaus, nicht durch körperliche Anwesenheit, wie jener erwartet hatte, sondern durch sein machtvolles Wort, indem er sagte: »Geh, dein Sohn lebt.« (Joh 4,50) Wir lesen, dass jene überbordende Gnade der Herr auch bei der Heilung jenes Gelähmten strömen ließ, als er ihm, der nur um die Heilmittel für die Krankheit flehte, durch die der Körper gelähmt worden war, zuvor das Heil der Seele brachte mit den Worten: »Sei beruhigt, mein Sohn, deine Sünden werden dir vergeben.« (Mt 9,2) Danach, um den Unglauben der Schriftgelehrten, die nicht glaubten, dass er menschliche Sünden vergeben kann, zu beschämen, ließ er die Glieder des Gelähmten, die durch die Krankheit kraftlos geworden waren, durch sein machtvolles Wort wieder fest werden, als er sagte: »Was denkt ihr Böses in euren Herzen? Was ist leichter? Zu sagen: ›Deine Sünden werden dir vergeben‹, oder: ›Steh auf und geh umher‹? Doch damit ihr wisst, dass der Menschensohn Macht hat, auf Erden Sünden zu vergeben« sagte er dann zu dem Gelähmten: »Steh auf, nimm deine Bahre und geh nach Hause.« (Mt 9,4–6) In ähnlicher Weise zeigte er auch bei jenem Mann, der achtunddreißig Jahre lang vergeblich am Rand des Teichs gelegen und vom Aufwallen des Wassers Heilung erhofft hatte. Denn nachdem der Herr, der ihn zur Arznei des Heils locken wollte, zu ihm gesagt hatte: »Willst du gesund werden?« (Joh 5,9) und als jener über die Not klagte, keinen Menschen als Helfer zu haben, und sagte: »Ich habe keinen Menschen, der mich in das Becken trägt, sobald das Wasser aufwallt« (Joh 5,7), da verzieh er ihm seinen Unglauben und seine Unwissenheit und stellte ihm die frühere Gesundheit nicht auf dem Weg wieder her, den jener erhofft hatte, sondern auf dem der Herr dies in seinem Erbarmen wollte, indem er sagte: »Steh auf, nimm deine Bahre und geh nach Hause.« (Joh 5,7) Wenn solch machtvolle Taten des Herrn berichtet werden, kann man sich dann wundern, wenn ähnliche [Taten] auch von seinen Dienern durch göttliche Gnade vollbracht werden? Denn als jener Mann, der von Mutterleib an gelähmt war, und überhaupt nicht wusste, was Gehen ist, Petrus und Johannes am Tor des Tempels um ein Almosen bat, schenkten sie ihm nicht wohlfeiles Geld, das der Kranke erbeten hatte, sondern ihren Liebesdienst, das Gehen. So machten sie den, der auf Trost durch eine sehr geringe Spende gehofft hatte, durch das Geschenk unverhoffter Gesundheit reich, als Petrus sagte: »Silber und Gold habe ich nicht. Was ich aber habe, das gebe ich dir: Im Namen Jesu, des Christus aus Nazareth: Steh auf und geh umher!« (Joh 5,8)

17 Aus diesen Beispielen nun, die wir aus den Urkunden des Evangeliums herangezogen haben, können wir sehr eindrucksvoll entnehmen, dass Gott sich auf unzählige Weisen und unerforschlichen Wegen um das Heil der Menschheit sorgt, und dass er ohne Zweifel den Lauf so mancher, die wollen und danach dürsten, zu größerer Inbrunst entfacht, sogar manche auch ohne dass sie wollen und gegen ihren Willen dazu drängt, dass er das eine Mal diejenigen unserer Wünsche, die es seiner Ansicht nach wert sind, unterstützt zu werden, erfüllt, ein anderes Mal jedoch sogar die Anfänge gerade eines heiligen Wunsches einhaucht und entweder den Beginn eines guten Werkes oder die Ausdauer schenkt. Daher kommt es, dass wir im Gebet den Herrn nicht nur als Beschützer und Retter, sondern auch als Helfer und Hort bekennen. Insofern er nämlich uns zuerst ruft und uns unwissend und ohne unser Wollen zum Heil zieht, ist er Schutz und Retter, insofern er es sich jedoch angelegen sein lässt, unser Streben zu unterstützen und diejenigen, die Zuflucht suchen, aufnimmt und verteidigt, wird er Hort und Zuflucht genannt.

Als der gottselige Apostel gerade diese mannigfache Freigebigkeit des göttlichen Waltens im Geist betrachtet und sieht, dass er in ein unsagbar tiefes und grenzenloses Meer der Güte Gottes gestürzt ist, ruft er aus: »O Tiefe der Reichtümer an Weisheit und Wissen Gottes! Wie unergründbar sind seine Urteile und unerforschlich seine Wege. Wer nämlich hat den Sinn des Herrn erkannt?« (Röm 11,33f) Wer jedoch glaubt, die Tiefe jenes unauslotbaren Abgrunds mit menschlicher Vernunft ermessen zu können, versucht, das Staunen über dieses Wissen, vor dem jener außergewöhnliche und große Lehrer der Völker erschauerte, auszuhöhlen. Und wer darauf vertraut, das Walten Gottes, mit dem er das Heil in den Menschen wirkt, gänzlich mit dem Verstand fassen oder erklären zu können, der verkündet ohne Zweifel im Widerspruch zur Wahrheit des Apostelwortes in gottloser Tollkühnheit, dass Gottes Urteile ergründbar und seine Wege erforschbar sind. Denn diese Fürsorge[15] und seine Liebe, die er uns in nimmermüder Güte gnädig schenkt, vergleicht er [Gott] den zärtlichsten Gefühlen einer liebenden Mutter, weil er durch eine Regung menschlicher Zuneigung ausdrücken will und in dieser Schöpfung kein anderes Gefühl findet, womit er seine [göttliche] Liebe würdiger vergleichen könnte. Gewiss bedient er sich dieses Beispiels, weil in der menschlichen Natur nichts Liebreicheres gefunden werden kann, wenn er sagt: »Kann denn eine Frau ihr Kind vergessen, sodass sie sich nicht des Kindes erbarmen würde, das sie geboren hat?« (Jes 49,15) Doch noch nicht zufrieden mit diesem Vergleich, überbietet er ihn sofort und fügt hinzu: »Und selbst wenn eine [Frau] ihr Kind vergessen würde – ich vergesse dich nicht.« (Jes 45,15)

18 Daraus folgern jene, die sowohl die Größe der Gnade wie die Winzigkeit der menschlichen Entscheidungsfreiheit nicht an wortreichem Geschwätz, sondern mit der Erfahrung als Führerin messen, mit einleuchtenden Gründen: »Nicht dem Leichtfüßigen gehört der [Sieg im] Wettlauf, nicht den Starken der [Sieg im] Kampf, nicht den Weisen das Brot, nicht den Schlauen der Reichtum, nicht den Könnern der Erfolg, sondern »dies alles wirkt ein- und derselbe Geist, der einem jeden zuteilt, wie er will.« (Eccl 9,11LXX; 1 Kor 12,11) Daher ist es durch unzweifelhaften Glauben und – um es einmal so zu sagen – durch handfeste Erfahrung erwiesen, dass Gott, der Herrscher über das All (vgl. Offb 1,8), wie der gütigste Vater und mildeste Arzt ohne Unterschied »alles in allem« wirkt, wie der Apostel bezeugt (1 Kor 12,6). Bald haucht er die Anfänge des Heils ein und entzündet in einem jeden die Glut guten Willens, bald schenkt er vollends das Gedeihen des Werkes und die Vollendung der Tugenden. Einmal ruft er vom drohenden Sturz und jähen Fall sogar die Widerspenstigen und Unwissenden zurück. Ein anderes Mal führt er Gelegenheiten und günstige Umstände für das Heil herbei, und hindert voreilige und gewaltsame Versuche an ihren tödlichen Plänen. Die einen, die eilend laufen, nimmt er auf, andere jedoch, die nicht wollen und Widerstand leisten, zieht und zwingt er zum guten Wollen. Dass uns aber das Ganze nicht jedes Mal, wenn wir uns widersetzen oder hartnäckig weigern, von der Gottheit zugestanden wird, und die Fülle des Heils nicht dem Verdienst unserer Werke, sondern der himmlischen Gnade zuzuschreiben ist, werden wir von den Worten des Herrn höchstpersönlich gelehrt: »Ihr werdet euch an eure Wege erinnern, und aller eurer Verbrechen, mit denen ihr euch auf diesen Wegen beschmutzt habt. Ihr werdet euren eigenen Augen ein Greuel sein wegen all euerer Schandtaten, die ihr getan habt. Doch ihr werdet erkennen, dass ich der Herr bin, wenn ich euch Gutes tun werde wegen meines Namens, nicht entsprechend euren bösen Wegen, und nicht entsprechend eurer gänzlich üblen Verbrechen, Haus Israel.« (Ez 20,43f) Daher wird von allen katholischen Vätern, welche die Vollkommenheit des Herzens nicht im leeren Schlagabtausch von Worten, sondern in der Sache und in der Praxis gelernt haben, festgelegt: Es ist erstes Merkmal des göttlichen Geschenkes [der Gnade], dass jeder entflammt wird, alles, was gut ist, zu ersehnen, jedoch so, dass dem Entscheidungsvermögen nach jeder Seite hin der freie Wille vollständig erhalten bleibt. Auch ist es zweites Merkmal der göttlichen Gnade, dass die vorgenannten Übungen der Tugenden wirksam werden können, jedoch so, dass die Möglichkeit einer Entscheidung nicht ausgelöscht wird. Drittens gehört zu den Geschenken Gottes, dass die Beständigkeit in der erworbenen Tugend durchgehalten werden kann, jedoch so, dass die zugesprochene Freiheit keinen Zwang[16] empfindet. So nämlich muss von Gott, dem Herrscher über das All geglaubt werden (vgl. Offb 1,8): Er wirkt alles in allem. (vgl. 1 Kor 12,6) Er erweckt, schützt und stärkt, jedoch nicht so, dass er wegnimmt, was er doch selbst zugestanden hat: Die Freiheit der Entscheidung.

Falls etwas, was menschliche Beweisführung und Vernunft durchaus spitzfindig gesammelt hat, dieser Wahrnehmung zu widersprechen scheint, so muss man dies eher übergehen als es zum Niederreißen des Glaubens heranzuziehen. Wir kommen zum Glauben ja nicht durch die

Vernunft, sondern zur Vernunft durch Glauben, wie geschrieben steht: »Wenn ihr nicht glaubt, versteht ihr nicht.« (Jes 7,9LXX) Doch: Wie Gott alles in uns wirkt, und dennoch das Ganze dem freien Entscheidungsvermögen zugeschrieben werden kann, kann letztlich nicht mit menschlichem Fühlen und Denken verstanden werden.

Mit dieser Speise stärkte uns der gottselige Chaeremon und ließ uns die Anstrengung des hindernisreichen Weges vergessen.

Einen Berg kann nicht besteigen,
wer über die Ebene nicht hinauskommt.

Collatio 14

Abbas Nesteros spricht über geistliches Wissen und Schriftauslegung

1 Unser verbindliches Versprechen und der Verlauf unserer Reise fordern dazu auf, nun die Unterweisung des Abbas Nesteros, eines in jeder Hinsicht außergewöhnlichen Mannes mit dem allergrößten Wissen, folgen zu lassen. Als er bemerkt hatte, dass wir unserem Gedächtnis einiges aus den heiligen Schriften eingeprägt hatten, und wünschten, es zu verstehen, richtete er folgende Worte an uns:

Es gibt in dieser Welt viele Arten von Wissen, so unterschiedlich wie die Künste und Unterrichtsfächer. Auch wenn sie entweder völlig nutzlos sind oder nur augenblicklichen Annehmlichkeiten des Lebens dienen, so gibt es dennoch kein Wissen, das nicht seinen eigenen Lehrplan und seine eigene Methode hätte, wodurch diejenigen, die es beherrschen wollen, sich dieses [Wissen] aneignen können. Wenn also jene Künste, will man in ihnen vorankommen, durch sichere und je eigene Zielvorgaben ausgerichtet werden,[1] um wie viel mehr liegt auch dem Unterricht in unserer Religion und ihrer Erklärung eine bestimmte Reihenfolge und Methode zugrunde – strebt sie [unsere Religion] doch danach, das Verborgene unsichtbarer Geheimnisse zu schauen und erstrebt nicht einen Gewinn in der Gegenwart, sondern die Vergütung mit dem Lohn der Ewigkeit. Das Wissen [um unsere Religion] gliedert sich in zwei Bereiche: Erstens die Praktike,[2] das heißt das Tun. Sie findet ihren Zielpunkt in der

Besserung des Charakters und der Reinigung von den Lastern. Zweitens die Theoretike.[3] Sie besteht in der Schau göttlicher Wirklichkeit und in der Erkenntnis verborgenster Gedanken.

2 Will also jemand zur Theoretike hindurchgelangen, so ist es notwendig, dass er sich zuerst mit allem Eifer und aller Kraft das Wissen um die Praktike aneignet. Denn die Praktike kann man sich zwar ohne die Tugend der Theoretike aneignen, die Theoretike jedoch kann niemals ohne die Praktike verstanden werden. Bestimmte Stufen [des Lernens] sind nämlich so angeordnet und unterschieden, das der irdene Mensch [aus den Niederungen der Welt] zum Erhabenen emporsteigen kann. Wenn man diese Stufen in der Reihenfolge, die wir nannten, nacheinander unter die Füße nimmt, kann man zum Gipfel vorstoßen. Man kann ihn jedoch nicht erreichen, indem man die erste Stufe auslässt oder überfliegt. Daher strebt vergeblich nach der Schau Gottes, wer nicht die Ansteckung mit den Lastern meidet. »Der Geist Gottes hasst ja den trügerischen Schein. Er wohnt nicht in einem Körper, welcher den Sünden untertan ist.« (Weish 1,5.4)

3 Vollkommenheit in der Praktike nun setzt ein doppeltes Verfahren voraus: Die erste Maßgabe erfordert, dass das Wesen der Laster und die Methode ihrer Heilung erkannt wird. Die zweite, dass die Rangordnung der Tugenden so erkannt und unser Geist durch ihre Vervollkommnung so geprägt wird, dass er ihnen nicht wie aus Zwang oder mit gewaltsamem Befehl unterworfen, dient, sondern sich an ihnen freut und ergötzt wie an einem natürlichen[4] Gut und jenen steilen, ja engen Weg (vgl. Mt 7,14) mit Freuden geht. Wie jedoch wird derjenige, der das Wesen seiner Laster weder einsehen konnte noch bestrebt war, sie auszureißen, ein Verständnis für die Tugenden – das ist die zweite Stufe im praktischen Unterricht – oder gar die Geheimnisse der geistlichen und himmlischen Dinge – sie stehen auf der höheren Stufe der Theoria [auf dem Lehrplan] – erreichen können? Folgerichtig heißt es ja auch:[5] »Den Berg kann nicht besteigen, wer über die Ebene nicht hinauskommt.« Erst recht nicht wird einer das, was in weiter Ferne liegt, zu fassen bekommen, der nicht begreifen kann, was in ihm steckt. Man muss jedoch wissen, dass wir uns in zwei Richtungen unter viel Schweiß abmühen müssen: Wir müssen die Laster hinauswerfen und uns den Tugenden nähern. Dies entnehmen wir nicht unserer Vermutung, sondern lernen es aus dem Wort dessen, der allein die Kräfte und Vorgehensweise seines Werkes kennt. Er sagt: »Siehe, ich setze dich heute über Völker und Königreiche, damit du ausreißt und niederreißt, vernichtest und zerstörst, damit du aufbaust und pflanzt.« (Jer 1,10) Beim Hinauswerfen der schädlichen Dinge – so deutet er ja an – ist ein Vierfaches nötig: Ausreißen, Niederreißen, Vernichten und Zerstören. Zur Vollendung [des Bauwerkes][6] der Tugenden jedoch, und um zu erwerben, was zur Gerechtigkeit gehört, ist nur das Aufbauen und Pflanzen nötig. Daraus ergibt sich untrüglich, dass es schwerer ist, die Leidenschaften des Körpers und der Seele, die sich in uns eingenistet haben, an den Wurzeln zu packen und auszureißen, als die geistlichen Tugenden aufzubauen und einzupflanzen.

4 Die Praktike also, die sich wie gesagt aus zwei Vorgehensweisen zusammensetzt, wird in viele Fächer und Sparten unterteilt. Einige bestimmten als Gipfel ihres Strebens die Abgeschiedenheit in der Wüste und die Reinheit des Herzens. Wir wissen ja, dass in der Vergangenheit Elia und Elischa (vgl. 1 Kön 17,1; 19,16) und in unseren Tagen der gottselige Antonios und andere, die demselben Vorsatz folgten, und mit Gott im Schweigen der Wüste wie mit einem sehr vertrauten Freund (vgl. Ex 33,11) Umgang hatten. Andere setzten sich mit allem besorgten Einsatz ihres Strebens für die Unterweisung der Brüder und die hellwache Sorge um die Koinobiten ein. So erinnern wir uns, dass unlängst Abbas Johannes, der in der Nähe der Stadt mit Namen Thmuis[7] einem großen Koinobion vorstand, und einige Männer von gleichem Verdienst sogar mit den Zeichen der Apostel (vgl. Apg 2,43) glänzten. Einige erfreut der heilige Dienst der Gastfreundschaft und Aufnahme von Fremden, Kranken, Waisen und Armen.[8] Dadurch haben schon der Patriarch Abraham und Lot dem Herrn gefallen (vgl. Gen 18.19), sowie unlängst der gottselige Makarios, ein Mann von einzigartiger Milde und Geduld, der einer Herberge bei Alexandria so vorstand, dass man nicht glauben darf, er stehe unter denen, welche die Einsamkeit in der Wüste suchten. Wieder andere, welche die Pflege von Kranken erwählten oder das Gebot befolgten, für Arme und Unterdrückte einzutreten (vgl. Jes 58,6ff), oder die eifrig lehrten (vgl. 1 Tim 4,13) oder den Armen Almosen gaben, erblühten unter den großen und berühmtesten Männern durch ihre Herzenswärme und Frömmigkeit.

5 Deshalb: Für jeden ist es nützlich und sinnvoll, entsprechend dem Vorsatz, den er gefasst hat oder der Gnade, die er empfangen hat, mit größtem Eifer und mit Sorgfalt eilends danach zu streben, zur Vollendung des Werks, das er in Angriff genommen hat, hindurchzugelangen; auch wenn er die Tugenden anderer lobt und bewundert, wird er keineswegs von der Aufgabe, die er einmal gewählt hat, ablassen. Denn der Apostel weiß, dass es zwar nur einen Leib der Kirche gibt, jedoch viele Glieder, dass sie [die Kirche] »unterschiedliche Gaben hat entsprechend der Gnade, die uns gegeben ist, sei es prophetisches Reden nach dem Maß des Glaubens, sei es der Dienst in einem Amt, sei es als Lehrer in der Lehre, oder als Mahner in der Ermahnung, als Geber in Einfalt, als Vorsteher in Sorgfalt, oder wenn einer mit Freuden Erbarmen übt.« (Röm 12,4–8) Doch kann kein Glied sich den Dienst eines anderes Gliedes anmaßen, denn weder verrichten Augen den Dienst von Händen, noch die Nase die Aufgabe von Ohren. So sind auch nicht alle Apostel, nicht alle Propheten, nicht alle Lehrer, nicht alle haben die Gabe der Krankenheilung, nicht alle sprechen in [fremden]Sprachen, nicht alle legen aus. (vgl. 1 Kor 12,29f)

6 Gewöhnlich werden ja diejenigen, welche noch nicht fest verankert sind in dem Beruf, den sie ergriffen haben, sobald sie hören, dass irgendwelche Leute für andere Leistungen oder Tugenden gerühmt werden, so vom Lob dieser anderen in Aufregung versetzt, dass sie schleunigst und ausgiebig deren Fach nachahmen. Notwendigerweise unternimmt die menschliche Schwäche in diesem Fall erfolglose Versuche. Denn es ist unmöglich, dass einundderselbe Mensch zugleich in allen Tugenden, die oben aufgezählt wurden, glänzen kann. Selbstverständlich würde derjenige, der sich auf alle gleichzeitig einlassen wollte, erreichen, dass er, während er allen nachläuft, keine [Tugend] bis zum Ziel verfolgt. Aus Richtungslosigkeit und Unbeständigkeit zieht er mehr Verlust als Gewinn. Viele Wege führen zu Gott,[9] deshalb soll jeder den Weg, den er einmal eingeschlagen hat, mit unveränderter Zielorientierung bis zum Ende gehen, damit er in einen bestimmten Beruf vollkommen[10] wird.

7 Abgesehen von dem Schaden, der den Mönch trifft, der [gleichzeitig] mehrere Aufgaben übernimmt, läuft er auch in diese vernichtende Gefahr: Dinge, die von den einen richtig getan werden, maßen andere sich zu schlechtem Beispiel an, und was für die einen gut ausging, gereicht anderen zum Schaden. Um dies auch mit einem Beispiel zu belegen: [Das ist,] als ob jemand die Tugend jenes Mannes nachahmen wollte, die Abbas Johannes[11] nicht als Vorbild zur Nachahmung, sondern lediglich zum Staunen vor Augen zu stellen pflegte. Als nämlich einmal zu genanntem Abbas einer im Gewand eines Weltmenschen gekommen war, und ihm die Erstlinge seiner Früchte gebracht hatte, begegnete er dort einem, der von einem äußerst wilden Dämon in Besitz genommen worden war. Während er [der Dämon] die Beschwörungen und Befehle des Abbas verachtete, und zu erkennen gab, dass er niemals auf dessen Befehl aus dem Körper, den er besetzt hatte, weichen würde, entfloh er, durch die Ankunft des [Weltmenschen] erschreckt, und rief dabei voller Ehrfurcht den Namen dieses Weltmenschen. Der Altvater wunderte sich nicht gerade wenig über solch offensichtliche Gnade – umso mehr, als er den Mann weltlich gekleidet sah, und begann, ihn genau nach den Umständen seines Lebens und Standes zu fragen. Nachdem jener erzählt hatte, dass er ein Weltmensch und im Eheband gebunden sei, fragte der gottselige Johannes noch aufmerksamer, in welchen Umständen er lebte. Jener erläuterte, dass er ein Landwirt sei, seinen Lebensunterhalt mit seiner Hände Arbeit erwerbe und sich bewusst sei, nichts Gutes an sich zu haben. Nur breche er niemals frühmorgens zur Feldarbeit auf und kehre auch nicht am Abend zurück, ohne in der Kirche Gott für den täglichen Lebenserhalt, den er schenkt, Dank dargebracht zu haben. Auch taste er nichts von der Ernte an, ohne zuerst Gott die Erstlinge und den Zehnten darzubringen (vgl. Gen 14,20). Auch führe er niemals sein Vieh über ein angrenzendes Erntegebiet eines anderen, ohne ihm vorher das Maul zuzubinden, damit der Nächste nicht durch seinen Leichtsinn auch nur den geringsten Schaden erleide. Als nun auch dies dem Abbas Johannes noch nicht ausreichend erschien zur Erklärung solch großer Gnade, durch die er ihn sich selbst vorgezogen sah, fragte er nach, was es denn wäre, das zur Belohnung mit so großer Gnade Beitragen könnte; denn das wollte er von ihm erfahren. Jener nun, erstarrt im Erschrecken über solch eine genaue Beweisaufnahme, bekannte, er sei durch Gewalt und Befehl seiner Eltern vor zwölf Jahren gezwungen worden, eine Frau zu nehmen, obwohl er sich [eigentlich] als Mönch verstehe. Bis jetzt werde sie ohne jemandes Wissen von ihm wie seine Schwester als Jungfrau bewahrt. Als der Altvater diese Tatsache vernommen hatte, erfasste ihn so großes Staunen, dass er ganz offen und ausdrücklich ihm gegenüber zugab, der Dämon, der ihn [den Altvater] verachtet hatte, hätte völlig zu Recht die Gegenwart desjenigen nicht ertragen, dessen Tugend er selbst nicht nur in der Hitze der Jugend nicht, sondern nicht einmal jetzt ohne Gefahr für die Keuschheit wagen könnte zu erstreben.

Obwohl Abbas Johannes diese Begebenheit mit größter Hochachtung berichtete, ermunterte er dennoch keinen der Mönche, diese Erfahrung zu machen. Denn er wusste, dass vieles, was von den einen richtigerweise getan wird, anderen, die es nachahmen, großen Schaden bringt. Auch können nicht alle als das Ihre ergreifen, was der Herr einigen wenigen als besonderes Geschenk hat zuteil werden lassen.

8 Doch lasst uns zur Übersicht über das Wissen zurückkehren, bei der unser Vortrag seinen Anfang nahm. Wie wir also schon sagten, wird die Praktike in viele Fachrichtungen und Fächer unterteilt, die Theoretike aber in zwei Bereiche: Die historische Auslegung und den geistigen

Sinn. Daher fügt auch Salomon, nachdem er die mannigfache Gnade der Kirche vorgestellt hat, hinzu: »Alle nämlich, die bei ihr wohnen, sind zweifach bekleidet.« (Prov 31,21LXX)

Es gibt jedoch drei Hauptarten geistlichen Wissens [über die Auslegung der Schrift]: Tropologie, Allegorie und Anagoge.[12] Davon heißt es im Buch der Sprichwörter: »Du aber schreibe dir diese [Worte] dreifach auf die Wand deines Herzens.« (Prov 22,20LXX) Die historische Auslegung nun umfasst die Kenntnis der sichtbaren Ereignisse der Vergangenheit. Vom Apostel wird sie folgendermaßen entfaltet: »Es steht nämlich geschrieben, dass Abraham zwei Söhne hatte, einen von der Magd, einen von der Freien. Der Sohn der Magd wurde dem Fleisch nach geboren. Der Sohn der Freien wurde aufgrund der Verheißung geboren.« (Gal 4,22f)

Zur Allegorie gehört, was dann folgt: Von tatsächlichen Ereignissen wird gesagt, dass sie die [äußere] Gestalt eines anderen Geheimnisses im Voraus abgebildet haben. [Der Apostel] sagt: »Dies sind die beiden Testamente: Das eine vom Berg Sinai, das zur Knechtschaft gebiert, das ist Hagar. Der Sinai nämlich ist ein Berg in der Araba, und ihr [Hagar] entspricht die jetzige Stadt Jerusalem, die mit ihren Kindern Sklavendienste leistet.« (Gal 4,24f) Die Anagoge jedoch, die von geistigen Geheimnissen zu bestimmten erhabenen und heiligen Geheimnissen der Himmel emporsteigt, wird vom Apostel folgendermaßen angefügt: »Jene Stadt Jerusalem in der Höhe jedoch ist frei, sie ist unsere Mutter. Denn es steht geschrieben: ›Freue dich, du Unfruchtbare, die du nicht gebierst, brich in Jubel aus und jauchze, die du nicht in Wehen liegst, denn die Verlassene hat viele Kinder, mehr als jene, die einen Mann hat.‹« (Gal 4,26f)

Die Tropologie ist die moralische Deutung zur Reinigung des Lebens und zielt auf eine Anleitung zum Handeln. So können wir in diesen beiden Testamenten die Praktike und Theoretike sehen oder unter Jerusalem und Zion die Seele des Menschen verstehen, entsprechend jenem Wort: »Jerusalem, lobe den Herrn! Zion, lobe deinen Gott (Ps 147,12 = 148,12) Daher fließen auch die genannten vier Sinnrichtungen – wenn wir [dieses Bild gebrauchen] wollen – in einen Strom zusammen, sodass wir ein und dasselbe Jerusalem vierfach auffassen können: Entsprechend dem historischen Sinn als die Stadt der Juden, entsprechend der Allegorie als die Kirche Christi, entsprechend der Anagoge als jene himmlische Stadt, »die unser aller Mutter ist (Gal 4,26), entsprechend der Tropologie als Seele des Menschen, die des Öfteren unter diesem Namen vom Herrn getadelt wird. Über diese vier Auslegungsarten sagt der gottselige Apostel Folgendes: »Jetzt aber, Brüder, wenn ich zu euch komme und in fremden Sprachen rede, was nütze ich euch, es sei denn, ich spreche von Offenbarung, von Wissen, von Prophetie, von der Lehre?« (1 Kor 14,6) Offenbarung betrifft die Allegorie, wodurch das, was der Bericht von einem tatsächlichen Ereignis verbirgt, im geistigen Sinn und geistiger Auslegung erschlossen wird; zum Beispiel, wenn wir versuchen, zu entschlüsseln, wie »unsere Väter alle unter der Wolke waren, und alle in Moses getauft wurden in der Wolke und im Meer,« und wie »alle dieselbe Speise gegessen und denselben Trank aus dem Felsen getrunken haben, der mit ihnen zog; der Fels jedoch war Christus.« (1 Kor 10,1–4) Diese Auslegung, die einem Vorabbild des Leibes und Blutes Christi gleicht, das wir täglich zu uns nehmen, beinhaltet die Methode der Allegorie. Das Wissen jedoch, das ebenfalls vom Apostel erwähnt wird, ist die Tropologie, in der wir alles, was zur Anwendung der Unterscheidung gehört, in kluger Prüfung untersuchen, ob etwas nützlich oder ehrbar ist, zum Beispiel, wenn uns vorgeschrieben wird, selbst zu beurteilen, ob »es sich für eine Frau gehört, mit unverhülltem Haupt zu Gott zu beten« (1 Kor 11,13). Diese Auslegungsart beinhaltet wie gesagt einen moralischen Sinn. Ebenso lässt die Prophezeiung, die der Apostel an dritter Stelle vorträgt, die Anagoge anklingen, durch welche die Aussage auf das Unsichtbare und Zukünftige übertragen wird, wie zum Beispiel jenes [Wort]: »Brüder, wir wollen euch nicht im Ungewissen lassen über die Entschlafenen, damit ihr nicht traurig seid wie die anderen, die keine Hoffnung haben. Wenn wir nämlich glauben, dass Christus gestorben und auferstanden ist, so wird Gott auch die Entschlafenen durch Jesus mit ihm heraufführen. Dies nämlich sagen wir euch als ein Wort des Herrn: Wir, die wir leben, werden bei der Ankunft des Herrn denen, die in Christus entschlafen sind, nicht zuvorkommen. Der Herr selbst wird, wenn die Stimme des Erzengels den Befehl gibt, und beim Schall der Posaune Gottes vom Himmel herabsteigen, und die Toten, die in Christus sind, werden als erste auferstehen.« (1 Thess 4,12–15) In dieserart Ermahnung wird die Auslegungsform der Anagoge vorgetragen. Die Lehre jedoch breitet die einfache historische Auslegungsweise aus. Darin ist kein tieferer Sinn enthalten, nur der aus den Worten tönt, zum Beispiel jenes [Wort]: »Ich habe euch vor allem gelehrt, was auch ich empfangen habe: Christus ist für unsere Sünden gestorben, nach den Schriften, wurde begraben und ist am dritten Tage auferstanden und dem Kephas erschienen.« (1 Kor 15,3–5) Und: »Gott sandte seinen Sohn, geboren von einer Frau, dem Gesetz unterstellt, um diejenigen, welche unter dem Gesetze waren, zu erlösen.« (Gal 4,4f) Oder jenes [Wort]: »Höre, Israel, der Herr, dein Gott, ist der eine Herr.« (Dtn 6,4)

9 Deshalb: Wenn es euch ein Anliegen ist, zum Licht des geistlichen Wissens nicht durch das Laster leerer Überheblichkeit, sondern durch die Gnade der Reinigung hindurchzugelangen, dann lasst eure Sehnsucht hell lodern – zuallererst nach jener Seligkeit, von der es heißt: »Selig, die ein reines Herz haben, denn sie werden Gott schauen« (Mt 5,8), damit ihr dann auch zu jener [Seligkeit] hindurchgelangen könnt, über die der Engel zu Daniel sagt: »Die jedoch verstehen, werden leuchten wie der Glanz des Firmaments, die viele zur Gerechtigkeit anleiten wie die Sterne in alle Ewigkeit.« (Dan 12,3) Und bei einem anderen Propheten [steht]: »Erleuchtet euch mit dem Licht des Wissens, solange noch Zeit ist.« (Hos 10,12 LXX)

Indem ihr also die Sorgfalt in der Lesung beibehaltet, die ihr, wie ich feststelle, ja auch habt, eilt mit aller Kraft, das Unterrichtsfach der Praktike, das heißt die Lehre vom rechten Tun, baldmöglichst ganz zu begreifen. Ohne sie kann nämlich jene Reinheit im Schauen, von der wir gesprochen haben, nicht erfasst werden. Nur diejenigen erreichen sie, die nicht durch Worte anderer, die [sie] unterrichten, sondern letztendlich kraft eigenen Tuns vollkommen sind, sozusagen als Lohn nach hohem

Aufwand an Mühe und Arbeit. Denn nicht vom Nachdenken über das Gesetz kommt man zum Verstehen, sondern über die Frucht des Tuns. Mit dem Psalmendichter singen sie: »Aus deinen Geboten gewinne ich Einsicht.« (Ps 118,104 = 119,104) Nachdem sie alle Leidenschaften ausgekocht haben, sagen sie vertrauensvoll: »Singen will ich und verstehen auf makellosem Weg.« (Ps 100,1f = 101,1f) Nur derjenige Psalmbeter versteht ja, was er singt, der auf untadeligem Weg mit dem Schritt eines reinen Herzens auftritt. Deshalb: Wenn ihr dem geistlichen Wissen in eurem Herzen ein heiliges Zelt bereiten wollt (vgl. Weish 7,27f), dann reinigt euch von jeder Ansteckung mit Lastern, und zieht die Sorge um dieses gegenwärtige Leben [wie ein altes Gewand] aus. Denn es ist unmöglich, dass eine Seele, die von weltlichen Zerstreuungen besetzt ist, und sei es auch nur geringfügig, die Gabe des Wissens verdient, oder in sich geistige Wahrnehmung wachsen lässt, oder bei der heiligen Lesung bleibt. Beachtet also vor allem – am meisten jedoch du, Johannes, den das jugendliche Alter zu umso größerer Beachtung meiner Worte auffordert, damit nicht der Eifer für die Lesung und die sehnsuchtsgetriebene Mühe durch eitle Überheblichkeit zunichte gemacht wird, dem Mund vollkommenes Schweigen aufzuerlegen. (vgl. Eccl 6,7 LXX)[13] Dies nämlich ist der erste Schritt im praktischen Unterricht, dass du die Weisungen und Worte aller Väter mit weit gedehntem Herzen (vgl. Jes 54,2) und gleichsam stummem Mund aufnimmst und indem du sie sorgsam in deinem Herzen verwahrst (vgl. Dtn 6,6), dich lieber beeilst, sie zu tun als zu lehren. Aus letzterem keimt nämlich die Verderben bringende Überheblichkeit, aus ersterem jedoch die Frucht geistlichen Wissens. Wage es daher nicht, in einer Unterredung mit den Vätern etwas vorzubringen, es sei denn, eine Frage oder Schaden bringende Unwissenheit oder die Sorge um eine unentbehrliche Kenntnis treibt dich dazu. Manche nämlich, die vor eitler Ehrsucht bersten, kleiden etwas, das sie sehr genau wissen, in eine Scheinfrage, um zu zeigen, was sie wissen. Es ist ja unmöglich, dass einer, der in der Absicht, bei Menschen Lob zu ernten, die Lesung mit Eifer betreibt, die Gabe wahren Wissens gewinnt. Denn wer von dieser Leidenschaft besiegt wurde, wird notwendigerweise auch von anderen

Lastern, am ehesten jedoch vom Hochmut gefesselt werden. Folglich wird er, im Gefecht der Praxis und des Tuns niedergestreckt, das geistliche Wissen, das aus diesem Kampf erwächst, wohl kaum erreichen. Sei also in allem »schnell im Hören, jedoch langsam im Reden« (Jak 1,19), damit nicht jenes bekannte Wort Salomos auf dich zutrifft: »Wenn du einen Mann siehst, der mit Worten schnell ist, dann wisse: Ein Tor hat mehr Hoffnung als er.« (Prov 29,20LXX) Nimm dir auch ja nicht heraus, jemanden mit Worten zu lehren, was du nicht selbst zuvor in der Tat verwirklicht hast. Dass wir diese Reihenfolge einhalten müssen, lehrt uns auch unser Herr durch seine Beispiele. Von ihm heißt es: »Was Jesus anfing zu tun und zu lehren.« (Apg 1,1)

Hüte dich also, vor dem Tun zum Lehren vorzupreschen, damit du nicht der Schar derer zugerechnet wirst, über die der Herr im Evangelium zu seinen Jüngern sagt: »Was sie euch sagen, das haltet ein und handelt danach. Handelt aber nicht entsprechend ihren Taten. Sie reden nämlich, aber handeln nicht entsprechend. Vielmehr schnüren sie schwere und unerträgliche Lasten und legen sie auf die Schultern der Menschen. Selber jedoch wollen sie keinen Finger dafür rühren.« (Mt 23,3f) Wenn aber derjenige, der auch nur das kleinste Gebot auflöst und die Menschen dementsprechend lehrt, im Reich der Himmel der Kleinste genannt werden wird« (Mt 5,19), gilt erst recht und tatsächlich derjenige, der Vieles und Größeres vernachlässigt, aber sich herausnimmt, zu lehren, nicht nur als der Kleinste im Reich der Himmel, sondern auch als der Größte bei der Bestrafung in der Hölle. Daher musst du dich hüten, dass du nicht durch die Beispiele derjenigen zum Lehren gereizt wirst, welche sich die Kniffe des Diskutierens und des eitlen Wortschwalls angeeignet haben. Da sie, was immer sie wollen, geziert und wortreich erörtern können, glauben diejenigen, welche die Kraft und den Wert geistlichen Wissens nicht gelernt haben zu beurteilen, dass diese [Leute] geistliches Wissen besitzen. Ein schnelles Mundwerk und glänzende Beredsamkeit zu haben ist das eine, etwas anderes jedoch, bis zu Adern und Mark der himmlischen Worte vorzudringen und verborgene Geheimnisse mit ganz reinen Augen des Herzens zu schauen. Menschliche Gelehrsamkeit oder weltliche Bildung wird dies niemals erreichen, sondern allein die Reinheit des Geistes durch die Erleuchtung des heiligen Geistes.

10 Eile, laufe vielmehr, wenn du zum wahren Wissen der heiligen Schriften hindurchgelangen willst, dass du zuerst die unerschütterliche Demut des Herzens erreichst, die dich nicht zu jenem Wissen, das aufbläht (vgl. 1 Kor 8,1), sondern zu dem [Wissen], das erleuchtet in der Vollendung der Liebe hindurchgeleitet. Es ist doch unmöglich, dass ein nicht gereinigter Geist die Gabe geistlichen Wissens erhält. Deshalb vermeide mit aller Vorsicht, dass dir durch den Eifer bei der Lesung anstelle des Lichtes des Wissens und jenes ewigen Glanzes, der durch die Erleuchtung der Lehre versprochen wird, die Werkzeuge für dein Verderben durch die Eitelkeit der Anmaßung entstehen. Auch musst du unter allen Umständen danach streben, dass du, nachdem du alle Unruhe und erdverhaftetes Denken ausgetrieben hast, dich fleißig, ja sogar ohne Unterlass der heiligen Lesung widmest, bis schließlich immerwährendes Nachsinnen deinen Geist tränkt und ihn sich ähnlich gestaltet, indem es gewissermaßen die Lade des Bundes aus ihm macht (vgl. Ex 25,10; 40,20), die freilich die beiden Tafeln aus Stein enthält, das heißt die ewige Gültigkeit des zweifachen Werkzeugs[14] (vgl. Hebr 9,4f), außerdem das goldene Gefäß, das heißt ein reines und aufrichtiges Denken, welches in sich das verborgene, auf ewig unverderbliche Manna (vgl. Ex 16,15; Neh 9,15) bewahrt, nämlich die immerwährende und himmlische Süße der geistlichen Sinne [der Schriftauslegung] und jenes Brotes der Engel. Nicht zu vergessen der »grünende Stab Aarons« (Num 17,23), das heißt das Feldzeichen des Heils unseres höchsten und wahren Priesters Jesus Christus, das allezeit in der Grünkraft unsterblichen Gedenkens blüht. Dies nämlich ist der Zweig, der neu ausschlägt, nachdem er von der Wurzel Jesse abgeschlagen worden war, und obwohl er doch erstorben war, umso lebendiger grünte (vgl. Jes 11,1). Dies alles jedoch beschützen die beiden Cherubim, das heißt die Fülle des historischen und geistlichen Wissens. »Cherubim« nämlich wird übersetzt mit »Menge an Wissen«. Sie beschützen das Gnadenzelt Gottes (vgl. Ex 25,17–20), das heißt den Frieden in deiner Brust zu jeder Zeit und bergen ihn unter dem Schatten ihrer Flügel (vgl. Ps 36,8; 91,4) vor allen Angriffen verdorbener Geister. So wird dein Geist nicht nur zur Lade des Bundes Gottes (vgl. Ex 25,10.21), sondern auch zum priesterlichen Königtum herangeführt und, durch die unauslöschliche Liebe zur Reinheit wie versunken in der geistlichen Unterweisung, wird er jene Vorschrift für den Hohenpriester erfüllen, die der Gesetzgeber folgendermaßen festlegt: »Vom Heiligen soll er nicht weggehen, damit er nicht das Heiligtum Gottes beschmutzt,«[15] (Lev 21,12) das heißt, [damit] sein Herz, in dem der Herr ohne Unterlass zu wohnen verspricht [nicht die Reinheit verliert]. Sagt doch der Herr: »Ich will bei ihnen wohnen und mitten unter ihnen wandeln.« (Lev 26,11f; 2 Kor 6,16) Daher gilt es, jedes einzelne Buch der heiligen Schriften dem Gedächtnis sorgfältig einzuprägen und unablässig zu überdenken. Solch ununterbrochenes Nachsinnen bringt uns zweifache Frucht. Erstens: Während die Aufmerksamkeit von einer Lesung oder der Vorbereitung einer Lesung beansprucht wird, kann sie folglich nicht in den Schlingen schädlicher Gedanken gefangen werden. Zweitens: Was immer wieder in der Wiederholung durchgenommen wird, wenn wir daran arbeiten, es dem Gedächtnis einzuprägen, aber es, da unser Geist zu der Zeit besetzt ist, nicht verstehen können, sehen wir später, wenn wir von den Aufreizungen durch all die Taten und Vorstellungen befreit, dies im nächtlichen Nachsinnen schweigend [im Herzen] hin- und herbewegen, klarer, sodass sich uns, im Schweigen wie in einem Traumbild versunken, die Einsicht in verborgene Bedeutungen enthüllt – [in Bedeutungen,] die wir in wachem Zustand auch nicht im Geringsten ahnen konnten.

11 Wenn also unter solcher Beschäftigung die Erneuerung unseres Geistes voranschreitet, werden wir auch einen völlig neuen Blick auf die [heiligen] Schriften gewinnen und die Schönheit eines geheiligteren Verstehens wird mit der Tiefe des Eindringens [in die Schrift] wachsen. Denn die Gestalt der [heiligen Schriften] passt sich entsprechend dem Fassungsvermögen menschlicher Sinne an. Irdisch zeigt sie sich fleischlich Gesinnten, göttlich geistlich Gesinnten (vgl. Röm 8,5), sodass diejenigen, denen sie zuvor in dichtesten Nebel gehüllt erschien, weder ihren tieferen Sinn verstehen noch ihren Widerschein ertragen können. Doch um gerade das, was wir bestrebt sind, zu erklären, durch ein Beispiel besser zu veranschaulichen, dürfte es genügen, ein einziges Wort des Gesetzes vorzutragen, mittels dessen wir beweisen wollen, dass auch alle anderen himmlischen Gebote je nach dem Maß unserer Verfassung, sich auf die gesamte Menschheit beziehen. Im Gesetz steht geschrieben: »Du sollst nicht Unzucht treiben.« (Ex 20,14; Lev 18,6–18) Dies befolgt ein Mensch, der noch von den Leidenschaften fleischlicher Obszönitäten gefesselt wird, nach dem einfachen Wortlaut zu seinem Heil. Derjenige jedoch, der schon auf Abstand gegangen ist zu solch scheußlichem Tun und unreiner Leidenschaft, muss dasselbe [Gebot] geistig befolgen, das heißt, dass er ablässt von jeglichem heidnischen Aberglauben, von Wahrsagern, vom Achten auf Vorhersagen und auf alle möglichen Zeichen, Tage und Zeiten, und sich auf keinen Fall mit der Deutung von irgendwelchen Worten oder Namen beschäftigt, welche die Unverdorbenheit unseres Glaubens beschmutzen. Es heißt, dass auch [die Stadt] Jerusalem durch Unzucht geschändet wurde, weil sie es auf jedem hohen Hügel trieb und unter jedem belaubtem Baum (vgl. Jer 3,6). Der Herr schilt sie durch den Propheten mit den Worten: »Sollen doch die Himmelsdeuter sich hinstellen und dich retten. Sie beobachten schließlich die Gestirne und berechnen die Monde, um daraus abzuleiten, was dir begegnen wird.« (Jes 47,13) Dieser Unzucht beschuldigt Gott sie auch an anderer Stelle und sagt: »Der Geist der Unzucht hat sie verführt und sie wurde ihrem Gott untreu.« (Hos 4,12) Wer jedoch von diesen beiden Arten der Unzucht ablässt, wird eine dritte zu vermeiden haben, die in den Gesetzen und dem Aberglauben des Judaismus[16] enthalten ist. Davon sagt der Apostel: »Ihr beachtet Tage und Monate, Jahreszeiten und Jahre.« (Gal 4,10) Und an anderer Stelle: »Du sollst weder berühren noch kosten noch betasten.« (Kol 2,21) es dürfte kein Zweifel bestehen, dass dies von den Gesetzesübertretungen gilt. Wenn jemand ihnen verfällt, ist er, da er die Ehe mit Christus gebrochen hat, nicht würdig, vom Apostel zu hören: »Ich habe euch ja einem einzigen Mann verlobt, um Christus eine reine

Jungfrau zu übergeben.« (2 Kor 11,2) Vielmehr wird an ihn mit der Stimme des Apostels folgendes [Wort] gerichtet: »Ich fürchte jedoch, dass so, wie die Schlange Eva durch ihre Hinterlist verführt hat, so auch eure Sinne um ihre Aufrichtigkeit gebracht werden, die in Christus Jesus ist.« (2 Kor 11,3) Wer nun auch der Unreinheit dieser Unzucht entgangen ist, dem wird eine vierte begegnen, die im Ehebruch der Irrlehre begangen wird. Davon sagt derselbe gottselige Apostel: »Ich weiß, dass nach meinem Weggang reißende Wölfe sich gegen euch erheben werden, welche die Herde nicht schonen. Aus eurer Mitte werden sich Männer erheben, die Verdrehtes reden, um Schüler sich hinterher in die Irre zu führen.« (Apg 20,29f) Wer auch dem sich entziehen kann, der hüte sich, dass er nicht durch eine feiner gewebte Sünde in das Laster der Unzucht abgleitet, die – das sollte man wissen – im Umherstreunen der Gedanken besteht. Nicht nur jeden hässlichen Gedanken, sondern sogar schon jeden müßigen Gedanken, selbst wenn er von Gott nur ein ganz klein wenig abweicht, rechnet der vollkommene Mann zur schmutzigsten Unzucht.

12 Da sagte ich,[17] zunächst insgeheim durch heftige Erschütterung ziemlich aufgewühlt, unter tiefen Seufzern:

Dies alles, was du ausführlich durchgenommen hast, hat meine Zweifel, die mich bisher schon belastet hatten, nur noch vermehrt. Es ist nämlich so, dass ich außer jener allgemeinen Blindheit der Seele, mit der die Schwachen ohne Zweifel von außen geschlagen werden, noch ein besonderes Hindernis für das Heil habe durch die Kenntnis der Literatur, die ich doch etwas erreicht zu haben scheine,[18] mit der mich einerseits der Eifer eines Pädagogen, andererseits die ununterbrochene Beschäftigung mit Lesen so durchgewalkt hat, dass meinen Kopf jetzt, von den Versen der Dichter wie angesteckt, jene Possen und Kriegsgeschichten, mit denen er von Kindheit an, schon in der ersten Unterrichtsstunde vollgestopft wurde, sogar während der Gebetszeit beschäftigen. Beim Psalmengebet oder wenn ich um Vergebung meiner Sünden bitte, kommt mir entweder ein obszönes Gedicht in den Sinn oder es steht mir das Bild von kämpfenden Helden vor Augen. Da die Vorstellung dieser Bilderflut meinen Geist ununterbrochen betört, duldet sie auch nicht, dass er sich danach sehnt, den Blick nach oben zu richten, sodass sie nicht einmal durch tägliches Weinen vertrieben werden kann.

13 Nesteros: Diese Sache betreffend, wegen der dir der größte Zweifel an der Reinheit [deines Herzens] kommt, wird ein ziemlich schnell wirkendes Heilmittel zum Vorschein kommen, wenn du denselben Eifer und dasselbe Durchhaltevermögen, wovon du gesagt hast, dass du sie in der Beschäftigung mit weltlichen Dingen hattest, auf die Lesung geistlicher Schriften und das Nachsinnen darüber übertragen willst. Denn es ist zwingend, dass dein Geist, so lange von jenen [weltlichen] Dichtungen besetzt wird, bis er sich etwas anderes beschafft, das er bei sich selbst mit gleichem Eifer und ununterbrochener Wiederholung hegt und pflegt, und anstelle jener unfruchtbaren Gedanken an Weltliches Geistliches und Göttliches gebiert. Wenn er dies in allen Höhen und Tiefen erfasst und sich damit nährt, wird nach und nach das Frühere vertrieben oder sogar ganz entfernt werden. Der menschliche Geist kann doch niemals frei von irgendwelchen Gedanken sein. Daher gilt: Solange er nicht mit geistlichen Beschäftigungen besetzt ist, wird er notwendigerweise von dem umgarnt, was er früher gelernt hat. Solange er nämlich nichts hat, wohin er sich flüchten kann, und womit er die nimmermüden Gedanken beschäftigt, gleitet er notwendigerweise zu dem zurück, woran er von Kindheit an gewöhnt wurde, und wälzt ununterbrochen in Gedanken das hin und her, was er durch langes Einüben und Sinnieren aufgenommen hat. Damit also das geistliche Wissen in dir dauerhaft und nachhaltig gefestigt wird, und damit du es nicht nur zeitweise genießt wie jene, die dazu nicht aus eigener Anstrengung, sondern vom Hörensagen gekommen sind, und daran – ich will es einmal so sagen – wie an einem parfümierten Lüftchen einmal geschnuppert haben, sondern damit es deinen Sinnen sozusagen in Fleisch und Blut übergeht, genau durchgesehen und liebevoll umsorgt eingesenkt wird, tust du gut daran, Folgendes mit aller Aufmerksamkeit zu beachten: Wenn du etwas sehr genau weißt, und hörst, wie es in einer Unterredung vorgetragen wird, dann nimm es nicht kritisch oder widerwillig auf, sondern nimm es dir mit ebensolchem Hoffen und Bangen zu Herzen, mit dem die Worte des Heils, die aller Sehnsucht wert sind, sowohl unseren Ohren unablässig eingeflößt wie mit unserem Mund unablässig gesprochen (vgl. Dtn 6,7) werden sollen. Heilige Geschehnisse können noch so oft erzählt werden – einer Seele, die den Durst nach wahrem Wissen in sich trägt, wird dennoch niemals eine Sättigung Übelkeit bereiten. Vielmehr gilt, wenn sie diese [Erzählung heiliger Dinge] täglich aufnimmt, als wären sie neu und erwünscht: Je öfter sie trinkt, umso größer ist ihr Durst, zu hören oder zu sprechen. Aus der Wiederholung wird sie eher eine Festigung des schon erworbenen Wissens gewinnen als dass sie sich aus häufiger Unterredung einen Ekel holt. Es ist ja ein deutliches Zeichen für einen lauen und hochmütigen Geist, wenn er die Medizin heilsamer Worte, mag sie auch im Übereifer zu oft wiederholt werden, mit Ekel und verächtlich aufnimmt, denn es heißt: »Eine Seele, die satt ist, spottet über Honigseim. Der Seele eines Hungernden jedoch erscheint auch Bitteres süß.« (Prov 27,7LXX) Wenn dies somit achtsam aufgenommen und im innersten Gemach des Geistes hinterlegt, im Schweigen versiegelt wird, wird es später wie süß schmeckender Wein, der das Herz des Menschen froh macht (vgl. Ps 104,15), wenn er durch das ergraute Haar der Sinne und das hohe Alter der Geduld ausgegoren ist, mit seinem starken Duft aus dem Krug deiner Brust entströmen und wie eine ewige Quelle aus den Adern der Erfahrung und aus den wasserreichen Strömen der Tugenden überreichlich strömen. Gleichsam aus der Tiefe deines Herzens werden nie vertrocknende Quellen sprudeln. Für dich wird gelten, was im Buch der Sprichwörter zu dem gesagt wird, der dies durch sein Tun vollbracht hat: »Trinke Wasser aus deinen Krügen und aus den Quellen deiner Brunnen. Überströmend soll dir Wasser fließen aus deiner Quelle, deine Wasserläufe sollen die Gassen durchströmen.« (Prov 5,15fLXX) Und mit dem Propheten Jesaja [gilt für dich]: »Du wirst sein wie ein bewässerter Garten und wie eine Wasserquelle, der Wasser nicht fehlt. In dir wird aufgebaut werden, was verlassen war seit uralten Zeiten. Grundmauern von Generation zu Generation wirst du neu errichten. Du wirst genannt werden: Zäuner der Pfade, der die Wege zur Ruhe hinlenkt.« (Jes 58,11f) Wahrlich, dann wird dir die Seligpreisung zugesprochen, die der nämliche Prophet verheißt: »Der Herr wird deinen Lehrer fernerhin nicht mehr von dir weichen lassen; deine Augen werden deinen Meister sehen. Deinen Ohren wird das Wort hintergerufen werden: ›Dies ist der Weg. Wandelt darauf, [weicht] nicht zur Rechten, nicht zur Linken!‹« (Jes 30,20f) So wird es geschehen, dass nicht nur jedes Geraderichten und Nachsinnen deines Herzens, sondern sogar ein Abschweifen und all die Sprunghaftigkeit deiner Gedanken für dich ein heiliges und unablässiges Wiederkäuen des göttlichen Gesetzes ist.

14 Unmöglich jedoch ist es – wir sagten es bereits – dass ein Unerfahrener dies erkennt oder lehrt. Denn wer nicht fähig ist aufzunehmen, wie sollte der geeignet sein zur Weitergabe? Wer sich trotzdem anmaßt, etwas von diesen Dingen zu lehren: Sein Wort wird, unwirksam und unnütz, wie es zweifelsohne ist, nur bis zu den Ohren der Zuhörer vorstoßen, zu ihren Herzen jedoch aufgrund der Wirkungslosigkeit seiner Taten und weil es der Unfruchtbarkeit seiner Eitelkeit entspringt, nicht durchdringen können; denn es kommt nicht aus dem Schatz eines guten Gewissens, sondern aus der Eitelkeit eines Angebers. Es ist schlichtweg unmöglich, dass eine nicht gereinigte Seele, wie viel sie sich auch mit der Beständigkeit in der Lesung quält, geistliches Wissen erwirbt. Niemand füllt in ein schmutziges oder beschädigtes Gefäß eine kostbare Salbe, besten Honig oder wertvolles Öl (vgl. Mt 9,17). Es ist ja wahrscheinlicher, dass ein Krug, wenn er auch nur ein einziges Mal mit ekelerregendem Gestank gefüllt war, auch die wohlriechendste Salbe mit seinem Geruch ansteckt, als dass er selbst etwas von ihrem süßen und angenehmen Duft annimmt; denn viel schneller wird Reinheit verdorben als Verdorbenes rein. Mit dem Gefäß unserer Brust verhält es sich genauso: Bevor sie nicht von aller stinkenden Ansteckung mit den Lastern gereinigt ist, ist sie nicht würdig, jenes Salböl der Segnung zu empfangen, von dem durch den Propheten gesagt wird: »Wie Salböl auf dem Haupt, das auf den Bart Aarons fließt, das bis zum Saum seines Gewandes fließt.« (Ps 132,2 =

133,2) Auch wird er weder jenes geistliche Wissen noch die Worte der Schrift, die »süßer als Honig und Honigseim sind« (Ps 18,11 = 19,11), unverschmutzt aufbewahren. »Welche Teilhabe hat Gerechtigkeit an der Ungerechtigkeit? Welche Gemeinschaft hat das Licht mit der Finsternis? Wie passt Christus zu Beliar?« (2 Kor 5,14f)

15 Germanus: Diese Aussage scheint uns nicht gerade mit Wahrheit untermauert oder auf einen nachprüfbaren Beweis gestützt zu sein. Es ist doch offensichtlich, dass alle, die den Glauben an Christus in keiner Weise annehmen, oder durch gottlose Verdrehung der Glaubenssätze verfälschen, kein reines Herz haben. Wie kommt es dann aber, dass viele Juden, Irrlehrer oder Katholiken, die in den unterschiedlichsten Lastern gefangen sind, wegen der Großartigkeit ihres geistlichen Wissens gerühmt werden, weil sie ein vollkommenes Wissen über die heiligen Schriften erreicht haben, andererseits die ungeheuer große Schar heiliger Männer, deren Herz von aller Ansteckung mit Sünden gereinigt wurde, zufrieden mit einem einfältigen Glauben die Geheimnisse tieferen Verstehens nicht kennt? Wie soll da die Behauptung Bestand haben, die allein der Reinheit des Herzens geistliches Wissen zuerkennt?

16 Den Sinn einer Aussage dürfte kaum richtig entschlüsseln, wer nicht alle Worte der vorgetragenen Definition sehr genau untersucht. Also: Ich habe vorhin[19] gesagt, dass solche Menschen lediglich die Kunst von Rede und Gegenrede und gezierter Ausdrucksweise beherrschen, ansonsten jedoch nicht in die Adern der heiligen Schriften und die Geheimnisse des geistigen Schriftsinns eindringen können. Wahres Wissen besitzen jedoch nur diejenigen, die den wahren Gott verehren. Keineswegs hat es dasjenige Volk, dem gesagt wird: »Höre, du törichtes Volk, das du kein Herz hast; die ihr Augen habt, aber nicht seht; Ohren, aber nicht hört.« (Jer 5,21) Ebenso: »Du hast das Wissen verworfen, doch ich werde dich verwerfen, damit du mir nicht als Priester dienst.« (Hos 4,6) Da es heißt, dass »in Christus alle Schätze der Weisheit und des Wissens verborgen sind« (Kol 2,3), wie sollte man da glauben, dass derjenige, der verweigert, Christus zu finden oder wenn er [ihn] gefunden hat, mit frevlerischem Mund verspottet oder gar den katholischen Glauben durch unreine Worte beschmutzt, das wahre Wissen erlangt hat? »Der Geist Gottes flieht vor der Heuchelei, er wohnt nicht in einem Herzen, das der Sünde untertan ist.« (Weish 1,5.4) Nicht anders nämlich gelangt man zum geistlichen Wissen als in der Reihenfolge, die einer der Propheten geschickt formuliert: »Sät für euch zur Gerechtigkeit, erntet Lebenshoffnung, lasst das Licht des Wissens euch erleuchten.« (Hos 10,12LXX)

Zuerst also sollen wir für uns zur Gerechtigkeit säen, das heißt, dass wir die Vollkommenheit in der Praktike durch Werke der Gerechtigkeit vorantreiben. Dann sollen wir Lebenshoffnung ernten, das heißt die Früchte der geistigen Tugenden durch Austreiben der fleischlichen Laster sammeln. So werden wir das Licht des Wissens uns erleuchten lassen können. Auch der Verfasser der Psalmen entscheidet, dass diese Reihenfolge eingehalten werden muss, wenn er sagt: »Selig, die untadelig auf dem Weg sind, die wandeln im Gesetz des Herrn. Selig, die seine Bezeugungen[20] durchforschen.« (Ps 118,1f = 119,1f) Er sagt nicht zuerst: »Selig, die seine Bezeugungen durchforschen«, und fügt dann hinzu: »Selig, die untadelig auf dem Weg sind.« Vielmehr sagt er zuerst: »Selig, die untadelig auf dem Weg sind« und zeigt dadurch deutlich, dass niemand recht zu den Bezeugungen Gottes, die es zu durchforschen gilt, hindurchgelangen kann, wenn er nicht zuvor durch einen Wandel in der Praktike untadelig auf dem Weg Christi geht. Diejenigen aber, von denen ihr gesprochen habt, besitzen nicht das Wissen, welches die Unreinen nicht haben können, sondern ein Pseudonym, das heißt, ein Wissen, das fälschlicherweise so genannt wird. Darüber sagt der Apostel: »Timotheus, bewahre das Hinterlegte,[21] meide das neugierige Geschwätz nach Art der Welt, und die Widerreden eines Scheinwissens.« (1 Tim 6,20) Im Griechischen heißt dies: »τὰς ἀντιθέσεις τῆς ψευδωνύμου γνώσεως.« (tás antithéseis tés pseudonýmon gnóseos.) Im Buch der Sprichwörter wird drastisch über diejenigen, die scheinen, etwas, das Wissen gleichkommt, zu erwerben, und außerdem von denen, die, obwohl sie sich der Lesung der heiligen Bücher und dem Einprägen der Schriften eifrig widmen, dennoch nicht die fleischlichen Laster verlassen, gesagt: »Wie ein goldener Ring in der Nase eines Schweines, so ist eine schöne Gestalt für eine Frau, die einen schlechten Charakter hat.« (Spr 11,22LXX) Was also nützt es, wenn einer dem schönsten Schmuck himmlischer Worte und der kostbarsten Schönheit der Schriften nacheifert, sie aber durch sein Hängen an unsauberen Taten oder Gedanken wie die schlechteste Erde unter dem Pflug aufbricht und mit dem ekelhaften Morast seiner Begierden besudelt? Es wird doch dazu kommen, dass das, was denen, die es recht gebrauchen, normalerweise zur Zierde gereicht, jene [welche die Laster nicht verlassen] nicht nur nicht schmücken kann, sondern sogar in einer Menge Unrat erstickt. Denn »aus dem Mund des Sünders kommt kein schönes Wort.« (Sir 15,9) Ihm wird durch den Propheten gesagt: »Weshalb erzählst du von meinen gerechten Entscheiden und führst mein Gebot in deinem Mund?« (Ps 49,16=50,16) Solchen Seelen, welche keineswegs Ehrfurcht vor Gott[22] haben, von der es heißt: »Die Furcht des Herrn ist Zucht und Weisheit« (Prov 15,33LXX), die aber dennoch versuchen, den Sinn der Schriften in ununterbrochenem Nachdenken darüber zu verstehen, wird ziemlich deutlich im Buch der Sprichwörter in Erinnerung gebracht: »Was nützen Reichtümer einem Toren? Ein Herzloser wird Weisheit nicht besitzen können.« (Prov 17,16LXX) Wahres und geistliches Wissen ist so weit entfernt von jener Bildung nach Art der Welt, die durch den Schmutz der Laster des Fleisches verdorben ist, dass es, wie wir wissen, sogar zuweilen in so manchem Unberedtem und gänzlich Ungebildeten wunderbar erblühte. Dies lässt sich auch an den Aposteln und vielen heiligen Männern sehr deutlich erkennen, die sich nicht an der schnöden Eitelkeit von beschriebenem Papier ergötzten, sondern sich unter [der Last von] Früchten wahren geistlichen Wissens [bis zur Erde] beugten. Über sie steht im Buch der Taten der Apostel geschrieben: »Als sie die Standhaftigkeit des Petrus und des Johannes sahen und erfuhren, dass sie ungelehrte und ungebildete Männer waren, wunderten sie sich.« (Apg 4,13) Daher: Wenn es dir ein Anliegen ist, zur unverwelkenden Blüte [geistlichen Wissens] hindurchzugelangen, dann mühe dich zuerst mit all deiner Kraft (vgl. Dtn 6,5), vom Herrn die Reinheit der Keuschheit zu empfangen. Keiner nämlich, in dem noch die Neigung zu fleischlichen Leidenschaften, vor allem der Unzucht, herrscht, wird geistliches Wissen besitzen können. Denn: »Weisheit ruht in einem guten Herzen.« (Prov 14,33) Und: »Wer den Herrn fürchtet, wird Weisheit mit Gerechtigkeit finden.« (Sir 32,20) Dass man jedoch in der Reihenfolge, die wir im Vorhergehenden schon genannt haben, zum geistlichen Wissen vorangebracht wird, lehrt auch der selige Apostel. Weil er nicht nur eine Liste all seiner Tugenden zusammenstellen, sondern auch die richtige Reihenfolge erklären wollte, fügte er, um auszudrücken, welche [Tugend] auf welche folgt, und welche eine andere gebiert, nach einigem anderen hinzu: »In Nachtwachen, in Fasten, in Keuschheit, in Wissen, in Langmut, in Milde, in heiligem Geist, in ungeheuchelter Liebe.« (2 Kor 6,5f) Durch diese Verbindung von Tugenden wollte er uns ganz offensichtlich erziehen, von Nachtwachen und Fasten zur Keuschheit, von der Keuschheit zum Wissen, vom Wissen zu Langmut, von Langmut zur Milde, von Milde zum heiligen Geist, vom heiligen Geist zum Lohn ungeheuchelter Liebe hindurch gebracht zu werden.

Wenn also auch du durch diesen Unterricht und in dieser Reihenfolge zum geistlichen Wissen hindurchgelangt bist, wird ohne Zweifel – wie wir sagten – dein Lehren weder unfruchtbar noch kraftlos, sondern vielmehr lebendig und fruchtbar sein. Saat eines heilbringenden Wortes, das durch dich in die Herzen der Hörer eingesenkt wird. Der nachfolgende ausgiebigste Regen des heiligen Geistes wird die Saat aufgehen lassen. Wie das Wort des Propheten versprochen hat, »wird er deiner Saat Regen schenken, auf welchem Land auch immer du säst. Brot vom Ertrag deines Landes wird für dich überreichlich vorhanden und saftig sein.« (Jes 30,23)

17 Hüte dich jedoch, dass du nicht diejenigen Dinge, die du weniger durch Lesen als vielmehr im Schweiße deines Angesichts gelernt hast, von Liebe zu eitel-nichtiger Ehre verführt, unreinen Menschen aufs Geratewohl hinschüttest, wenn dein reiferes Alter dich dahin bringt, dass du lehrst. Andernfalls gerätst du in das Verbot des höchst weisen Salomo: »Führe nicht den Gottlosen auf die Weide des Gerechten und lass dich nicht verführen von einem satten Bauch.« (Prov 24,15LXX) Denn »nichts nützt dem Toren Freude; Weisheit ist nicht vonnöten, wo der Sinn dafür fehlt.« (Prov 19,10LXX) »Denn höher angesehen ist Torheit.« (Prov 18,2LXX) »Ein starrsinniger Knecht wird durch Worte nicht gebessert; wenn er auch versteht, gehorcht er doch nicht.« (Prov 29,19LXX) Und: »Sage kein Wörtchen in die Ohren des Unklugen, er könnte deine Weisheitsworte verachten.« (Prov 23,9LXX) Und: »Gebt das Heilige nicht den Hunden, und werft eure Perlen nicht vor die Schweine, damit sie die Perlen nicht mit ihren Klauen zertreten, sich umwenden und euch zerreißen.« (Mt 7,6) Du musst also unbedingt vor derartigen Menschen die Geheimnisse des geistlichen [Schrift-]Sinns verbergen und in der Tat singen: »In meinem Herzen habe ich deine Worte verborgen, damit ich nicht gegen dich sündige.« (Ps 118,11 = 119,11) Doch fragst du vielleicht: »Wem sind dann die Geheimnisse der heiligen Schriften anzuvertrauen?« Der unvergleichlich weise Salomo lehrt es dich, wenn er sagt: »Gebt berauschendes Getränk denen, die trauern; Wein zu trinken denen, die Schmerzen haben, damit sie die Armut vergessen und nicht länger an ihre Schmerzen denken.« (Prov 31,6f) Das heißt: Denen, die vor Reue über ihre früheren Taten von Trauer und Traurigkeit niedergedrückt werden, gießt die Süße geistlichen Wissens wie Wein, der das »Herz des Menschen erfreut« (Ps 103,15 = 104,15), überströmend ein, und erquickt sie mit dem betörenden Trank des heilbringenden Wortes, damit nicht, niedergebeugt vom Joch der Trauer und in tödliche Verzweiflung gestürzt, diejenigen »von unendlicher Traurigkeit verschlungen werden« (2 Kor 2,7), denen es so ergeht. Von denjenigen aber, die in Lauheit und Leichtsinn dahinleben und von keinerlei Schmerz ihres Herzens gebissen werden, wird folgendermaßen gesprochen: »Wer wohlig dahinlebt und ohne Schmerz ist, wird bedürftig werden.« (Prov 14,23LXX) Hüte dich also, damit, überspannt von der Liebe zum eitlen Ruhm, nur ja nicht jenes Wort des Propheten auf dich nicht zutreffen kann, mit dem er jenen lobt, »der sein Geld nicht auf Wucher ausleiht« (Ps 14,5 = 15,5). Jeder nämlich, der Worte Gottes – von denen es heißt: »Worte des Herrn [sind] reine Worte, wie Silber im Feuer geprüft, gereinigt von Schlacken, siebenfach geläutert« (Ps 11,7 = 12,7) – aus Liebe zu Menschenlob verfälscht, leiht sein Geld auf Wucher. Er wird dafür nicht nur kein Lob, vielmehr sogar Strafe verdienen. Deshalb nämlich wollte er sein Geld lieber verderben lassen, um davon selbst einen mit der Zeit schwindenden Gewinn zu haben, und damit nicht der Herr, wie geschrieben steht, »bei seinem Kommen zurückerhält, was sein ist.« (Mt 25,27)

18 Es gilt schließlich als sicher, dass eine Unterweisung in geistlichen Dingen aus zwei Gründen wirkungslos bleibt: Entweder wenn derjenige, der lehrt, wenn er von sich gibt, was er nicht aus Erfahrung kennt, versucht, den Hörer mit leerem Wortschwall zu unterrichten, oder wenn ein ziemlich liederlicher und mit Lastern vollgestopfter Zuhörer die heilsame und heilige Lehre eines geistlichen Mannes nicht aufnimmt, weil sein Herz verhärtet ist. Darüber sagt der Prophet: »Verblendet ist das Herz dieses Volkes, ihre Ohren sind schwerhörig, ihre Augen haben sie geschlossen, damit sie nur ja nicht mit ihren Augen sehen, mit ihren Ohren hören oder mit dem Herzen erkennen und umkehren und ich sie heile.« (Jes 6,10LXX)

19 Dennoch wird es manchmal durch die großzügige Freigebigkeit unseres Gottes, »der will, dass alle Menschen gerettet werden und zur Erkenntnis der Wahrheit kommen« (1 Tim 2,4), geschenkt, dass einem, der sich nicht durch einen tadellosen Wandel würdig gezeigt hat, das Evangelium zu verkünden, die Begnadung zum geistlichen Lehrer um des Heiles vieler willen zuteil wird. Wie jedoch sogar die Gnadengabe, zu heilen, um die Dämonen auszutreiben vom Herrn verliehen wird, wollen wir uns – das ist ja naheliegend – in einer ähnlichen Erörterung vor Augen führen, die wir für den Abend aufheben. Doch jetzt begeben wir uns zum Mahl. Denn mit dem Herzen wird gewiss nachhaltiger verstanden, was eines nach dem anderen und ohne allzu große körperliche Anstrengung verinnerlicht wird.

Demut ist die Lehrmeisterin aller Tugenden
und allersicherstes Fundament des himmlischen Tugendbaus,
das besondere und köstliche Geschenk unseres Erlösers.

Collatio 15

Abbas Nesteros spricht über die Gnadengaben Gottes

1 Nach dem Abendgebet setzten wir uns in Erwartung der versprochenen Rede auf die üblichen Schilfmatten. Da wir aus Ehrerbietung gegenüber dem Greis eine Zeit lang im Schweigen verharrten, beendete er unser scheues Stummsein mit folgenden Worten:

Der vorausgehende Verlauf der Erörterung war bis zur Begründung der geistlichen Gnadengaben gelangt, die es nun darzulegen gilt. Aus der Überlieferung der Vorfahren haben wir übernommen, dass es drei Begründungen für geistliche Gnadengaben gibt: Der erste Anlass, und zwar für die Gabe zu heilen, besteht, wenn je nach dem Verdienst der Heiligkeit erwählte und gerechte Männer die Gnade, Zeichen zu wirken, begleitet. Wie ja auch offenkundig ist, dass die Apostel und viele der Heiligen Zeichen und Wunder entsprechend dem Auftrag des Herrn gewirkt haben, der sagt: »Heilt die Kranken, weckt die Toten auf, reinigt die Aussätzigen, werft die Dämonen hinaus.« (Mt 10,8)

Der zweite [Anlass besteht dann], wenn, um die Kirche aufzuerbauen oder wegen des Glaubens derjenigen, die ihre Kranken bringen, oder der Kranken, die Heilung brauchen, die Kraft zu heilen auch von Sündern und Unwürdigen ausgeht. Von ihnen sagt der Heiland im Evangelium: »Viele werden an jenem Tag zu mir sagen: ›Herr, Herr, haben wir nicht in deinem Namen geweissagt, in deinem Namen Dämonen hinausgeworfen, in deinem Namen viele Wunder getan?‹ Ich werde ihnen antworten: ›Ich habe euch noch nie gekannt, ihr Täter aus schlechter Absicht!‹« (Mt 7,22f) Andererseits: Wenn denen, die sie [die Kranken] bringen oder den Kranken selbst der Glaube fehlt, ist es auch denen, welche die Gabe zu heilen empfangen haben, nicht möglich, diese Kraft einzusetzen. Von diesem Fall spricht der Evangelist Lukas:[1] »Jesus konnte wegen ihres Unglaubens keine Wunder unter ihnen tun.« (Mk 6,5) Deshalb auch sagt der Herr: »Viele Aussätzige gab es in Israel zur Zeit des Propheten Elischa, doch keiner von ihnen wurde gereinigt, nur der Syrer Naaman.« (Lk 4,27)

Eine dritte Art von Heilungen wird sogar durch Gaukelspiel und Umtriebigkeit von Dämonen vorgetäuscht, damit, wenn ein Mensch, der in offensichtlichen Verfehlungen gebunden ist, aufgrund der Bewunderung seiner Zeichen für einen Heiligen und Diener Gottes gehalten wird. Damit wird auch die Nachahmung seiner Laster angeregt, und so, wenn auf diese Weise der Zugang zur Häme entriegelt wurde, auch die Heiligkeit der Bindung an Gott[2] übel verleumdet. Zumindest wird derjenige, der meint, die Gabe der Heilung zu haben, durch die Hybris[3] seines Herzens überheblich geworden, umso tiefer fallen. Daher kommt es, dass die Dämonen die Namen derer rufen, von denen sie wissen, dass sie keinerlei Verdienste der Heiligkeit noch irgendwelche geistlichen Früchte haben, und heucheln, durch ihre Verdienste [wie] von Feuer gequält zu werden und aus den Körpern, die sie besetzt haben, zu fliehen. Darüber sagt [der Herr] im Buch Deuteronomium: »Wenn in deiner Mitte ein Prophet aufsteht oder wenn jemand, der behauptet, ein Traumbild gesehen zu haben, ein Zeichen vorhersagt, oder ein außergewöhnliches Ereignis, und es trifft dann ein, was er gesagt hat, und er sagt dann: ›Komm, lass uns fremden Göttern folgen, die du nicht kennst, lass uns ihnen dienen‹: Höre nicht auf die Worte eines solchen Propheten oder Träumers! Denn der Herr, euer Gott, will erfahren, ob ihr ihn liebt von ganzem Herzen und von ganzer Seele oder nicht – damit jeder es weiß.« (Dtn 13,1–3) Und im Evangelium sagt er: »Es werden falsche Gottesgesalbte und falsche Propheten auftreten. Sie werden euch große Zeichen und Wunder vorweisen, um sogar die Erwählten nach Möglichkeit in die Irre zu führen.« (Mt 24,24)

2 Deshalb brauchen wir auf keinen Fall wegen solcher Wunder diejenigen zu bewundern, die nach so etwas gelüstet. Vielmehr sollen wir genau hinsehen, ob sie im Austreiben ihrer Laster und der Besserung ihres Lebenswandels vollkommen sind. Dies jedenfalls wird nicht nach Gutdünken des einen oder anderen oder durch gelegentliche Zufälle, sondern je nach dem Eifer eines jeden einzelnen, wie Gottes Gnade es zuteilt, geschenkt. Dies nämlich ist das Wissen vom Tun des Rechten,[4] das vom Apostel mit einem anderen Wort »Liebe« genannt wird, und allem Menschen- oder Engelszungen, ja auch vollkommenem Glauben, der sogar Berge versetzt, jedem Wissen, jeder prophetischen Gabe, jeder Hingabe allen Vermögens, schließlich sogar einem ruhmreichen Martyrium kraft der Autorität des Apostels vorgezogen wird. (vgl. 1 Kor 13,1–3) Dann, nachdem er alle Arten von Gnadengaben aufgezählt und gesagt hat:. »Dem einen wird durch den Geist ein Wort der Weisheit, einem anderen ein Wort des Wissens, dem einen Glaube, einem anderen die Gnadengabe, zu heilen, dem einen das Wirken von Wundern gegeben«, und so weiter (1 Kor 12,8–10), will er – hört genau hin – von der Liebe reden, wie er sie allen anderen Gnadengaben vorzieht. Er sagt: »Ich will euch noch einen unvergleichlich erhabeneren Weg zeigen.« (1 Kor 12,31) Dadurch wird deutlich, dass der Gipfel an Vollkommenheit und Seligkeit sich nicht über dem Wirken irgendwelcher Wunder erhebt, sondern auf [dem Fundament] der Reinheit der Liebe steht. Nicht umsonst. Alles andere muss zunichte und niedergerissen werden, die Liebe jedoch wird ewig Bestand haben. (vgl 1 Kor 13,8) Wir sehen, dass deshalb unsere Väter keineswegs jenes Vollbringen von Wundern erstrebt haben. Sie wollte sogar dann, wenn sie durch die Gnade des heiligen Geistes über diese Gabe verfügten, sie niemals einsetzen, höchstens wenn eine äußerste und unabwendbare Not sie dazu zwang.

3 So erinnern wir uns, dass durch Abbas Makarios,[5] der als erster seine Bleibe in der Wüste Sketis fand, ein Toter auferweckt wurde. Das kam so: Als ein bestimmter Irrlehrer, der die verzerrte Glaubenslehre des Eunomius[6] befolgte, versuchte, die gesunde Lehre des katholischen Glaubens durch dialektische Kunstgriffe zu verdrehen, und schon eine große Schar von Menschen getäuscht hatte, kam der gottselige Makarius auf Bitten katholischer Männer, die vom Einbruch solchen Umstürzlertums äußerst beunruhigt waren, um den unverdorbenen Glauben ganz Ägyptens vor dem Schiffbruch im Unglauben zu retten. Als der Irrlehrer ihn mit Methoden der Dialektik[7] angriff, und ihn, der darin unerfahren war, in das Philosophengestrüpp des Aristoteles treiben wollte, sagte der gottselige Makarius – womit er die Vielrednerei des Irrlehrers beendete – kurz und bündig: »›Das Reich Gottes besteht nicht in Worten, sondern in Kraft.‹ (1 Kor 4,20) Lass uns also zu den Gräbern gehen und den Namen des Herrn über dem ersten Toten, den wir finden, anrufen, und wie geschrieben steht, unseren Glauben an den Werken zeigen (vgl. Jak 2,14), damit die deutlichsten Urkunden des rechten Glaubens durch sein Zeugnis mit Händen greifbar werden und wir die Wahrheit, die dann ans Licht kommt, nicht im leeren Schlagabtausch von Worten,[8] sondern durch die Kraft der Zeichen und das Urteil dessen, der nicht getäuscht werden kann, herausfinden.« Als der Irrlehrer dies vor versammeltem Volk, das dabeistand, hörte, gab er, den Kopf vor Scham gesenkt vor, sich der vorgeschlagenen Bedingung zu stellen und am nächsten Tag zu kommen. Am nächsten Tag jedoch, als alle auf ihn warteten, die brennend vor Neugierde auf dieses Spektakel am genannten Ort zusammengeströmt waren, floh er, verstört von der Erkenntnis seines Unglaubens, und wurde in ganz Ägypten nicht mehr gesehen. Nachdem der gottselige Makarios mit der Volksmenge bis zur neunten Stunde[9] gewartet hatte, sah er ein, dass er [der Irrlehrer] von seinem Gewissen überführt worden war. Er nahm sich des Volkes an, das von jenem verführt worden war und brach zu den erwähnten Gräbern auf. Bei den Ägyptern jedoch bringt die Überschwemmung durch den Fluss Nil eine bestimmte Sitte mit sich: Da ja die gesamte Weite des Landes nicht wenige Zeit des Jahres wie ein riesiges Gewässer von der üblichen Überflutung mit Wasser in solchem Ausmaß bedeckt ist, dass niemandem eine andere Möglichkeit der Fortbewegung zur Verfügung steht als die Überfahrt mit kleinen schnellen Kähnen,[10] werden die Körper der Verstorbenen zuerst mit würzig riechenden Salben einbalsamiert und dann in höher gelegenen Kammern bestattet. Das fortwährend mit Feuchtigkeit vollgesogene Erdreich verhindert die Pflichterfüllung in einer Erdbestattung. Würde die Erde auch bestattete Leichname aufnehmen, würde sie doch durch die Wassermassen gezwungen, sie wieder an die Oberfläche herauszugeben. Als nun der gottselige Makarius vor einem sehr alten Leichnam Halt gemacht hatte, sagte er: »Du Mensch, wenn jener Irrlehrer, ein Sohn des Verderbens, mit mir hierher gekommen wäre und ich in seiner Gegenwart unter Anrufung des Namens Christi, meines Gottes flehentlich angerufen hätte – sag doch, ob du vor den Augen derer, die durch seinen Betrug völlig verdreht wurden, aufgestanden wärest.« Jener antwortete im Aufstehen: »Ja«. Makarius befragte ihn, was er einmal gewesen wäre, als er dieses Leben genoss, in welchem Zeitalter der Menschheit er gelebt hätte und ob er zur damaligen Zeit den Namen Christi gekannt hätte. Jener antwortete, er hätte unter den frühesten Königen gelebt, und versicherte, den Namen Christi in jenen Zeiten nie gehört zu haben. Daraufhin sagte Abbas Makarius zu ihm: »Schlafe in Frieden mit den anderen in deiner Ordnung. Christus wird dich am Ende der Zeiten auferwecken.«

Welches Ausmaß an Kraft und Gnade in Makarios war, wäre wohl für immer verborgen geblieben, wenn ihn nicht die Not einer ganzen irregeführten Provinz, völlige Hingabe an Christus und aufrichtige Liebe getrieben hätten, dieses Wunder zu wirken. Doch hat er es nicht getan, um seine Ruhmsucht auftreten zu lassen, vielmehr drängte ihn die Liebe zu Christus und dem ganzen Volk dazu. (Vgl. 2 Kor 5,14) Die Lesung aus dem Buch der Könige zeigt, dass auch der gottselige Elia so gehandelt hat, der deshalb forderte, dass Feuer vom Himmel auf die Opfertiere fallen sollte, die auf dem Holz aufgeschichtet lagen, (vgl. 1 Kön 18,24) um den Glauben des ganzen Volkes, der durch das Blendwerk der falschen Propheten fehlging, zu befreien.

4 Wozu sollte ich außerdem noch die Taten des Abbas Abraham[11] erwähnen, den man [griechisch] mit dem Beinamen ἁπλοῦς (haplous), das heißt »der Einfältige« nennt wegen der Schlichtheit seines Gemüts und seiner Unschuld? Als er in den Tagen der Quinquagesimae[12] der Ernte wegen aus der Wüste [Thebais] nach [Unter-]Ägypten unterwegs war, und sich ihm eine Frau unter Tränen und Bitten in den Weg stellte, die ihm ihren Säugling hinhielt, der aus Mangel an Milch schon abgemagert und halbtot war, gab er ihr einen Becher Wasser zu trinken, über dem er das Zeichen des Kreuzes gemacht hatte. Kaum hatte sie ihn ausgetrunken, da gaben ihre schon nahezu ausgetrockneten Brüste eine mehr als reichliche Menge an Milch.

5 Als derselbe Abbas Abraham einmal zu einem Dorf unterwegs war, wurde er von einer Schar von Spöttern umringt, die ihm unter hämischen Gesten einen Mann mit [vor Gicht] verwachsenen Knien zeigten, der schon viele Jahre die Fähigkeit zu gehen eingebüßt hatte und wegen der Krankheit, an der er schon so lange litt, [nur noch] auf dem Boden kroch. Sie wollten Abbas Abraham reizen und sagten zu ihm: »Abbas Abraham, wenn du ein Diener Gottes bist, dann gib dem da die frühere Gesundheit zurück, damit wir glauben, dass der Name des Christus, den du verehrst, nicht ein Nichts ist.« Da bückte sich Abbas Johannes auf der Stelle unter Anrufung des Namens Christi zur Erde, fasste die dürren Füße des Mannes und zog an ihnen. Durch seine Berührung wurde das versteifte und gekrümmte Knie alsbald gerade. Nachdem der Mann die Fähigkeit zu gehen wiedererlangt hatte – die jahrelange Krankheit hatte es ihn vergessen lassen – ging er fröhlich weg.

6 Diese Männer also betrachteten nichts an solchen Wundern als ihre Leistung. Vielmehr bekannten sie, Wunder nicht aufgrund ihres Verdienstes, sondern durch die Barmherzigkeit des Herrn zu wirken. Mit den Worten des Apostels wiesen sie den Ruhm bei Menschen, die ihre Zeichen bewundern, zurück: »Männer, Brüder, was wundert ihr euch darüber oder weshalb schaut ihr uns an, als ob wir durch unsere Kraft und

Frömmigkeit bewirkten, dass dieser [Mann] gehen kann?« (Apg 3,12) Sie waren auch der Meinung, dass keiner wegen der Gaben und wunderbaren Taten Gottes gepriesen werden soll, sondern wenn schon aufgrund eigener Tugendfrüchte, die durch einen beharrlichen Geist und die Kraft der Werke wachsen. Wie vorhin schon gesagt wurde: Meistens treiben Menschen, die im Geist verdorben und hinsichtlich des Glaubens unecht sind, im Namen des Herrn Dämonen aus und wirken die größten Wunder. Die Apostel beschwerten sich über solche Leute und sagten: »Meister, wir haben einen gesehen, der in deinem Namen Dämonen austrieb, und haben es ihm verboten, weil er nicht mit uns unterwegs ist.« (Lk 9,49) Für dieses Mal freilich antwortet ihnen Christus: »Verbietet es ihm nicht, wer nämlich nicht gegen euch ist, ist für euch.« (Lk 9,50) Wenn diese Leute aber am Ende sagen werden: »Herr, Herr, haben wir nicht in deinem Namen geweissagt und in deinem Namen Dämonen hinausgeworfen, in deinem Namen viele Wunder getan?« (Mt 7,22), dann wird der Herr, wie er versichert, antworten: »Weicht von mir, ihr Täter dessen, was nicht recht ist.« (Mt 7,23) Deshalb ermahnt er sogar diejenigen, denen er selbst die Ehre von Zeichen und Wundern aufgrund des Verdienstes ihrer Heiligkeit verlieh, dass sie deshalb nicht überheblich werden sollen, wenn er sagt: »Freut euch nicht, weil die Dämonen euch unterworfen werden. Freut euch vielmehr, dass eure Namen in den Himmeln aufgeschrieben sind.« (Lk 10,20)

7 Schließlich hat der Urheber aller Zeichen und Wunder, als er seine Jünger zur Verkündigung seiner Lehre herbeirief, selbst deutlich gezeigt, was echte und wahrhaft auserwählte Nachfolger von ihm lernen sollten, als er sagte: »Kommt und lernt von mir« (Mt 11,28), und zwar »nicht, Dämonen mit himmlischer Macht zu vertreiben; nicht, Aussätzige zu reinigen; nicht, Blinde sehend zu machen; nicht, Tote aufzuwecken. Auch wenn ich dies durch einige meiner Diener wirke, kann doch menschliche Beteiligung nichts von dem Lob, das allein Gott gebührt, für sich beanspruchen, noch kann der Untergebene oder Knecht sich einen Teil abschneiden, wo doch die Ehre allein der Gottheit gehört.«

»Dies also«, sagt der Herr, »lernt von mir: Ich bin sanft und von Herzen demütig.« (Mt 11,29) Dies ist es nämlich, was allgemein allen zu lernen und zu üben möglich ist. Jedoch Zeichen und Wunder zu wirken, ist weder immer nötig, noch für alle angemessen, noch allen zugestanden. Die Demut jedoch ist die Lehrmeisterin aller Tugenden, sie ist das allersicherste Fundament des himmlischen Bauwerks [der Tugenden],[13] sie ist das besondere und köstliche Geschenk unseres Erlösers. Derjenige nämlich führt alle Wunder, die Christus gewirkt hat, ohne die Gefährdung von Überheblichkeit aus, der dem sanften Herrn nicht in der Großartigkeit von Zeichen, sondern in der Tugendkraft der Geduld und Demut nachfolgt. Wer jedoch vor den Leuten wie ein Schauspieler unreinen Geistern befehlen oder Kranken die Gesundheit verleihen oder irgendein anderes wunderbares Zeichen vorführen will, ist dennoch für Christus ein Unbekannter, selbst wenn er bei seinen Auftritten den Namen Christi anruft, weil er in seinem hochtrabenden Sinn dem Lehrer der Tugend nicht nachfolgt. Denn noch als Christus bei seiner Rückkehr zum Vater sozusagen sein Testament machte, hinterließ er dies den Jüngern, als er sagte: »Ein neues Gebot gebe ich euch: Liebt einander! Wie ich euch geliebt habe, sollt auch ihr einander lieben.« (Joh 13,34) Und sofort fügt er hinzu: »Daran werden alle erkennen, dass ihr meine Jünger seid, wenn ihr einander liebt.« (Joh 13,35) Er sagt nicht: »Wenn ihr in gleicher Weise Zeichen und Wunder tut«, sondern: »Wenn ihr einander liebt.« Diese [Liebe] können gewiss nur Sanftmütige und Demütige unverletzt bewahren. Daraus leiteten auch unsere Vorgänger ab, dass niemals Mönche bewährt und frei von der Krankheit der Ruhmsucht[14] sein können, die sich vor den Leuten als Exorzisten ausgeben und vor Scharen von Bewunderern – gleichgültig ob sie diese Gnade verdient haben oder sich herausnehmen – in einer sensationellen Schaustellung ohnegleichen [ihre Wunder] zum Besten geben. Doch vergeblich! Denn »wer sich auf Lügen stützt, weidet Winde. Er jagt sogar hinter fliegenden Vögeln her«. (Spr 10,4 Vulg) Ohne Zweifel wird solche [Leute] ereilen, was im Buch der Sprichwörter gesagt wird: »Wie: Winde und Wolken, sehr deutliche Zeichen, doch [kein] Regen, so ist einer, der sich rühmt mit einer falschen Gabe.«[15] (Spr 25,14LXX; [Vulg]) Wenn also einer von uns etwas Derartiges tut, verdient er bei uns kein Lob aus Bewunderung für Zeichen [und Wunder], sondern [höchstens] wegen der Zierde seines Wandels. Wir sollen nicht fragen, ob ihm die Dämonen untertan sind, sondern ob er die Merkmale der Liebe besitzt, die der Apostel aufzählt. (Vgl. 1 Kor 13,4ff)

8 In der Tat: Es ist ein größeres Wunder, aus dem eigenen Fleisch den Zunder des lustvollen Genusses mit seinen Wurzeln auszureißen, als aus fremden Körpern unreine Dämonen auszutreiben. Auch ist es ein großartigeres Zeichen, in der Kraft der Geduld den grimmigen Aufruhr des Zorns in seine Schranken zu weisen als den Geistern in der Luft zu befehlen. Und es ist mehr, die Zähne der Traurigkeit, die sich im eigenen Herzen festgebissen haben, zu ziehen, als Krankheiten und körperliches Fieber eines anderen zu vertreiben. Schließlich und endlich ist es in jeder Hinsicht mehr und in der Tat eine weitaus großartigere Tugend, die Krankheiten der eigenen Seele zu heilen als die eines anderen Körpers. Denn in dem Maß sie [die Seele] erhabener ist als das Fleisch, in dem Maß hat auch ihr Heil den Vorrang. Ihr Fundament ist mit Edelsteinen geschmückt, sie ist die wunderbare Gründung [Gottes], (vgl. Ps 87,2; Offb 21,19) deshalb ist auch ihr Fall so furchtbar und verheerend.[16]

9 Zumal von jenen Heilungen den gottseligsten Aposteln eben dies gesagt wird: »Freut euch nicht, weil die Dämonen euch untertan sind.« (Lk 10,20) Nicht ihre Macht bewirkte dies, sondern die Kraft[17] des angerufenen Namens. Deshalb auch werden sie ermahnt, nur ja nicht so vermessen zu sein und sich daraus einen Anspruch auf Glückseligkeit und Ruhm abzuleiten. Dies wirkt allein die Macht und Kraft Gottes. Vielmehr [werden sie daran erinnert,] dass sie aufgrund der innersten Reinheit ihres Lebens und ihres Herzens würdig sind, dass ihre Namen in den Himmeln geschrieben sind.

10 Um das, was wir gesagt haben, durch Zeugnisse der Altväter oder göttliche Worte zu belegen, wollen wir vortragen, was der gottselige Paphnutios[18] über die Begeisterung für Wunder und die Gnade der Reinheit sogar durch die Offenbarung eines Engels erfahren hat, mit seinen eigenen Worten und, was noch wichtiger ist, aus seiner eigenen Erfahrung: Paphnutios hatte also viele Jahre mit so außergewöhnlicher Strenge zugebracht, dass er schon glaubte, von den Fallstricken fleischlicher Begierde völlig befreit zu sein, umso mehr, als er meinte, dass er in allen Angriffen der Dämonen, mit denen er oft und Aug in Aug[19] gekämpft hatte, die Oberhand gewonnen hätte. Als er nun einmal wegen der Ankunft einiger heiliger Männer das Getreidegericht, das jene »Athera«[20] nennen, zubereitete, wurde seine Hand verbrannt, weil die Flamme auf das Kochgeschirr[21] übergriff. Über diesen Vorfall war er sehr betrübt und begann, schweigend ausführlich zu grübeln. Er fragte sich: »Warum hat das Feuer keinen Frieden mit mir, obwohl doch die viel grausigeren Kämpfe der Dämonen gegen mich aufgehört haben? Und was, wenn ich es an jenem schrecklichen Tag der Prüfung durchschreiten muss? Wird jenes unauslöschliche Feuer, die Feuerprobe auf alle Verdienste, mich nicht festhalten, wenn schon hier dieses äußerliche, zeitlich begrenzte und kleine Feuer mich nicht geschont hat?« Als ihn dann, während er über diesen Gedanken und traurig vor Hitze schmorte, irgendwann Bewusstlosigkeit überfiel, kam ein Engel des Herrn und sagte: »Warum, Paphnutios, bist du darüber traurig, dass dieses irdische Feuer mit dir nicht Frieden geschlossen hat? Es sitzt dir doch noch in den Gliedern der Aufruhr des fleischlichen Umgetriebenseins, der noch nicht zur Reinheit ausgekocht ist. Solange noch in deinen Eingeweiden die Wurzeln dieses Aufruhrs lebendig sind, erlauben sie niemals, dass dieses stoffliche Feuer mit dir Frieden schließt. Nicht anders wirst du es als ungefährlich empfinden können, als wenn du mit diesem Beweis die Erfahrung machst, dass alles innere Umgetriebensein in dir erloschen ist: Geh, nimm dir eine nackte, sehr schöne Jungfrau. Wenn du sie dann in Armen hältst und spürst, dass die Ruhe deines Herzens ungestört und die Hitzewallungen deines Fleisches in dir [dies] befriedet aushalten, dann wird dich auch die

Berührung dieser sichtbaren Flamme sanft und ohne Schaden streicheln wie jene drei Männer in Babylon.« (Vgl. Dan 3,24)

Der Altvater, ziemlich erschüttert von einer Offenbarung dieser Art, ließ sich nun zwar nicht auf die Gefahren des Experiments ein, das ihm vom Himmel empfohlen worden war, doch befragte er sein Gewissen und prüfte die Reinheit seines Herzens. So kam er zu dem Schluss, dass das Gewicht seiner Reinheit das Gewicht dieser Prüfung nicht aufwiegt,[22] und dass es »daher nicht verwunderlich ist«, so sagte er, »wenn ich auch nach dem Ende der Kämpfe unreiner Geister gegen mich die Flammen des Feuers, die ich für harmloser als die äußerst grausamen Angriffe der Dämonen hielt, noch gegen mich wüten fühlte.

Größer nämlich ist das Wunder,[23] und herrlicher die Gnade, die innere Begierde des Fleisches zu löschen, als die Schändlichkeiten der Dämonen, die von außen angreifen, mit dem Zeichen des Herrn und in der Kraft des Arms des Herrn (vgl. Jes 51,9; Ps 89,11; Lk 1,51) zu unterwerfen oder aus besessenen Körpern unter Anrufung des Namens des Herrn auszutreiben.«

Soweit Abbas Nesteros. Er beendete den Unterricht über das wahre Wirken von Gnadengaben. Die Unterweisung in seinen Grundsätzen begleitete uns, als wir uns eilends auf den Weg zum Kellion des Greises Joseph machten, das fast sechs Meilen[24] von da entfernt liegt.

Wer ein Fangnetz vor den Blicken des Freundes versteckt, fesselt die eigenen Füße.

Collatio 16

Abbas Joseph spricht über die Grundlagen von Freundschaft und den Zorn

1 Der gottselige Joseph,[1] dessen Weisungen und Gebote es nun auszubreiten gilt, ist einer der drei [Väter], die wir in der ersten Unterredung [dieses zweiten Teils][2] erwähnt haben. Er entstammte einer überaus angesehenen Familie und war Erster seiner Stadt in Ägypten, die Thmuis genannt wird. Doch war er nicht nur in der Sprache Ägyptens, sondern auch in griechischer Beredsamkeit gründlich ausgebildet, sodass er sich nicht nur mit uns, sondern überhaupt mit Leuten, welche den ägyptischen Zungenschlag nicht beherrschten, nicht wie die anderen [Väter] über einen Dolmetscher, sondern höchst persönlich und sehr gepflegt[3] unterhielt. Nachdem er gemerkt hatte, dass wir sehnlichst auf seine Unterweisung warten, fragte er zuerst nach, ob wir Zwillingsbrüder wären. Als er dann von uns hörte, dass wir nicht wie Brüder dem Fleisch nach, sondern wie Brüder im Geist eng verbunden waren und dass wir seit dem Anfang unserer Absage an die Welt sowohl in der [freiwilligen] Fremdlingschaft,[4] die jeder von uns auf sich genommen hatte, um sich im geistlichen Kampf zu bewähren, als auch im klösterlichen Streben allezeit untrennbar verbunden waren, hob er folgendermaßen zu seiner Rede an:

2 Es gibt viele Arten von Freundschaft und Gefährtenschaft,welche die Menschheit auf unterschiedliche Weisen in einer Gemeinschaft der Liebe[5] verbinden. Die einen lässt eine vorherige Empfehlung einander zunächst wie Bekannte begegnen, später dann eine Freundschaft beginnen. Bei anderen wiederum führt eine Vereinbarung oder ein Vertrag über Ausgaben und Einnahmen zu einem Bündnis in gegenseitiger Anerkennung. Wieder andere hat in Banden der Freundschaft verknüpft das gleiche Streben und die Gemeinsamkeit bei Geschäften, im Kriegsdienst, in der Kunst oder der Interessen, wodurch selbst wilde Gemüter so sanft zueinander werden, dass sogar diejenigen, welche sich in den Wäldern und Bergen am Räuberleben freuen und sich am Vergießen von Menschenblut ergötzen, ihre Mittäter dennoch gut behandeln und nähren.

Doch gibt es eine zweite Art von Liebe, die durch natürlichen Antrieb und das Gesetz der Blutsverwandtschaft eine Verbindung herstellt, weswegen sowohl Stammesgenossen als auch Eltern, Brüder oder Kinder anderen vorgezogen werden. Diese [Liebe] ist nicht nur Menschen zueigen, sondern auch allen Vögeln und Lebewesen. Sie schützen und verteidigen ja ihre Brut und ihre Jungen durch eine natürliche Veranlagung, die sie antreibt, sodass sie häufig nicht einmal davor zurückschrecken, sich für sie in Gefahr zu begeben oder dem Tod auszusetzen. Schließlich: Sogar jene Arten von wilden Tieren, Schlangen oder Vögeln, die ihre unbezähmbare Wildheit und tödliche Kraft von allen anderen unterscheidet und absondert, wie zum Beispiel Basilisken, Einhörner oder Greife[6] – schon ihr Anblick soll für jeden tödlich sein – verhalten sich doch aufgrund desselben gemeinsamen Ursprungs und Triebes untereinander friedlich und nicht bedrohlich. All diese genannten Arten von Liebe jedoch sind offensichtlich den Schlechten und Guten, sogar wilden Tieren und Schlangen gemeinsam. Dennoch steht fest, dass sie nicht bis zuletzt andauern können. Denn häufig unterbricht und trennt sie räumliche Entfernung, Vergessen, wenn die Zeit vergeht, ein Versprechen oder der Abschluss eines Geschäfts oder eines Vertrags. Wie sie nämlich aufgrund unterschiedlicher Bündnisse, sei es zum Zweck des Gewinns, oder vom Trieb gesteuert, aufgrund von Blutsverwandtschaft oder anderer Bedürfnisse zustande kommen, wie es sich eben ergibt, so werden sie wieder aufgelöst, sobald ein Anlass zur Trennung dazwischenkommt.

3 Unter all diesen [Arten] jedoch gibt es eine unauflösliche Art von Liebe,[7] bei der weder die Gunst einer Empfehlung noch die Größe einer Leistung oder von Geschenken, weder eine vertragliche Vereinbarung noch ein natürliches Bedürfnis das einende Band ist, sondern allein die Gleichheit der Tugenden. Sie – ich betone es – ist es, die durch keine Umstände zerschlagen wird, die, so wenig wie sie die Entfernung von Ort und Zeit zu entfremden vermag, nicht einmal der Tod aufhebt. Dies ist die wahre und unverbrüchliche Liebe, welche aus der beiderseitigen Vollkommenheit und Tugend von Freunden erwächst. Wenn ihr Bündnis einmal eingegangen wurde, zerstört es weder die Verschiedenheit von Wünschen noch eine streitbare Gegensätzlichkeit des Wollens. Trotzdem wissen wir, dass viele, die mit diesem Vorsatz angetreten waren, diese [Liebe] nicht für immer und nicht ununterbrochen bewahren konnten. Denn obwohl sie auf einen guten Anfang ihrer Gemeinschaft bauten, hielten sie den einmal gefassten Entschluss nicht mit demselben Eifer durch. Zwischen ihnen bestand [nur] eine gewisse zeitlich begrenzte Nähe, weil sie nicht durch ebenbürtige Tugend eines jeden von beiden, sondern lediglich durch die Geduld des einen gewahrt wurde.

Obwohl sie von dem einen großherzig und unermüdlich beibehalten wurde, war es doch unvermeidlich, dass sie durch den Kleinmut des anderen zerbrach. Denn die Schwächen derjenigen, die zu zaghaft die Gesundheit der Vollkommenheit erstreben, mögen sie auch mit noch so großer Duldsamkeit der Starken ertragen werden – die Schwachen selbst halten sie doch nicht aus. Die Ursachen für ihr Hin- und Hergeworfensein, die sie nicht zur Ruhe kommen lassen, tragen sie nämlich in sich. Ganz so wie diejenigen, die von einer körperlichen Krankheit in Beschlag genommen werden, [die Ursache für] die Übelkeit, die von ihrem Magen und ihrer Krankheit ausgeht, auf die Unachtsamkeit der Köche und [Tisch-]Diener zu schieben pflegen. Obwohl ihnen jegliche Aufmerksamkeit derer gilt, die sich um sie kümmern, schreiben sie nichtsdestoweniger den Gesunden die Ursachen ihres Unwohlseins zu. Sie merken gar nicht, dass diese aufgrund der Beschädigung ihrer Gesundheit in ihnen selbst liegen.

Daher: Wie wir gesagt haben, ist allein diejenige Verbindung in Freundschaft zuverlässig und unverbrüchlich, welche durch die Ebenbürtigkeit der Tugenden gestiftet wird. Denn »der Herr lässt in einem Haus wohnen, [die] gleicher Sitte [sind]«. (Ps 67,7 = 68,7) Es kann also nur in denen die Liebe ununterbrochen fortdauern, in denen ein Vorsatz und ein Wille, ein Wollen und ein Nichtwollen vorhanden ist. Wenn auch ihr begehrt, [diese Liebe] unverletzt zu erhalten, dann müsst ihr euch beeilen, dass ihr zuerst die Laster hinaustreibt, und dann den Eigenwillen tötet, damit ihr schließlich, vereint im Streben und im Vorsatz, unverdrossen erfüllt, woran sich der Prophet so sehr freut: »Siehe, wie gut, wie angenehm ist es, wenn Brüder einträchtig beieinander wohnen.« (Ps 132,1 = 133,1)

Man darf dies nicht räumlich, sondern muss es geistlich verstehen. Es nützt doch nichts, wenn in gemeinsamer Wohnung verbunden sind, die in ihren Sitten und ihrem Vorsatz auseinanderstreben. Doch bei gleich ausgerichteter Tugend ist es kein Hindernis, an unterschiedlichen Orten zu wohnen. Vor Gott nämlich verbindet das Beieinandersein in den Sitten, nicht an Orten, die Brüder in einträchtiger Gemeinschaft. Andererseits kann niemals der Frieden unversehrt bewahrt werden, wenn keine Einheit im Wollen herrscht.

4 Germanus: Was also? Wenn der eine etwas tun will, das seiner Meinung nach Gott wohlgefällig und nützlich ist, der andere jedoch die Zustimmung verweigert, soll man es dann auch gegen den Wunsch des Bruders tun oder seinem Willen zuliebe unterlassen?

5 Joseph: Genau deshalb sagten wir, dass eine volle und vollkommene Freundschaft nur unter vollkommenen Männern von gleicher Tugend von Dauer sein kann, denen derselbe Wille und einundderselbe Vorsatz nie oder zumindest selten erlaubt, unterschiedlicher Meinung zu sein oder in den Dingen, die zum Fortschritt im geistlichen Leben gehören, nicht übereinzustimmen. Wenn sie jedoch anfangen, in hitzigen Streitereien zu toben, dürfte klar sein, dass sie nach der bereits genannten Regel niemals einträchtig waren. Da aber niemand einen Anfang in der Vollkommenheit machen kann, wenn er nicht bei den Fundamenten anfängt, und da ihr ja nicht fragt, wie weit sie in die Höhe ragt, sondern wie man zu ihr hindurchgelangt, halte ich es für nötig, euch in aller Kürze ihre Richtung[8] und den Pfad zu zeigen, auf dem eure Schritte geradeaus gelenkt werden, damit ihr das Gut der Geduld und des Friedens leichter erreichen könnt.

6 Die erste Grundmauer einer wahren Freundschaft ist: Die Verachtung all dessen, was Inbegriff von Welt ist, und die Geringschätzung aller Güter, die wir besitzen. Es wäre ja doch sehr ungerecht und gewissenlos, wenn nach der Absage an die Welt samt all ihren Eitelkeiten dem kostbaren Kleinod der Bruderliebe der billigste Krempel, der übrigblieb, vorgezogen würde. Die zweite Grundmauer: Ein jeder schneidet seinen Eigenwillen zurück, um sich nicht selbst als weise und erfahren zu beurteilen anstatt den Vorgaben des Nächsten zu gehorchen. Die dritte Grundmauer: [Ein jeder] soll wissen, dass alles, auch was er für nützlich und nötig hält, dem Gut der Liebe und des Friedens unterzuordnen ist. Die vierte: [Ein jeder soll] glauben, dass es keinerlei Grund für den Zorn gibt, weder aus gerechtfertigten noch ungerechtfertigten Ursachen. Die fünfte: [Ein jeder] soll sich bemühen, den Jähzorn des Bruders, selbst wenn er unbegründet ausgebrochen ist, genau wie seinen eigenen zu heilen, in dem Wissen, dass die Niedergeschlagenheit[9] eines anderen ihm selbst ebenso viel schadet wie wenn er den anderen gegen sich aufbringt, es sei denn er vertreibt sie so gut er kann aus dem Geist des Bruders. Schließlich: Das Hauptmittel, um alle Laster zu vernichten, ist zweifelsohne, sich vor Augen zu halten, dass wir täglich diese Welt verlassen müssen. Diese Überzeugung lässt nicht nur keinerlei Traurigkeit sich im Herzen einnisten, sie lässt auch sämtliche Regungen aller Begierden und Sünden schrumpfen. Jeder, der dies alles berücksichtigt, wird die Bitternis von Zorn und Zwietracht weder selbst erleiden noch [anderen] zufügen. Wer dies jedoch vernachlässigt, und wenn erst einmal [der Zorn,] der Nebenbuhler der Liebe in den Herzen von Freunden das Gift der Traurigkeit Tropfen für Tropfen eingeträufelt hat, wird er folgerichtig zunächst mit häufigen Streitereien die Liebe erkalten lassen, bis er schließlich die schon lange Zeit verwundeten Herzen der Liebenden voneinander trennt. Wer jedoch auf dem schmalen Pfad der vorgenannten Richtung Schritt für Schritt vorangeht – wie könnte er sich jemals mit seinem Freund zerstreiten, wenn er die erste Ursache für Streitereien, die gewöhnlich aus kleinsten Anlässen und wegen völlig unwichtiger Dinge entsteht, ohne Rücksicht auf sich mit der Wurzel ausreißt, wobei er nach Kräften jenes Wort von der Eintracht der Gläubigen beachtet, das wir [im Buch] von den Taten der Apostel lesen: »Die Schar der Gläubigen jedoch war ein Herz und eine Seele. Keiner behauptete, dass etwas von dem, was sie besaßen, sein Eigentum wäre. Vielmehr hatten sie alles gemeinsam.« (Apg 4,32) Wie sollte auch von dem der Same der Zwietracht gesät werden, der, weil er nicht den eigenen, sondern dem Willen des Bruders dient, ein Nachahmer seines Herrn und Schöpfers geworden ist, der als Mensch, der er wurde,[10] sagt: »Ich bin nicht gekommen, um meinen Willen zu tun, sondern den Willen dessen, der mich gesandt hat« (Joh 6,38)? Wie sollte jemand Zündstoff für Streit liefern, der beschlossen hat, weniger dem eigenen Urteil als vielmehr der Prüfung durch den Bruder zu glauben, wenn es um seine eigene Erkenntnis und Wahrnehmung geht, indem er nämlich je nach dem Urteil des Bruders billigt oder verwirft, was er sich ausgedacht hat, und so jenes Wort des Evangeliums in der Demut eines frommen Herzens erfüllt: »Nicht wie ich will, sondern wie du willst.« (Mt 26,39) Oder aus welchem Grund sollte etwas zulassen, womit der Bruder betrübt wird, wer nichts wertvoller erachtet als das Gut des Friedens, und der niemals die Erinnerung an jenes Wort des Herrn verliert: »Daran werden alle erkennen, dass ihr meine Jünger seid, wenn ihr einander liebt.« (Joh 13,35) Christus wollte, dass an dieser Liebe die Herde seiner Schafe in dieser Welt wie an einem besonderen Siegelabdruck erkannt wird und sich – ich will es so sagen – durch dieses Prägemal von den anderen unterscheidet. Aus welchem Grund jedoch sollte ertragen, den ranzigen Groll der Niedergeschlagenheit entweder selbst in sich hineinzufressen oder sich in einem anderen festsetzen zu lassen, wem es oberstes Gebot ist, dass es keinen gerechtfertigten Grund für den Jähzorn gibt, der unheilbringend und verboten ist, und dass er ebensowenig beten kann, wenn der Bruder zornig auf ihn ist, wie wenn er selbst dem Bruder zürnt, da er allezeit jenes Wort des Herrn, unseres Erlösers, in einem demütigen Herzen bewahrt: »Wenn du deine Gabe zum Altar trägst, und dich dort erinnerst, dass dein Bruder etwas gegen dich hat, dann lass deine Gabe dort beim Altar liegen, geh zuerst, versöhne dich mit deinem Bruder! So komme und bringe deine Gabe dar.« (Mt 5,23f) Es nützt ja nichts, wenn du dir sicher bist, nicht zu zürnen, und glaubst, das Gebot zu erfüllen, in dem es heißt: »Die Sonne soll über deinem Zorn nicht untergehen« (Eph 4,26), und: »Wer seinem Bruder zürnt, wird vor Gericht angeklagt werden« (Mt 5,22), [dies nützt also nichts, wenn] du jedoch andererseits über die Niedergeschlagenheit des Nächsten, die du durch deine Sanftmut lindern könntest, mit unbeugsamem Herzen hinwegsiehst. Du wirst genauso wegen der Übertretung des Gebotes des Herrn bestraft werden. Der nämlich sagte, dass du dem anderen nicht zürnen darfst, sagte auch, dass du die Traurigkeit des anderen nicht verachten darfst. Vor Gott nämlich, der »will, dass alle Menschen gerettet werden« (1 Tim 2,4), ist es kein Unterschied, ob du dich oder einen anderen zugrunde richtest. Ihm entsteht einundderselbe Verlust aus dem Untergang eines jeden. Ebenso wird demjenigen, dem das Verderben aller ein Genuss ist, einundderselbe Gewinn verschafft durch deinen [inneren] Tod und den Tod deines Bruders. Schließlich und endlich: Wie wird auch nur die leiseste Verstimmung gegenüber dem Bruder beibehalten können, wer sich vor Augen hält, dass er täglich, ja fortwährend von dieser Welt scheiden muss?

7 Wie also der Liebe nichts vorzuziehen ist, so ist nichts mehr zu vernachlässigen als Wut und Jähzorn. Alles, wie nützlich und notwendig es auch erscheinen mag, ist dennoch zu verschmähen, damit keine

Verwirrung durch Zorn aufkommt. Alles jedoch, auch wenn es als widrig betrachtet wird, muss man auf sich nehmen und tragen (vgl. 1 Kor 13,5–7), damit die Ruhe der Liebe und des Friedens unversehrt bewahrt wird. Man darf nicht glauben, dass etwas mehr Schaden bringt als Zorn und Traurigkeit oder etwas auferbauender ist als die Liebe.

8 Denn wie der Feind noch vom Fleisch bestimmte und schwache Brüder wegen einer bedeutungslosen und irdischen Angelegenheit durch schnell überschäumende Wut[11] entzweit, so entfacht er auch unter geistlich gesinnten [Brüdern] Zwietracht wegen unterschiedlicher Ansichten. Daraus entstehen zweifelsohne zumeist Streitereien und Wortgefechte, die der Apostel verurteilt. Der neidische und böse Feind sät daher mit Vorliebe Zerwürfnisse unter einträchtige Brüder. Das Wort des äußerst weisen Salomo ist doch wahr: »Hass erweckt Streit. Alle jedoch, die nicht streiten, beschützt die Freundschaft.« (Prov 10,12LXX)

9 Um eine anhaltende und ungeteilte Liebe zu bewahren, nützt es also nichts, die erste Ursache für eine Trennung entfernt zu haben, die gewöhnlich über hinfälligen und irdischen Dingen entsteht, alles Fleischliche verachtet zu haben und den Brüdern die uneingeschränkte Teilhabe an allen Dingen, die uns zur Verfügung stehen, erlaubt zu haben, wenn wir nicht auch die zweite [Ursache], die gewöhnlich unter dem Anschein geistlicher Empfindungen entsteht, in gleicher Weise fällen, und uns in allem einen demütigen Sinn und übereinstimmende Willen erwerben.

10 Bei dieser Gelegenheit erinnere ich mich: Als mich mein jugendliches Alter noch veranlasste, mich einer Gemeinschaft anzuschließen, überkam uns oft sowohl im Unterricht über das rechte Verhalten wie [im Unterricht] in den heiligen Schriften solches Verstehen, dass wir nichts für wahrer, nichts für vernünftiger hielten als genau dieses. Sobald wir jedoch bei unseren Zusammenkünften begannen, unsere Meinungen auszutauschen, wurden so manche [Ansichten], nachdem sie einer allgemeinen Prüfung unterzogen worden waren, zunächst von dem einen oder anderen als falsch oder schädlich bezeichnet, und bald darauf in einem gemeinsamen Beschluss als gefährlich beurteilt und verworfen.

Das vorige [Verständnis] erschien vom Teufel eingegeben in so wunderbarem Licht, dass es leicht hätte Zwietracht entstehen lassen können, wenn uns nicht das Gebot der Väter, das wie eine göttliche Weisung beachtet wurde, von jeglichem Streit abgehalten hätte. In diesem Gebot schreiben sie vor, dass keiner von uns dem eigenen Urteil mehr trauen soll als dem des Bruders, wenn er nicht von der Verschlagenheit des Diabolos getäuscht werden will.

11 Ist doch nachweislich jenes Wort des Apostels schon oft eingetroffen: »Sogar der Satan verkleidet sich als Engel des Lichts« (2 Kor 11,14), um trügerisch über die Sinne düstere und trübe Dunkelheit anstelle des wahren Lichts der Erkenntnis auszugießen. Wenn wir solche [Gedanken] nicht mit demütigem und sanftmütigem Herzen kommen lassen und dem reifsten der Brüder oder erfahrendstem der Väter zur Prüfung vorlegen, und sie, nachdem sie von deren Urteil kräftig gerüttelt und geschüttelt wurden,[12] entweder wegwerfen oder annehmen, dann werden wir ganz sicher mit dem schrecklichsten Untergang geschlagen werden, wenn wir in unseren Gedanken[13] einen Engel der Finsternis anstelle eines Engels des Lichts verehren. Solchem Verderben kann unmöglich entrinnen, wer auf sein eigenes Urteil vertraut. Nur wer ein Liebhaber der Demut geworden ist und ihr auf Schritt und Tritt folgt, erfüllt mit restlos aufgebrochenem Herzen,[14] worum der Apostel so sehr fleht: »Wenn es also Trost in Christus gibt, wenn Linderung durch die Liebe, wenn Mitleid und Erbarmen, macht meine Freude vollkommen: Habt an demselben Gefallen, habt dieselbe Liebe. Seid eines Sinnes, seid einer Meinung, beurteilt nichts aus eitler Ehrsucht, sondern indem ein jeder in Demut den anderen höher achtet als sich selbst.« (Phil 2,1–3) Und jenes [Wort]: »Einer komme dem anderen in Ehrerbietung zuvor.« (Röm 12,10) So soll ein jeder seinen Gefährten mehr an Wissen und Heiligkeit zuschreiben und glauben, dass der Gipfel wahrer Urteilsfähigkeit eher auf dem Urteil des anderen als dem eigenen fußt.

12 Doch kommt es oft vor, durch eine Täuschung des Diabolos oder weil ein menschlicher Irrtum dazwischenkommt – schließlich gibt es keinen in diesem Fleisch, der nicht als Mensch getäuscht werden könnte, dass durchaus derjenige, der einen schärferen Verstand und größeres Wissen besitzt, mit seinem Geist etwas Falsches aufnimmt, hingegen derjenige, der langsamer im Denken ist und weniger vorweisen kann, etwas Richtigeres und Wahreres vorbringt. Daher soll sich keiner in leerer Aufgeblasenheit, sei er auch mit noch so viel Wissen begabt, einreden, das Gespräch mit dem anderen nicht zu brauchen. Denn auch wenn keine teuflische Täuschung sein Urteil trübt, wird er doch nicht den Fallstricken der Überheblichkeit und des Hochmuts entgehen. Wer auch könnte dies ohne ungeheuren Schaden für sich beanspruchen, da das »Gefäß der Erwählung« (2 Kor 13,3), in dem, wie er selbst bekennt, Christus sprach, von sich sagt, allein deswegen nach Jerusalem hinaufgestiegen zu sein, um mit seinen Mit-Aposteln das Evangelium, das er den Heiden durch Offenbarung und Mitarbeit des Herrn predigte, in einer besonderen Prüfung zu vergleichen? (vgl. Gal 2,2) Dadurch wird deutlich, dass nicht nur Einmütigkeit und Eintracht durch diese Gebote gewahrt werden, sondern auch alle Hinterhältigkeiten des Diabolos, der gegen [uns] kämpft, sowie die Schlingen seiner Gaukeleien ihren Schrecken verlieren.

13 Überhaupt wird die Kraft der Liebe in solchem Maß gerühmt, dass der gottselige Apostel Johannes sie nicht nur als Merkmal Gottes bezeichnet, sondern sogar sagt, dass Gott sie ist: »Gott ist Liebe. Wer in der Liebe bleibt, der bleibt in Gott und Gott in ihm.« (1 Joh 4,16) So sehr nehmen wir sie doch in uns wahr, dass wir jenes Wort des Apostels in uns wirken fühlen: »Die Liebe Gottes ist ausgegossen in unsere Herzen durch den heiligen Geist, der in uns wohnt.« (Röm 5,5) Als ob er damit sagen wollte: »Gott ist ausgegossen in unsere Herzen durch den heiligen Geist, der in uns wohnt.« Wenn wir »nicht wissen, wie wir beten sollen« (Röm 8,26), ist er es auch, der »für uns eintritt mit unaussprechlichem Seufzen. Der nämlich die Herzen erforscht, weiß, was der Geist ersehnt, da er für die Heiligen bittet, wie es recht ist vor Gott.« (Röm 8,27)

14 Die Liebe jedoch, die [im Griechischen] ἀγάπη (agápe) genannt wird, kann allen erwiesen werden. Darüber sagt der gottselige Apostel: »Solange wir also noch Zeit haben, lasst uns Gutes wirken für alle, am meisten jedoch für die Hausgenossen im Glauben.« (Gal 6,10) Diese Liebe ist in solch großem Umfang ganz allgemein zu erweisen, dass der Herr uns sogar befiehlt, sie auch gegenüber unseren Feinden aufzubringen, wenn er sagt: »Liebt eure Feinde.« (Mt 5,44) Das geordnete liebevolle Wohlwollen jedoch, [das im Griechischen διάθεσις (diáthesis) genannt wird, im Lateinischen affectio] – diese Zuneigung schenkt man nur wenigen, vorrangig denen, die uns durch gleiche Sitten oder die Verbundenheit in den Tugenden nahestehen. Gleichwohl scheint es auch in diesem geordneten liebevollen Wohlwollen selbst etliche Unterschiede zu geben. Anders nämlich liebt man Eltern, wieder anders Ehegatten, nochmals anders Brüder oder Kinder, und sogar hierbei gibt es große Unterschiede in der Zuneigung zu denjenigen, denen gegenüber man zur Liebe verpflichtet ist.

Außerdem findet sich keine einheitliche Liebe von Eltern zu ihren Kindern. Dies wird auch durch das Beispiel des Patriarchen Jakob bestätigt: Obwohl er Vater von zwölf Söhnen und ihnen allen mit väterlicher Liebe zugetan war, liebte er doch Josef mit einer Zuneigung, die ihn bevorzugte, sodass die Schrift ausdrücklich erwähnt: »Doch seine Brüder beneideten ihn, weil sein Vater ihn liebte.« (Gen 37,4) Dies heißt nicht, dass dieser gerechte Mann und Vater nicht auch seine anderen Söhne sehr liebte, sondern dass er sich der Zuneigung zu Josef in besonderer Weise zärtlicher und rückhaltloser hingab, weil dieser die Gestalt des Herrn im Voraus verkörperte. Wir lesen auch, dass diese [Form der Liebe] vom Evangelisten Johannes ausdrücklich beschrieben wird, wenn es darüber heißt: »Jener Jünger, den Jesus liebte.« (Joh 13,23) Der Evangelist bezeugt jedoch, dass Jesus dennoch auch die anderen Erwählten mit solch wunderbarer Liebe umfing, wenn [Jesus] sagt: »Wie ich euch geliebt habe, so sollt auch ihr einander lieben.« (Joh 13,34) Darüber heißt es an anderer Stelle: »Weil er die Seinen liebte, die in der Welt waren, liebte er sie bis zum Ende.« (Joh 13,1) Diese Liebe nun zu diesem einen drückt nicht eine erkaltete Liebe zu den übrigen Jüngern aus, vielmehr ein freigebigeres Überströmen der Liebe zu diesem einen, das ihm der Vorzug der Jungfräulichkeit und die Unversehrtheit des Fleisches brachte. Diese Liebe wird deshalb als erhabener und als eine gewisse Ausnahme bezeichnet, weil sie nicht der Vergleich mit dem Hass, sondern eine reichlicher zuströmende Gnade überschwänglicher Liebe heraushebt. Von ihr lesen wir auch im Lied der Lieder, wenn es aus dem Mund der Braut heißt: »Ordnet in mir die Liebe.« (Hld 2,4LXX) Dies jedoch ist eine wahrhaft geordnete Liebe,[15] die keinen hasst, einige jedoch aufgrund ihrer Verdienste mehr liebt. Obwohl sie allgemein alle liebt, sucht sie sich dennoch diejenigen heraus, welche sie mit besonderer Zuneigung umfangen kann. Unter denjenigen wiederum, die in der Liebe die vollkommensten und herausragendsten sind, wählt sie sich einige aus, die in der Zuneigung über die anderen gehoben werden.

15 Im Gegensatz dazu wissen wir – ich wollte, wir wüssten es nicht –, dass einige Brüder so widerspenstig und verhärtet sind, dass sie, sobald sie merken, dass entweder ihr eigenes Gemüt gegen den Bruder oder das Gemüt des Bruders gegen sie aufgebracht ist, um die Niedergeschlagenheit ihres Geistes zu verheimlichen, die aus der Entrüstung über das Aufbrausen des einen oder anderen entstand – [dass sie sich also] entfernen von denen, die sie durch demütige Genugtuung und Zureden hätten besänftigen sollen, und anfangen, irgendwelche Psalmverschen zu singen. Während sie sich einbilden, die in ihrem Herzen eingenistete Bitternis zu lindern, vermehren sie durch Häme, was sie sofort auslöschen könnten, wenn sie vorsichtiger und demütiger hätten sein wollen, um durch rechtzeitige Reue sowohl ihre eigenen Herzen zu heilen wie die Gemüter der Brüder zu beruhigen. Denn durch solcherart Kleinmut, genauer gesagt Hochmut, streicheln sie das Laster und nähren eher den Zunder für Streitereien, als dass sie ihn löschen. Sie denken nicht an jenes Gebot des Herrn, in dem er sagt: »Wer seinem Bruder zürnt, wird vor Gericht angeklagt werden.« (Mt 5,22) Und: »Wenn du dich erinnerst, dass dein Bruder etwas gegen dich hat, dann lass deine Gabe dort beim

Altar liegen! Geh, versöhne dich mit deinem Bruder! Dann komme und bringe deine Gabe dar.« (Mt 5,23f)

16 So wenig nun will unser Herr, dass wir die Niedergeschlagenheit eines anderen verachten, dass er auch unsere Gaben nicht annimmt. Das heißt, er lässt nicht zu, dass wir ihm Gebete darbringen, wenn ein Bruder etwas gegen uns hat, bis wir aus dem Herzen des Bruders die Traurigkeit – mag er sie berechtigt oder unberechtigt in sich eingelassen haben, ohne zu säumen durch Genugtuung nehmen. Er [der Herr] sagt ja nicht: »Wenn dein Bruder eine wirkliche Anklage gegen dich hat, dann lass deine Gabe dort beim Altar, geh, und versöhne dich zuerst mit ihm.« Sondern er sagt: »Wenn du dich erinnerst, dass dein Bruder etwas gegen dich hat.« (Mt 5,23f) Das heißt: Auch wenn es eine Kleinigkeit und belanglos ist, wodurch die Wut des Bruders auf dich ausgelöst wurde, und dies dein Gedächtnis in plötzlicher Erinnerung[16] trifft, dann wisse: Du darfst die geistigen Gaben deiner Gebete nicht darbringen, wenn du nicht vorher die Traurigkeit – aus welchem Grund auch immer sie entstand – aus dem Herzen deines Bruders mit gütiger Genugtuung genommen hast. Wenn uns also das Wort des Evangeliums befiehlt, schon für eine zurückliegende, sehr geringe oder aus kleinstem Anlass entstandene Spannung denen, die zornig sind, Genüge zu leisten, was wird erst mit uns Elenden geschehen, wenn wir unmittelbare, sehr heftige oder durch unseren Irrtum entstandene Streitfälle mit hartnäckiger Leugnung übergehen und aufgeblasen vom teuflischen Hochmutsgeschwür abstreiten, dass wir die Urheber der Traurigkeit des Bruders sind, weil wir uns schämen, uns zu erniedrigen? Mit aufrührerischem Geist und indem wir es als unzumutbar ablehnen, uns den Geboten des Herrn zu unterwerfen, behaupten wir, dass sie weder gehalten noch erfüllt werden müssen. So kommt es, dass wir durch unser Urteil, er [der Herr] habe Unmögliches oder Unpassendes befohlen, mit den Worten des Apostels nicht »Täter des Gesetzes«, sondern »Richter über das Gesetz« werden (Jak 4,11).

17 Auch das müssen wir mit unzähligen Tränen beweinen, dass manche Brüder, wenn sie wegen irgendeines Wortes vor Kränkung toben, über die Bitten eines anderen, der diese [Kränkung] lindern möchte, nur müde lächeln. Sobald sie hören, dass man gegen den Bruder niemals Verdruss aufkommen lassen oder sich festsetzen lassen soll, entsprechend jenem Wort, das geschrieben steht: »Wer seinem Bruder zürnt, wird vor Gericht angeklagt werden,« (Mt 5,22) und: »Die Sonne soll über deinem Zorn nicht untergehen,« (Eph 4,26) verkünden sie auf der Stelle: Wenn ein Heide oder Weltmensch dies getan oder das gesagt hätte, müsste man es freilich aushalten. Wer aber sollte einen Bruder ertragen, der sich der Schwere seiner Schuld bewusst ist und trotzdem eine so unverschämte Beschimpfung von sich gibt? Als ob Geduld nur den Ungläubigen und Schurken, nicht aber allen allgemein entgegenzubringen wäre oder als ob Jähzorn gegen einen Heiden als sträflich, gegenüber einem Bruder jedoch als nützlich einzuschätzen wäre. Dabei bringt doch die verstockte Empörung des Geistes sich nicht wenig Schaden ein, gleichgültig gegen wen sie sich so aufregt. Doch welch ungeheures Maß an Hartnäckigkeit, ja Aberwitz verrät es, dass solche [Brüder] im Stumpfsinn eines gefühllosen Geistes auch nicht den eigentlichen Sinn des Schriftwortes wahrnehmen. Es heißt ja nicht: »Jeder, der einem Fremden zürnt, wird vor Gericht angeklagt werden«, womit vielleicht nach der Meinung jener [Brüder] die Brüder im Glauben und auf dem Weg der Umkehr ausgenommen wären. Doch das Wort des Evangeliums drückt sich unmissverständlich aus, wenn es sagt: »Jeder, der seinem Bruder zürnt, wird im Gericht angeklagt werden.« (Mt 5,22) Auch wenn wir entsprechend der Regel der Wahrheit jeden Menschen als Bruder annehmen sollen, ist doch an dieser Stelle mit dem Wort »Bruder« eher der Gläubige und der mit uns auf dem Weg ist gemeint, als der Heide.

18 Wie verhält es sich jedoch damit, dass wir gelegentlich meinen, geduldig zu sein, weil wir darauf verzichten, zu antworten, wenn wir gereizt werden, durch herbes Schweigen, höhnischen Gesichtsausdruck oder spöttische Gesten jedoch aufgebrachte Brüder so ungeheuerlich demütigen, dass wir sie mit stummer Miene mehr zum Jähzorn reizen als tosendes Gebrüll sie hätte aufregen können. Dabei meinen wir, in keiner Weise vor Gott schuldig zu sein; schließlich haben wir ja nichts gesagt, was uns im Urteil von Menschen einen Tadel hätte einbringen oder uns hätte verurteilen können. Als ob vor Gott nur die Worte, nicht jedoch vor allem der Wille als Schuld angerechnet würde, und allein die sündige Tat, nicht schon der Wunsch und die Absicht zur Anklage reicht oder als ob vor Gericht nur untersucht werden wird, was ein jeder getan hat und nicht, was er beabsichtigte zu tun. Denn nicht allein die Art einer Reizung [zum Zorn], die wir bewerkstelligen, wird als Schuld angerechnet, sondern auch die Absicht dessen, der reizt. Deshalb wird die wahrhafte Prüfung unseres Richters nicht danach fragen, wie ein Streit entstanden ist, sondern durch wessen Schuld er entbrannte. Es zählt das Ergebnis einer Sünde, nicht die Methode, mit der sie begangen wurde. Was sollte denjenigen, der den Bruder eigenhändig mit dem Schwert ermordet unterscheiden von dem, der ihn mit einem Hinterhalt in den Tod treibt? Das Ergebnis bleibt dasselbe: Der Bruder kam ums Leben, [gleichgültig ob] durch Heimtücke oder Mord. Das wäre ja, als ob es [für einen Freispruch] reichen würde, einen Blinden nicht mit eigener Hand in den Abgrund gestoßen zu haben, obwohl man doch genauso schuldig wird, wenn man es unterlässt, ihn zurückzurufen, wenn er der Grube gefährlich nahe kommt, obwohl man es könnte. Oder sollte nur der ein Mörder sein, der mit eigener Hand jemanden erdrosselt hat, und nicht auch der, welcher den Strick gedreht oder herbeigeschafft hat, oder ihn nicht wenigstens wegschaffen wollte, obwohl er konnte? Schweigen nützt daher nichts, wenn wir es uns nur deshalb auferlegen, um mit Schweigen anzurichten, was mit Gebrüll bewirkt worden wäre, und wenn wir bestimmte Gebärden zeigen, durch die derjenige, der geheilt werden sollte, in noch glühenderem Zorn zu brennen beginnt, wir aber obendrein auf seine Kosten und zu seinem Schaden [für unser Schweigen] gerühmt werden. Doch wer sich mit dem Schaden des Bruders Ruhm erwerben will, wird gerade dadurch umso schuldiger. Solches Schweigen wird für beide gleichermaßen Schaden anrichten: Wie es im Herzen des anderen die

Kränkung hoch auftürmt, so lässt es nicht zu, die Kränkung im eigenen Herzen zu löschen. Gegen solche [Brüder] richtet sich ziemlich deutlich jene Drohung des Propheten: »Wehe dem, der seinem Freund als Trank die Galle seiner Gehässigkeit schickt und ihn betrunken macht, um seine Blöße zu sehen. Er ist angefüllt mit Schande, nicht mit Ruhm.« (Hab 2,15f) Und jenes Wort, das über solche [Leute] durch einen anderen gesagt wird: »Jeder Bruder stellt heimtückisch die Falle. Jeder Freund kommt als Betrüger daher. Der Mann verlacht seinen Bruder, sie sagen nicht die Wahrheit. Sie spannen ihre Zunge wie einen Bogen der Lüge, nicht der Wahrheit.« (Jer 9,4.5.3) Geheuchelte Geduld entflammt oft sogar schneller zum Jähzorn als ein Wort. Boshaftes Schweigen übertrifft die schlimmsten Schimpfworte und leichter erträgt man Wunden von Feinden als hämische Schmeicheleien von Spöttern. Darüber sagt der Prophet ausdrücklich: »Sanftfließender als Öl sind seine Worte, doch sie sind Brandpfeile.« (Ps 54,22 = 55,22) Und an anderer Stelle: »Sanft [tönen] die Worte der Hinterhältigen, doch treffen sie die Eingeweide des Unterleibs.« (Prov 26,22LXX) Auch jenes Wort lässt sich ganz vorzüglich darauf anwenden: »Mit seinem Mund spricht er: ›Frieden‹ zu seinem Freund, doch heimlich stellt er ihm eine Falle.« (Jer 9,8) Wodurch allerdings derjenige, der täuscht, selbst mehr getäuscht wird. Denn »wer vor den Blicken seines Freundes ein Fangnetz versteckt, fesselt die eigenen Füße.« (Prov 29,5LXX) Und: »Wer seinem Nächsten eine Grube gräbt, fällt selbst hinein.« (Prov 26,27LXX)

Nicht zu vergessen: Als eine große Schar mit Schwertern und Knüppeln gekommen war, um den Herrn zu ergreifen (vgl. Lk 22,47ff), trat keiner grausamer gegen den Urheber unseres Lebens auf als jener Vatermörder, der allen in heuchlerischer Ehrerbietung voranging und [dem Herrn] den Kuss verräterischer Liebe gab. Der Herr sagte zu ihm: »Judas, mit einem Kuss verrätst du den Menschensohn?« (Lk 22,48) Das will bedeuten: Die Bitternis deines Verfolgungseifers und deines Hasses hat als Deckmantel genommen, womit man die Süße wahrer Liebe ausdrückt. Noch offener und heftiger schildert er [der Herr] die Wucht dieses Schmerzes durch den [Mund des] Propheten und sagt: »Wenn mein Feind mir geflucht hätte, ich hätte es immerhin ertragen. Wenn der, der mich hasste, heftig gegen mich gesprochen hätte, hätte ich mich schließlich vor ihm versteckt. Aber nun bist du es, ein Mensch, mit dem ich in Eintracht [lebte], mein Gefährte, mein Vertrauter. Zusammen mit mir griffst du nach der süßen Speise. Im Haus Gottes wandelten wir gemeinsam.« (Ps 54,13–15 = 55,13–15)

19 Es gibt noch eine andere, unselige Art von Traurigkeit, die keiner Erwähnung wert wäre, wenn wir nicht wüssten, dass einige Brüder sie sich zuschulden kommen lassen. Wenn sie gekränkt oder niedergeschlagen sind, lehnen sie hartnäckig jede Speise ab, sodass genau jene, die, wenn sie friedlich sind, behaupten, nicht bis zur Stärkung mit dem Mahl zur sechsten Stunde oder gar neunten Stunde warten zu können, dann aber – wir können es nicht ohne Scham sagen – wenn sie randvoll sind von einer Kränkung oder Wut, sogar ein zweitägiges Fasten nicht fühlen und eine so große Schwächung durch Hunger aushalten, weil sie rundum satt sind vom Jähzorn. Dadurch verfallen sie ganz offensichtlich dem Verbrechen der Gotteslästerung, weil sie das Fasten, das allein Gott insbesondere für die Demut des Herzens und zur Reinigung von den Lastern dargebracht werden soll, für teuflische Borniertheit ertragen. Das ist, als ob sie Gebete und Opfer nicht Gott, sondern den Dämonen darbringen würden. Sie verdienen, jenen Vorwurf des Mose zu hören: »Sie haben den Dämonen, nicht Gott geopfert, Göttern, die sie nicht kannten.« (Dtn 32,17)

20 Sehr gut kennen wir auch eine weitere Art von Irrsinn, die unter dem schönfärberischen Anstrich von Geduld bei einigen Brüdern zu beobachten ist, denen es zu wenig ist, Streitereien ausgelöst zu haben, wenn sie es nicht auch mit aufreizenden Worten so weit bringen, dass sie geschlagen werden. Sobald sie dann auch nur vom leichtesten Schlag berührt werden, halten sie auch noch einen anderen Körperteil zum Schlagen hin, gleichsam um dadurch jenes Gebot vollkommen zu erfüllen, in dem es heißt: »Wenn einer dich auf deine rechte Wange schlägt, halte ihm auch die andere hin.« (Mt 5,39) Sie kennen jedoch überhaupt nicht den Gehalt und die Absicht des Evangeliums. Ja, sie meinen, Geduld im Sinne des Evangeliums mit dem Laster des Jähzorns üben zu können. Um dieses Laster mit der Wurzel ausreißen zu können, wird doch nicht nur die gegenseitige Rache und die Aufreizung zum Streit verboten. Vielmehr wird uns befohlen, die Wut des Schlagenden durch Ertragen eines doppelten Unrechts zu mildern.

21 Germanus: Wie nun? Soll derjenige getadelt werden, der das Gebot des Evangeliums befolgt und nicht nur keine Vergeltung übt, sondern sogar einverstanden ist, dass ihm das Unrecht verdoppelt wird?

22 Joseph: Wie ich vorhin gesagt habe: Man darf nicht nur auf eine Tat schauen, sondern muss auch den Geisteszustand und die Absicht des Handelnden berücksichtigen. Wenn ihr also das, was einer tut, auf die innere Waage des Herzens legt und genau prüft, aus welcher Gesinnung heraus es geschieht und welcher Antrieb es steuert, werdet ihr sehen, dass die Tugend der Geduld und der Sanftmut niemals mit widerständigem Geist, will heißen [im Zustand von] Ungeduld und der Wut, vollbracht werden kann. Nicht anders hat unser Herr und Erlöser uns die Regel für eine Vollkommenheit nach dem Evangelium gegeben. Er leitet uns zur Tugend der Geduld und Sanftmut an: Wir sollen sie nicht nur als Lippenbekenntnis vor uns hertragen, sondern fest verankern im innersten Heiligtum[17] unserer Seele. Der Herr sagt also: »Wenn einer dich auf deine rechte Wange schlägt, dann halte auch die andere hin.« (Mt 5,39) Damit ist ohne Zweifel die andere rechte [Wange] gemeint. Doch kann dies keine andere Rechte[18] sein als – um es einmal so zu sagen – diejenige im Antlitz des inneren Menschen. Mit diesem [Wort] nun will der Herr [erreichen], dass wir allen Zunder des Jähzorns aus den geheimsten Untiefen unserer Seele mit Stumpf und Stiel ausreißen. Das bedeutet: Sobald deine äußere Rechte den Schlag dessen, der dich schlägt, empfangen hat, soll auch der innere Mensch mittels der Zustimmung zur Erniedrigung[19] seine Rechte zum Schlag hinhalten; [er soll] mitleiden mit den Schmerzen des äußeren

Menschen, seinen Körper niederfallen lassen und dem Unrecht dessen unterwerfen, der schlägt, damit nicht durch die Misshandlung des äußeren Menschen auch der innere sich schweigend erzürnt.

Ihr seht also, dass die [es darauf anlegen, geschlagen zu werden] weit entfernt sind von der Vollkommenheit des Evangeliums, das uns lehrt, dass Geduld nicht mit Worten, sondern in der inneren Stille des Herzens bewahrt werden muss, und uns befiehlt, sie gerade dann, wenn wir auf Widerstand stoßen, zu bewahren, sodass wir nicht nur uns selbst wie Fremde[20] vor der Verwirrung durch den Zorn bewahren, sondern auch diejenigen, die durch ihre Laster außer Rand und Band sind, indem wir uns ihrem Unrecht unterwerfen, zur Friedfertigkeit zwingen und so ihre Raserei mit unserer Sanftmut besiegen. Dann werden wir jenes Apostelwort erfüllen: »Lass dich nicht besiegen vom Bösen, sondern besiege das Böse mit dem Guten.« (Röm 12,21)

Es ist völlig sicher, dass dieses [Wort] von jenen nicht erfüllt werden kann, die Worte der Sanftmut und Demut in einer dermaßen hochmütigen Einstellung von sich geben, dass sie nicht nur den entfachten Brand der Wut nicht eindämmen, sondern darüber hinaus bewirken, dass er wie in ihrem Sinn, so auch im Herzen des aufgebrachten Bruders lichterloh brennt. Selbst wenn sie irgendwie sanft und friedlich bleiben können, dürften sie so keine einzige Frucht der Gerechtigkeit ernten. Damit sind sie meilenweit entfernt von jener apostolischen Liebe, die »nicht das Ihre sucht«, (1 Kor 13,5) sondern das [Wohl] der anderen. Sie giert nicht dermaßen nach Reichtum, dass sie sich durch den Schaden des Nächsten Gewinn verschafft, noch wünscht sie, sich [kostbare Gewänder] zu beschaffen, während der andere nackt und bloß [vor der Tür liegt] (vgl. Mt 25,36; Lk 16,20).

23 Man sollte fürwahr wissen, dass überhaupt derjenige auf Seiten der Stärkeren steht, der seinen eigenen Willen dem Willen des Bruders unterwirft, und nicht derjenige, der hartnäckig dabei bleibt, seine eigenen Bastionen zu verteidigen und zu befestigen. Wer den Nächsten aushält und erträgt, nimmt den Platz des Gesunden und Starken ein, der

[Rechthaber] jedoch den Platz des Schwachen und irgendwie Kranken, den man so hegen und pflegen soll, dass es manchmal sogar heilsam ist, um seiner Ruhe und des Friedens willen die Zügel der Pflichten etwas zu lockern. Dabei soll nur ja keiner glauben, seine Vollkommenheit auch nur ein wenig zu mindern, selbst dann nicht, wenn er im Mithinabsteigen[21] etwas von der Strenge, die er sich auferlegt hat, aufgibt. Im Gegenteil: Er weiß, dass er weit mehr für das Gut der Langmut und Geduld gewonnen hat. Das Gebot des Apostels lautet ja: »Ihr, die ihr stark seid, ertragt die Schwächen der Nicht-Starken.« (Röm 15,1) Und: »Tragt einer des anderen Last, so werdet ihr das Gesetz des Christus erfüllen.« (Gal 6,2) Niemals nämlich erträgt ein Schwacher den Schwachen, auch wird einen Kranken weder ertragen noch heilen können, wer an der gleichen Krankheit leidet. Vielmehr teilt derjenige dem Kranken die Arznei aus, der selbst nicht der Krankheit unterliegt. Sonst könnte man ihm zu Recht sagen: »Arzt, heile dich selbst!« (Lk 4,23)

24 Wir müssen auch feststellen, dass die Natur der Schwachen immer so geartet ist, dass sie schnell und leicht bereit sind, Schläge auszuteilen und Streit zu säen, selbst jedoch nicht vom kleinsten Unrecht auch nur gestreift werden wollen. Obwohl sie mit frecher Freiheit über die dreisten Beleidigungen, die sie austeilen, hinweggehen, sind sie nicht bereit, auch nur die kleinsten und leichtesten auszuhalten. Fassen wir zusammen: Laut den vorgenannten Aussagen der Väter kann feste und unverbrüchliche Liebe nur Bestand haben unter Männern gleicher Tugend und mit demselben Vorsatz. Andernfalls wird sie unumgänglicherweise irgendwann gefällt, mit welch großer Sorgfalt auch immer jemand sie hüten mag.

25 Germanus: Womit kann die Geduld eines vollkommenen Mannes aber Lob verdienen, wenn er nicht die Kraft hat, den Schwachen immerfort zu ertragen?

26 Joseph: Ich habe keineswegs gesagt, dass die standhafte Tugend und Geduld dessen, der stark ist, zur Verliererin gemacht werden soll, sondern dass der äußerst schlimme Zustand des Schwachen durch die Tragfähigkeit dessen, der gesund ist, genährt wird. Wenn dieser Zustand täglich noch schlimmer wird, wird er Gründe liefern, derentwegen er entweder nicht mehr getragen werden kann, oder, weil er fest annimmt, dass die Geduld des Nächsten und seine hässliche Ungeduld bekannt sind, irgendwann lieber weggehen will, als ständig durch die Großherzigkeit eines andern gehalten zu werden. Ich bin der Meinung, dass diejenigen, welche die Verbundenheit in einer Gefährtenschaft unverletzt bewahren wollen, vorrangig beachten müssen, dass der Mönch, durch welches Unrecht auch immer er verletzt wurde, nicht nur seine Lippen, sondern auch die Tiefen seiner Brust ruhig erhält. Wenn er jedoch bemerkt, dass sie beben, soll er sich selbst durch Schweigen zügeln, und auf jenes [Wort] sorgfältig achthaben, das der Psalmist in Erinnerung ruft: »Ich geriet in Wirrnisse, doch sagte ich nichts.« (Ps 76,5 = 77,5) Und: »Ich sagte: Achthaben will ich auf meine Wege, damit ich nicht sündige mit meiner Zunge. Vor meinen Mund habe ich eine Wache gestellt, solange der Sünder gegen mich auftritt. Ich verstummte, ich wurde gedemütigt, ich schwieg vom Guten.« (Ps 38,2f = 39,2f) Die augenblickliche Situation prüfend soll er nichts aussprechen, was ihm die Wut in diesem Augenblick aufschwatzt oder ein erzürnter Geist einredet. Vielmehr soll er sich erinnern an die Anmut früherer Liebe, und im Geist vorausschauen auf die Wiederherstellung des Friedens, den es zu erneuern gilt, und ihn gerade zur Zeit des Aufgewühltseins so betrachten, als ob er jeden Augenblick zurückkehren würde. Während er sich bereithält für die Süße unmittelbar bevorstehender Eintracht, wird er die Bitternis des augenblicklichen Gezänkes nicht fühlen, und so viel eher das antworten, wodurch weder er selbst vor sich selbst zum Angeklagten werden kann noch nach Wiederherstellung der Liebe von einem anderen getadelt werden kann. So wird er jenes Wort des Propheten erfüllen: »Wenn du zürnst, erinnere dich an die Barmherzigkeit.« (Hab 3,2LXX)

27 Wir müssen also alle Regungen von Jähzorn im Zaum halten und mit der Diskretio als Lenkerin am Ruder unseres Geistes mäßigen, damit wir nicht jählings zu dem hingerissen werden, was Salomo verurteilt: »Seinen ganzen Zorn lässt der Gewissenlose heraus, der Weise jedoch mäßigt ihn nach und nach.« (Prov 29,11LXX) Das heißt: Der Törichte wird glühend vor Zorn zur Rache entzündet. Der Weise jedoch hungert ihn nach und nach aus durch die Reife seines Entschlusses und seiner Mäßigung und vertreibt ihn. Dies besagt auch jenes Wort des Apostels: »Rächt euch nicht selbst, Liebste, sondern gebt dem Zorn Raum.« (Röm 12,19) Das bedeutet: Lasst euch unter dem Zwang von Jähzorn niemals zur Rache hinreißen, »sondern gebt dem Zorn[22] Raum«, will heißen: Eure Herzen sollen unter der Enge der Ungeduld und des Kleinmutes nicht so verengt sein, dass sie dem gewaltigen Sturm des Zornes, wenn er ausbricht, nicht aushalten können. Lasst euch vielmehr in euren Herzen weiten, indem ihr die Brandung der Zornesgischt in jenen weiten Auen der »Liebe« auffangt, »die alles erduldet, allem standhält«. (1 Kor 13,7) So soll euer Geist, geräumig geworden durch die Weite des Langmuts und der Geduld, in sich heilsame Rückzugsorte für Beratungen haben, an denen der garstige Qualm des Jähzorns, nachdem er sozusagen eingelassen wurde und sich ausgebreitet hat, sich schnell verflüchtigt.[23] Man könnte dies sicherlich auch so verstehen: Wir geben dem Zorn Raum, sooft wir uns der Empörung eines anderen mit demütigem und ruhigem Geist unterwerfen und der Ungeduld des Wüterichs willfährig sind, indem wir zugeben, jedes Unrecht, das uns widerfährt, in gewisser Weise zu verdienen. Ansonsten scheinen mir diejenigen, die den Sinn der Vollkommenheit, wie der Apostel sie versteht, so zu verbiegen, dass sie meinen, jene würden dem Zorn Raum geben, die vom Zürnenden weggehen, nicht um den Zunder von Streitereien zu löschen, sondern um ihn zu befeuern. Wenn nämlich der Jähzorn des Nächsten nicht sofort durch demütige Genugtuung besiegt wird, ruft einer, der flieht, ihn eher hervor, als dass er ihn abwendet. Dem entspricht das Wort, das Salomo sagt: »Sei in deinem Geist nicht schnell beim Zorn; denn Zorn schlummert in der Brust der Toren.« (Eccl 7,9LXX) Und: »Stürze dich nicht schnell in einen Streit, damit es dich nicht zu guter Letzt reut.« (Prov 25,8LXX) Doch klagt er die Eile zu Streit und Zorn nicht so an, dass er Langsamkeit zu Streit und

Zorn billigt. Ähnlich ist jenes Wort zu verstehen: »Der Tor lässt seinen Zorn im selben Augenblick heraus. Doch der Kluge verbirgt seine Schande.« (Prov 12,16LXX) Er urteilt nicht, dass von Weisen die scheußliche Leidenschaft des Jähzorns in der Weise verborgen werden müsste, dass er, wenn er Schnelligkeit im Zürnen anklagt, Langsamkeit im Zürnen nicht verbietet. Vielmehr meint er: Wenn Zorn durch die Unzulänglichkeit der menschlichen Natur durchbricht, ist er zu verbergen, damit er für immer vernichtet wird, wenn er nur im entsprechenden Augenblick weise zugedeckt wird. Dies nämlich ist die Natur des Zorns, dass er, wenn er Raum bekommt, schwächer wird und vergeht, herausgelassen aber immer heller lodert. Wir müssen also in unserer Brust Raum schaffen und sie weit machen, damit sie nicht in Enge des Kleinmuts zusammengepresst in der Sturmflut des Zorns überläuft und wir mit engem Herzen unfähig sind, jenes über die Maßen weite Gebot Gottes dem Propheten entsprechend aufzunehmen, und [womöglich] nicht mit dem Propheten sagen können: »Den Weg deiner Gebote bin ich gelaufen, als du mein Herz weit machtest.« (Ps 118,32 = 119,32)

Dass Langmut Weisheit ist, lehren uns mit aller Deutlichkeit die heiligen Schriften: »Ein langmütiger Mann ist über die Maßen klug, ein kleinmütiger jedoch sehr töricht.« (Prov 14,29LXX) Deswegen ruft die Schrift auch von dem, der das Geschenk der Weisheit lobenswerterweise vom Herrn erbat, in Erinnerung: »Gott gab Salomo außergewöhnlich viel Weisheit und Klugheit, außerdem Herzensweite wie Meeressand, den keiner zählen kann.« (3 Reg = 1 Kön 4,29)

28 Auch durch viele Erfahrungen wird ziemlich oft bestätigt, dass diejenigen, welche das Bündnis ihrer Freundschaft auf der Grundlage eines Schwures eingingen, die Eintracht nicht unverbrüchlich bewahren konnten. Entweder, weil sie diese nicht aus Sehnsucht nach Vollkommenheit oder wegen des Befehls des Apostels, zu lieben, sondern aus weltlicher Liebe und durch den Zwang und die Fessel eines Vertrages zu bewahren versuchten. Oder auch, weil jener äußerst verschlagene Feind, um sie zu Pflichtverletzern der Treue zum Vertrag zu machen, sie übereilt und Hals über Kopf zum Bruch der Freundschaftsbande treibt. Sehr zuverlässig ist also jene Feststellung der klügsten Männer, dass wahre Eintracht und unverbrüchliche Gefährtenschaft nur bei gereinigtem Charakter und unter Männern gleicher Tugend und mit ein- und demselben Vorsatz Bestand haben kann.

Dies setzte uns der gottselige Joseph in der geistlichen Unterweisung über die Freundschaft auseinander. Er entfachte in uns noch brennender den Wunsch, die Liebe unserer Gefährtenschaft unverbrüchlich zu bewahren.

Die Korrektur einer vorschnellen Entscheidung bedeutet nicht Verrat an der Beharrlichkeit, wenn dadurch ein falsches Versprechen rückgängig gemacht wird.

Collatio 17

Abbas Joseph spricht über Festlegungen und Versprechen

1 Nach dem Ende der vorigen Unterredung, auch weil das nächtliche Schweigen begann, hatte uns der heilige Abbas Joseph zur Nachtruhe eine eigene Zelle zugewiesen. Doch war durch seine Worte ein Feuer in unseren Herzen entfacht und so verließen wir das Kellion und setzten uns ungefähr einhundert Schritt davon entfernt an einen abgelegenen Ort. Das Dunkel der Nacht bot uns die Möglichkeit für ein vertrauliches Gespräch. Sobald wir uns gesetzt hatten sagte Abbas Germanus unter tiefem Seufzen:

2 Was sollen wir tun? Wir sehen uns von einem großen Vorwurf und in einer doch sehr unangenehmen Lage gefangen: Die Vernunft selbst und der Aufenthalt bei den Heiligen lehrt uns deutlich, was heilsam ist für unseren Fortschritt im geistlichen Leben. Doch das Versprechen, das wir unseren Altvätern gegeben haben, erlaubt nicht, zu wählen, was [uns] nützt. Wohl könnten wir durch die Beispiele solch bedeutender Männer zu vollkommenerem Leben und Vorsatz geformt werden, wenn uns nur nicht das gegebene Versprechen zwingen würde, sofort in unser Koinobion zurückzukehren. Sind wir dann jedoch erst einmal dahin zurückgekehrt, wird uns keine Möglichkeit gegeben werden, noch einmal hierher zurückzukommen. Wenn wir aber unserem Wunsch hierzubleiben nachgeben wollen, wie sollen wir es mit der Treue zu unserem Versprechen halten? Es ist uns bewusst, dass wir unseren Vätern versprochen haben, so schnell als möglich zurückzukehren, damit uns erlaubt wurde, wenigstens vorübergehend bei den Heiligen und den Monasteria dieser Provinz vorbeizuschauen. Als wir nun mit dieser Art Unentschlossenheit überhaupt nicht herausfinden konnten, wozu wir uns in der Sache unseres Heils entschließen sollten, bekundeten wir lediglich mit Seufzern die Ausweglosigkeit unserer elendiglichen Lage, beklagten, nicht kühn die Stirn bieten zu können,[1] und verwünschten unsere angeborene Scheu, mit deren Bürde belastet wir sogar im Widerspruch zu unserem Nutzen und Vorsatz uns nicht anders hätten den Bitten derer, die uns festhielten, widersetzen können, als mit dem Versprechen schleunigster Rückkehr. Wir betrauerten, am Laster der Scham gelitten zu haben, von der es heißt: »Es gibt eine Scham, die Sünde einbringt.« (Prov 26,1 LXX)

3 Da sagte ich:[2] Der Rat, vielmehr die Entscheidung des Abbas, dem wir unseren Kummer offenlegen müssen, soll unseren Ängsten ein Ende bereiten. Sein abschließendes Urteil soll unserer Unruhe Einhalt gebieten. Er genießt großes Ansehen und hat unser Vertrauen. Daher wollen wir auf keinen Fall ablehnen, was uns durch den Mund dieses heiligen Mannes vom Herrn mitgeteilt wird. Durch seine heilbringende Gnade haben schon oft Gläubige von schlecht Angesehenen und Ungläubige von Heiligen einen Rat empfangen, wenn der Herr es entweder wegen des Verdienstes derer, die antworten, oder aufgrund des Glaubens derer, die um Rat fragen, schenkt.

Abbas Germanus nahm diese Worte so frohen Mutes auf, als ob ich sie nicht aus mir selbst, sondern auf Eingebung des Herrn vorgebracht hätte. Dann warteten wir die Ankunft des Altvaters und die nahe bevorstehende nächtliche Zusammenkunft zum Gebet ab. Nachdem wir ihn mit der gewohnten Begrüßung empfangen hatten und die vorgeschriebene Reihenfolge von Gebeten und Psalmen erfüllt hatten, setzten wir uns wie üblich auf die Schilfmatten, auf denen wir auch zum Schlafen gelegen hatten.

4 Als der ehrwürdige Joseph sah, wie niedergeschlagen wir waren und vermutete, dass dies nicht ohne Grund geschehen war, redete er uns mit jener Frage des Patriarchen Joseph an: Warum ist euer Angesicht heute so traurig? (Gen 40,7LXX)

Wir [antworteten ihm]: Wir haben nicht wie jene gefangenen Diener des Pharao ein Traumbild gesehen, das zu deuten niemand da ist. (Vgl. Gen 40,8) Vielmehr, sagte ich, haben wir die Nacht schlaflos zugebracht und es gibt niemanden, der den Mühlstein unserer Unruhe anhält, wenn nicht der Herr ihn durch deine Entscheidung entfernt.

Da [sagte] jener, der die Tugend des Patriarchen nach Würde und Namen widerspiegelte: Kommt nicht vom Herrn die Heilung der menschlichen Gedanken? Lasst sie heraus, [stellt sie] in die Mitte! Voller Kraft nämlich ist die göttliche Milde, ihnen, wie ihr glaubt, ein Heilmittel durch meinen Rat anzubieten.

5 Germanus antwortete darauf: Wir dachten, dass wir, durch den Anblick deiner Seligkeit nicht nur mit geistlicher Freude, sondern auch mit großem Fortschritt bereichert, in unser Koinobion zurückkehren und das, was wir in deinem Unterricht erfahren hatten, nach unserer Rückkehr, wenn auch nur in schwacher Nachahmung, aber immerhin umsetzen würden. Auch trieb uns die Liebe zu unseren Altvätern, das zu versprechen, abgesehen davon, dass wir glaubten, die Erhabenheit deines Lebens und deiner Lehre in jenem Koinobion schon irgendwie nachahmen zu können. Obwohl wir meinten, dass uns daraus nichts als Freude entstehen würde, trifft uns im Gegenteil unerträglicher Schmerz, da wir sehen, dass wir mit diesem Plan nicht erreichen können, was für uns heilsam ist. Wir werden also jetzt von zwei Seiten her in die Enge getrieben. Wenn wir nämlich dem Versprechen, das wir vor allen Brüdern in der Höhle, in der unser Herr aus dem königlichen Gemach des jungfräulichen Schoßes [wie die Sonne] aufleuchtete,[3] mit ihm selbst als

Zeugen gegeben haben, Genüge tun wollen, laufen wir in den größten Schaden für unser geistliches Leben (vgl. coll. 17,2). Wenn wir jedoch ohne Rücksicht auf unser Gelöbnis in dieser Gegend bleiben und wegen des Nutzens für unsere Vollkommenheit jene verbindliche Zusage hintanstellen, fürchten wir die unmittelbare Gefahr von Lüge und Bruch des Versprechens. Außerdem: Obwohl für den Fortschritt in geistlichen Dingen schon ein kurzes Zögern für diejenigen, die nach der Tugend streben, gefährlich und schädlich ist, würden wir trotzdem das Versprechen unserer Zuverlässigkeit durch eine befristete Rückkehr einlösen, wenn wir uns nicht einerseits durch die Autorität unserer Altväter, andererseits – und das vor allem – durch die Liebe zu ihnen so unauflöslich gebunden wüssten, dass uns die Möglichkeit einer späteren Rückkehr hierher niemals gegeben werden dürfte.

6 Nach einer kurzen Zeit des Schweigens antwortete der gottselige Joseph hierauf: Seid ihr sicher, dass ihr in dieser Umgebung einen größeren Fortschritt in geistlichen Dingen erreicht?

7 Germanus [antwortete]: Obwohl wir jenen Vätern für ihre Unterweisung gewiss zu größtem Dank verpflichtet sind, die uns von Anfang an gelehrt haben, Großes zu wagen und in unser Inneres einen unstillbaren Durst nach Vollkommenheit gegeben haben, weil sie uns Geschmack daran finden ließen, lässt sich unserer Meinung nach – sofern unser Urteil zählt – die Unterweisung, die wir hier und dort bekommen haben, doch nicht vergleichen, ganz zu schweigen von der unvergleichlichen Reinheit eures Wandels, die euch nicht nur durch die Zielausrichtung des Geistes und des Vorsatzes, sondern, wie wir glauben, auch unter dem Schutz der günstigen Lage dieser Gegend zuteil wird. Daher bezweifeln wir nicht, dass zur Nachahmung eurer großartigen Vollkommenheit eine Lehre, die im Schnelldurchgang vermittelt wird, nicht genügt, wenn für uns nicht auch die Unterstützung durch den Aufenthalt vor Ort hinzukommt, und eine Erziehung durch tägliche Unterweisung die Dumpfheit unseres Herzens so viel als irgend möglich erschüttert.

8 Joseph: Es ist [ein Zeichen von] Gesundheit und Vollkommenheit und mit unserer Berufung völlig in Einklang, wenn wir das, was wir mit einem Versprechen besiegelt haben, auch tatsächlich erfüllen. Deshalb darf der Mönch sich nicht vorschnell durch ein Versprechen binden, damit er nicht entweder gezwungen ist, zu erfüllen, was er unvorsichtigerweise versprochen hat, oder, wenn er in Erwägung einer edleren Ansicht es sich anders überlegt, als wortbrüchig dasteht.

Doch da unser Vorsatz jetzt ist, weniger den Zustand der Gesundheit als vielmehr die Heilung der Krankheit zu behandeln, müssen wir in heilsamer Beratung nicht erforschen, was vorher von euch hätte getan werden müssen, sondern wie ihr von der Klippe dieses gefährlichen Schiffbruchs wegkommt. Wenn uns also keine Fessel bindet und kein Zwang uns nötigt, soll, wenn eine Wahl im Vergleich von günstigen Verhältnissen ansteht, gewählt werden, was größeren Nutzen bringt. Wenn jedoch ein Nachteil durch Verluste droht, ist im Vergleich der Schäden zu wählen, was geringerem Nachteil unterworfen ist. Da schließlich, wie eure Schilderung zeigt, ein unüberlegtes Versprechen euch in die Situation gebracht hat, dass ihr mit jeder Entscheidung einen schweren Nachteil auf euch nehmen müsstet, soll sich die Entscheidung für eine Wahl derjenigen Seite zuneigen, die entweder erträglicheren Nachteil bringt, oder durch das Heilmittel einer Wiedergutmachung unschädlich gemacht werden kann. Wenn ihr also glaubt, dass eurem Geist größerer Gewinn angedeihen kann, wenn ihr hier bleibt, als euch aus dem Aufenthalt in jenem Koinobion erwächst, und die Bedingung eures Versprechens auch nicht ohne Verlust größerer Vorteile erfüllt werden kann, ist es besser, dass ihr auf euch nehmt, als Lügner oder wortbrüchig zu gelten – der Schaden selbst kann ja, einmal Vergangenheit, nicht noch einmal wiederholt werden, noch aus sich andere Sünden hervorbringen – als dahinein zu geraten, dass euch, wie ihr sagt, durch einen täglichen und unbegrenzten Schaden das Verhängnis eines lauen Lebens heimsucht. Denn es ist verzeihlich, wenn nicht sogar lobenswert, eine unvorsichtige Festlegung zu ändern, wenn sie sich der gesünderen Richtung zuwendet.

Wir dürfen annehmen, dass es die Korrektur einer vorschnellen Entscheidung ist, nicht Verrat an der Beharrlichkeit, wenn ein falsches Versprechen, rückgängig gemacht wird. Dies alles kann auch ganz eindeutig durch Zeugnisse der heiligen Schrift verdeutlicht werden, und zwar sowohl, dass es vielen zum Verhängnis wurde, Festlegungen zu erfüllen, als auch, dass es doch für viele von Vorteil und heilsam war, sich nicht an ein Versprechen zu halten.

9 Sehr einleuchtend zeigen dies die Beispiele des heiligen Apostels Petrus und des Herodes. Petrus, weil er abwich von seiner Festlegung durch den Satz, den er mit einem Schwur bekräftigt hatte, als er sagte: »In Ewigkeit sollst du mir nicht die Füße waschen«, (Joh 13,8) verdiente ewige Gemeinschaft mit Christus. Wenn er hartnäckig bei seiner Aussage geblieben wäre, wäre er ohne Zweifel von der Gnade dieser Seligkeit abgeschnitten worden. Herodes aber, weil er an der Treue zu seinem unbedachten Schwur festhielt, wurde zum blutigsten Mörder des [Johannes, des] Vorläufers des Herrn und stürzte sich durch eitle Furcht vor einem Meineid in die Verdammung und Bestrafung mit dem ewigen Tod. In allen Dingen also müssen wir auf das Ende schauen. Die Richtung unseres Entschlusses ist daran auszurichten. Wenn wir sehen, dass er sich zur schlechteren Seite neigt, obwohl er durch einen heilsameren Rat überholt wird, ist es richtiger, eine ungereimte Festlegung aufzugeben, und zu einer besseren Meinung überzugehen, als hartnäckig Festlegungen anzuhangen und in noch schwerere Sünden verstrickt zu werden.

10 Germanus: Soweit dies unseren Wunsch betrifft, dem wir uns wegen des Nutzens für einen geistlichen Gewinn verpflichtet haben, wünschten wir, durch fortwährende Begegnung mit euch erbaut zu werden. Wenn wir nämlich zu unserem Koinobion zurückkehren, dürfte sicher sein, dass wir nicht nur von einem so hohen Vorsatz abfallen, sondern auch wegen des dortigen mittelmäßigen [geistlichen] Lebens von vielen Verlusten getroffen werden. Heftig jedoch schreckt uns jenes Gebot des Evangeliums: »Eure Rede sei: ›Ja, Ja.‹ ›Nein, Nein.‹ Was darüber hinausgeht, stammt vom Bösen.« (Mt 5,37) Wir glauben nämlich, dass die Übertretung eines so mächtigen Gebotes durch kein Recht begründet werden kann und dass nichts zu einem guten Ende gebracht werden kann, was einmal mit einem schlechten Anfang begonnen wurde.

11 Joseph: Wie wir sagten: In allen Fällen ist nicht der Fortgang eines Tuns, sondern der Wille des Handelnden zu betrachten. Man darf nicht sofort fragen, was einer getan hat, sondern mit welcher Absicht. Daher kommt es, dass wir manche verurteilt finden für Taten, aus denen später Gutes entstand, und auf der anderen Seite manche trotz verwerflicher Taten zu höchstrichterlichem Freispruch gelangten. Weder war ein glücklicher Ausgang der Dinge dem von Nutzen, der, da er mit der schlimmsten Absicht an eine Sache heranging, nicht jenen Nutzen, der daraus entstand, bewirken wollte, sondern das ganze Gegenteil, noch schadete ein verwerflicher Anfang dem, der – nicht weil er Gott verachtete oder mit verbrecherischem Vorsatz, sondern im Blick auf ein notwendiges und heiliges Ziel – sich dem Zwang eines tadelnswerten Anfangs unterwarf.

12 Um genau dies mit Beispielen aus den heiligen Schriften zu erhellen: Was konnte für die ganze Welt heilsamer und nützlicher sorgen als die heilende Arznei des Leidens des Herrn? Dennoch nützte sie jenem Verräter, durch dessen Dienst sie nachweislich zur Anwendung kam, nicht nur nichts, sondern schadete ihm, sodass gerade von ihm gesagt wird: »Es wäre besser, wenn jener Mensch nicht geboren worden wäre.« (Mt 26,24) denn nicht entsprechend dem, was geschah, ist ihm der Lohn für seine Taten zu berechnen, sondern entsprechend dem, was er tun wollte oder meinte bewirken zu können. Außerdem: Was ist verbrecherischer als Hinterlist und Lüge gegenüber einem Fremden, geschweige denn, wenn sie gegen den Bruder oder Vater verübt wird? Dennoch hat sich der Patriarch Jakob (vgl. Gen 27) dafür weder Schaden noch Tadel zugezogen, sondern wurde mit dem ewigen Erbe des Segens beschenkt. Nicht zu Unrecht. Denn den Segen, der für den Erstgeborenen bestimmt war, begehrte er nicht aus Habsucht nach irdischem Gewinn, sondern aus

Glauben an die ewige Heiligung. Jener [Verräter Judas] jedoch lieferte den Erlöser aller nicht wegen der Rettung der Menschheit, sondern aus verbrecherischer Geldgier dem Tod aus. (Vgl. Mt 26,47–50) Daher wurde einem jeden von ihnen der Lohn für ihr Tun entsprechend dem Ziel[4] ihres Geistes und dem Vorsatz ihres Willens gutgeschrieben, mit dem weder der eine einen Betrug noch der andere das Heil zu wirken beschlossen hatte. Zu Recht nämlich wird einem jeden das für die Auszahlung des Lohnes berechnet, was er ursprünglich im Geist geplant hat, nicht was daraus gegen den Vorsatz des Handelnden an Gutem oder Bösem entstand. Deshalb hielt der gerechteste Richter die Vermessenheit, mit der Jakob log, für entschuldbar und sogar lobenswert, weil er ohne sie nicht zum Segen des Erstgeborenen hätte kommen können. Was durch den Wunsch nach Segen entstand, durfte nicht Verbrechen genannt werden. Andernfalls hätte sich der genante Patriarch nicht nur ungerecht gegenüber dem Bruder, sondern auch als Betrüger gegenüber dem Vater und als Räuber des Heiligen erwiesen, hätte er einen anderen Weg gehabt zur Gnade jenes Segens zu gelangen und trotzdem diesen, der für den Bruder nachteilig und schädlich war, gesucht.

Ihr seht also, dass bei Gott nicht nur der Verlauf einer Tat, sondern die Zielsetzung[5] des Geistes geprüft wird. Damit wir also nach diesen Vorbemerkungen zur Ausgangsfrage für all dies zurückkehren, möchte ich, dass zuerst ihr mir die Frage beantwortet, aus welchem Grund ihr euch mit den Fesseln jenes Versprechens gebunden habt.

13 Germanus: Der erste Grund war, wie wir sagten, dass wir uns scheuten, unsere Altväter zu betrüben und uns ihren Vorschriften zu widersetzen. Der zweite, dass wir in einer sehr törichten Annahme glaubten, nach der Rückkehr ins Koinobion üben zu können, was wir an Vollkommenem und Großartigem von euch durch Beobachtung oder Zuhören aufgenommen hätten.

14 Joseph: Wie wir schon gesagt haben. Die Zielsetzung seines Geistes belohnt oder verdammt einen Menschen entsprechend jenem

Wort: »Ihre Gedanken klagen sich gegenseitig an oder verteidigen sich an dem Tag, an dem der Herr das Verborgene der Menschen richten wird.« (Röm 2,15f) auch entsprechend jenem Wort: »Ich aber komme, um ihre Werke und Gedanken zu versammeln mit allen Völkern und Sprachen.« (Jes 66,18)

Soweit ich dies erkennen kann, habt ihr euch mit dem Wunsch nach Vollkommenheit deswegen in der Fessel eines Versprechens gebunden, weil ihr meintet, sie auf eine Weise erreichen zu können, von der ihr nun, nachdem ein reiferes Urteil dazugekommen ist, seht, dass ihr so nicht zum Gipfel [der Vollkommenheit] emporsteigen könnt. Daher führt jedes Geschehen, von dem deutlich geworden ist, dass es sich in Abweichung von jener Planung ereignet hat, zu keiner Vorverurteilung, wenn damit nur kein Abweichen von jenem ersten Vorsatz einhergeht. Der Wechsel eines Werkzeugs bedeutet ja nicht Aufgeben des Handwerks. Auch unterstellt die Wahl eines vorteilhafteren oder kürzeren Weges dem Wanderer nicht Faulheit. So darf also auch in dieser Angelegenheit die Korrektur einer unüberlegten Festlegung nicht als Bruch eines geistlichen Versprechens beurteilt werden. Was nämlich in Erfüllung des göttlichen Liebesgebotes und aus Begeisterung für ein gottseliges Leben vollbracht wird, »welches die Verheißung hat für dieses und das zukünftige Leben« (1 Tim 4,8), wenn es auch unter harten und widrigen Anfängen zu beginnen scheint, verdient nicht nur keinen Tadel, sondern sogar höchstes Lob. Deshalb [gilt]: Die Rücknahme eines unvorsichtigen Versprechens führt noch nicht zu einer Vorverurteilung, wenn nur in gewisser Hinsicht das Ziel, das heißt die vorausgesetzte Zielbestimmung gottseligen Lebens beibehalten wird. Alles nämlich tun wir, um Gott ein reines Herz (vgl. Mt 5,8) darbringen zu können. Wenn ihr zu dem Ergebnis kommt, dass ihr dieses Ziel leichter an diesem Ort erreichen könnt, wird euch das Abweichen von einem erpressten Vertrag nichts schaden, wenn nur die ursprüngliche Vervollkommnung in jener Reinheit, die euer Versprechen ausgelöst hatte, wie es dem Willen des Herrn entspricht, umso reifer gesucht wird.

15 Germanus: Was die Kraft der Worte angeht, die vernünftig und klug vorgebracht wurden, hätten die Skrupel wegen unseres Versprechens uns unschwer genommen werden können, würde uns nicht äußerst heftig schrecken, dass manchen Schwächeren durch solche Beispiele die Erlaubnis zu lügen eingeräumt zu werden scheint, wenn sie wissen, dass es auf bestimmte Weise erlaubt ist, die Treue zu einem Versprechen zu brechen, wo doch gerade dies der Prophet mit gewichtigen und durchaus drohenden Worten verbietet, wenn er sagt: »Du vernichtest alle, die Lüge reden.« (Ps 5,7) Und: »Ein Mund, der lügt, tötet die Seele.« (Weish 1,11)

16 Joseph: Gelegenheiten und Gründe zum Verderben fehlen denen niemals, die für das Verderben bestimmt sind, genauer gesagt, die es darauf anlegen, zugrunde zu gehen. Man darf nämlich keineswegs diejenigen Zeugnisse der [heiligen] Schriften verwerfen oder aus dem Kanon [der biblischen Bücher] tilgen, durch welche die Verdrehtheit der Irrlehrer ermuntert, der Unglaube der Juden verstärkt oder der Schwulst heidnischer Weisheit gekränkt wird. Vielmehr sollen sie ehrfürchtig geglaubt, unerschütterlich eingehalten und entsprechend dem Richtscheit[6] der Wahrheit verkündet werden. Wir dürfen also nicht dem Unglauben anderer zuliebe das sinnvolle Walten Gottes, will heißen die Anordnungen der Propheten und Heiligen, welche die Schrift nennt, wegreden. Denn wenn wir meinen, zu ihrer Krankheit herabsteigen zu müssen, beschmutzen wir uns nicht nur mit dem Vorwurf der Lüge, sondern sogar des Raubes von Heiligem. Im Gegenteil: Wie wir schon sagten, sollen wir diese [Anordnungen] so wie sie dastehen annehmen und erklären, wie sie ehrfürchtig in die Tat umzusetzen sind. Übrigens wird denen, die krumme Ansichten haben, der Zugang zur Lüge nicht dadurch verbaut, dass wir uns bemühen, die Wahrheit der Dinge, die wir vortragen wollen oder vorgetragen haben, entweder völlig zu verleugnen oder durch allegorische Auslegung abzuschwächen. Wie nämlich sollte die Wucht dieser Schriftzeugnisse jenen schaden, denen allein schon die Beschädigung des Willens zum Sündigen reicht?

17 Die Lüge ist deshalb so einzuschätzen und einzusetzen, als ob sie die Natur des Nieswurzes hätte.[7] Wenn er bei drohender tödlicher Krankheit eingenommen wird, wirkt er heilend, andernfalls, ohne unmittelbar bevorstehende und offensichtlich drohende Gefahr eingenommen, führt er zum Tod. Wir lesen, dass sogar heilige und Gott ganz wohlgefällige Männer die Lüge nutzbringend eingesetzt haben, sodass sie dadurch nicht nur keinem sündhaften Vergehen verfielen, sondern sogar vollkommene Rechtfertigung erreichten. Wenn schon ihnen die Täuschung Ehre einbringen konnte – hätte ihnen umgekehrt die Wahrheit nicht Verurteilung gebracht?

So erreichte Rahab, von der die Schrift nicht nur keine Tugendmerkmale, vielmehr sogar [Merkmale] der Schamlosigkeit erwähnt, durch eine einzige Lüge, mit der sie die Kundschafter lieber verbergen als ausliefern wollte, mit ewigem Segen in das Volk Gottes aufgenommen zu werden. (Vgl. Jos 2.6) Hätte sie stattdessen die Wahrheit gesagt oder für das Wohl der Bürger sorgen wollen, wäre sie ohne Zweifel weder mit ihrem ganzen Haus dem Untergang entronnen noch hätte sie, aufgenommen in die Ahnenreihe des Herrn (vgl. Mt 1,5) und verzeichnet in der Liste der Patriarchen, verdient, dass aus ihren Nachkommen der Erlöser aller [Menschen] hervorging. Dalila jedoch, die sich um den Nutzen für ihr Volk kümmerte, verriet die Wahrheit, die sie erfragt hatte. Sie hinterließ allen nur die Erinnerung an ihr Verbrechen, da sie dem Schicksal ewigen Verderbens nachjagte. (Vgl. Ri 16)

Wenn also beim Eingeständnis der Wahrheit eine schwere Gefahr droht, soll man zu Lügen seine Zuflucht nehmen, jedoch so, dass wir von der Anklage eines demütigen Gewissens heilsam gebissen werden. Wo aber kein Fall höchster Not vorliegt, ist die Lüge mit aller Vorsicht wie die Pest zu meiden. Wie wir schon vom Trinken des Nieswurzes gesagt haben: »er wirkt zwar heilend, wenn er nur dann eingenommen wird, wenn unabwendbare und tödliche Krankheit droht. Wenn er jedoch bei unversehrter und völlig geordneter Gesundheit des Körpers eingenommen wird, entfaltet er sofort eine schädigende Wirkung, um die Lebenskraft zu beeinträchtigen. Dies wurde deutlich an Rahab von Jericho und dem Patriarchen Jakob gezeigt. Weder hätte Rahab dem Tod anders als mithilfe dieses Heilmittels entrinnen können, noch Jakob zum Segen des Erstgeborenen kommen. Gott zerschneidet und richtet ja nicht nur unsere Worte und Taten, er prüft auch unseren Vorsatz und unser Ziel. Wenn er sieht, dass einer wegen des ewigen Heils oder im Blick auf die ewige Schau Gottes etwas getan oder versprochen hat – mag es auch Menschen hart und ungerecht erscheinen – urteilt er [Gott] dennoch nicht nach dem Wortlaut, sondern nach der Entscheidung des Willens. Denn man muss auf das Ziel eines Tuns und die Leidenschaft dessen, der handelt, schauen. Dadurch kann, wie oben gesagt, der eine sogar durch Lüge gerechtfertigt werden, ein anderer aber durch Zugeben der Wahrheit in die Sünde zum ewigen Tod laufen. Zu diesem Zweck scheute sich auch der Patriarch Jakob nicht, als er das raue Aussehen des Körpers seines Bruders bemerkte, die Behaarung mit Fell vorzutäuschen, und gab der Mutter, die ihn zu dieser Lüge anstachelte, lobenswerterweise nach. (Vgl. Gen 27) Er sah nämlich, dass er daraus größeren Gewinn an Segen und Recht als durch die Bewahrung der Unschuld ziehen konnte. Er zweifelte nicht daran, dass der Flecken dieser Lüge durch das Einströmen des väterlichen Segens sofort abgewaschen wird [und] wie ein Wölkchen unter dem Anhauch des heiligen Geistes schnell verweht, und dass ihm durch diese geplante Täuschung größere Fülle zukommt als durch die angeborene Wahrheit[sliebe].

18 Germanus: Es verwundert nicht, dass man sich im Alten Testament solche seltsamen Auslegungen [der Gebote] angemaßt hat und nicht selten heilige Männer in lobenswerter und verzeihlicher Weise gelogen haben, da wir einsehen, dass ihnen wegen der Anfangszeiten viel mehr erlaubt war. Warum sollte es auch verwundern, dass der gottselige David auf der Flucht vor Saul dem Priester Abimelech auf die Frage: »Weshalb bist du allein und niemand ist bei dir?« (1 Reg = 1 Sam 21,2) antwortet: »Der König gab mir einen Befehl und sagte: ›Niemand soll von der Sache wissen, derentwegen du gesandt bist. Denn ich habe meinerseits Leute an einen bestimmten Ort befohlen.‹« (1 Reg = 1 Sam 21,3) Und dann: »Was hast du hier zur Hand? Einen Speer oder ein Schwert? Ich habe mein Schwert und meine Waffen nicht mitgenommen; denn der Befehl des Königs war dringlich.« (1 Reg = 1 Sam 21,9) oder als er, zu Achis, dem König von Gad geführt, sich wahnsinnig und rasend stellte, »sein Aussehen veränderte und unter ihren Händen zusammenbrach; er kritzelte auf ihre Türpfosten und sein Speichel lief auf seinen Bart.« (1 Reg = 1 Sam 21,14) Warum sollte es auch verwunderlich sein, da sie ja auch Scharen von Gattinnen und Konkubinen erlaubterweise genossen und ihnen daraus keine Sünde angerechnet wurde. Darüber hinaus vergossen sie oft das Blut der Feinde mit eigener Hand und dies wurde nicht nur als nicht verurteilungswürdig angesehen, sondern sogar für lobenswert gehalten. Da uns jetzt das Evangelium aufleuchtet, sehen wir dies in jeglicher Form verboten, sodass nichts Derartiges ohne ungeheures Verbrechen und größten Frevel am Heiligsten erlaubt sein kann. Wir sind der Meinung, dass keine Form von Lüge, mit welch frommem Anstrich sie auch beschönigt werden mag, in keiner Weise gebilligt, geschweige denn verziehen werden kann, sagt doch der Herr: »Eure Rede sei: ›Ja, Ja.‹ ›Nein, Nein.‹ Was darüber hinaus geht, stammt vom Bösen.« (Mt 5,37) In Übereinstimmung damit sagt der Apostel: »Belügt einander nicht.« (Kol 3,9)

19 Joseph: Nicht zu Unrecht musste jene Freiheit zu vielen Frauen und Konkubinen, als das Ende der Zeiten bevorstand und die Vermehrung der Menschheit abgeschlossen war, als keineswegs angebracht durch die Vollkommenheit des Evangeliums gekappt werden. Denn bis zur Ankunft Christi sollte der Segen jenes Wortes im Anfang verbindlich bleiben, in dem es heißt: »Wachst und vermehrt euch und füllt die Erde.« (Gen 1,28) deshalb war es völlig richtig, dass aus jenem Trieb der menschlichen Fruchtbarkeit, der in der Synagoge[8] bis die Zeit erfüllt war (vgl. Gal 4,4) seinen Dienst erfüllend grünte, die engelsgleichen Blümlein der Jungfräulichkeit hervorkamen und die süß duftenden Früchte der Enthaltsamkeit in der Kirche reiften.

Dass jedoch Lügen schon damals verboten waren, zeigt deutlich der Text der alt[testamentlich]en Unterweisung, wenn es heißt: »Du vernichtest alle, die lügen«, (Ps 5,7) und zum andern: »Süß schmeckt dem Menschen das Brot der Lüge.« (Ex 23,7) Wir sagten, dass von ihr [der Lüge] nur dann erlaubterweise entgegen dem Gesetz Gebrauch gemacht wurde, wenn damit eine Notwendigkeit oder heilsame Verhältnismäßigkeit verbunden war, derentwegen sie nicht bestraft werden musste. So verhält es sich mit dem, was ihr von König David erzählt habt, als er vor der ungerechten Verfolgung durch Saul zu dem Priester Abimelech flüchtend Lügen einsetzte, nicht mit dem Vorsatz eines Gewinns oder der Absicht, jemanden zu verletzen, sondern nur um sich selbst vor dessen äußerst gewissenloser Verfolgung zu retten. Er wollte auf keinen Fall seine Hände mit dem Blut seines Feindes, des Königs, beflecken, selbst dann nicht, als er [Saul] ihm von Gott auf Leben und Tod ausgeliefert worden war, und sagte: »Gott bewahre mich davor, so etwas meinem Herrn anzutun, dem Gesalbten des Herrn. [Gott bewahre,] dass ich meine Hand gegen ihn ausstrecke, denn er ist der Gesalbte des Herrn.« (1 Reg = 1 Sam 24,7) Deshalb können auch wir die Abweichungen [vom Gesetz], die, wie wir lesen, heilige Männer im Alten Testament wegen des Willens Gottes oder wegen des Vorabbildes geistlicher Geheimnisse oder wegen des Heils einiger durchgesetzt haben, insofern eine Not dazu zwingt, nicht verurteilen. Wir sehen auch, dass sogar die Apostel, sobald der Blick auf den Nutzen es erforderte, nicht darauf verzichtet haben. Dies stellen wir vorerst noch ein klein wenig zurück, werden es jedoch später umso stimmiger einbringen, wenn wir zunächst durchgenommen haben, was wir noch aus dem Alten Testament vortragen wollen, damit umso leichter beweisbar wird, dass die gerechten und heiligen Männer im Neuen – wie im Alten Testament in diesen Fragen des Abweichens vom Gesetz in allem übereingestimmt haben. Was sollen wir denn von jener gottesfürchtigen Täuschung des Huschai gegenüber Absalom zur Rettung des Königs David sagen, die nur mit der Absicht vorgespielt wird, zu täuschen und in die Irre zu führen, und die gegen den guten Rat [des Ahitofel] kämpft? Durch das Zeugnis der heiligen Schrift wird sie gebilligt, wenn es heißt: »Durch den Wink des Herrn nämlich wurde der nützliche Rat des Ahitofel verworfen, damit der Herr Unglück über Absalom brachte.« (2 Reg = 2 Sam 17,14) Denn auf keinen Fall konnte getadelt werden, was mit richtigem Vorsatz und gottgefälligem Urteil für die gerechte Sache getan wurde, zur Rettung und für den Sieg jenes [Mannes], dessen Frömmigkeit Gott gefiel, und von heiliger Verstellung erdacht worden war. Was werden wir auch von der Tat jener Frau sagen, die, als sie jene [Männer] aufnahm, die vom vorgenannten Huschai zum König David geschickt worden war, und sie im Brunnen versteckte, eine Decke über die Brunnenöffnung warf, sagte, nachdem sie geheuchelt hatte, Gerstenkörner zu trocknen: »Sie sind weitergegangen, nachdem sie etwas Wasser getrunken hatten.« (2 Reg = 2 Sam 17,20), und sie durch diese Lüge aus den Händen der Verfolger rettete?

Sagt mir, ich frage euch: Was hättet ihr getan, die ihr jetzt unter dem Gesetz des Evangeliums steht, wenn ihr in eine ähnliche Lage geraten wäret? Hättet ihr nicht auch lieber sie [die Männer] mit einer ähnlichen Lüge verstecken wollen und genauso sagen: »Sie sind weitergegangen, nachdem sie etwas Wasser getrunken hatten«? [Hättet ihr nicht] jenes Gebot erfüllen wollen: »Reiße heraus, die zum Tod geschleppt werden. Kaufe los, die getötet werden sollen, zögere nicht!« (Prov 24,11 LXX) oder hättet ihr lieber durch das Bekenntnis zur Wahrheit die Versteckten ihren Mördern ausliefern wollen? Wo bleibt da das Wort des Apostels: »Niemand soll das Seine suchen, sondern das des Nächsten«? (1 Kor 10,24) Und: »Die Liebe sucht nicht das Ihre, sondern das des anderen.« (1 Kor 13,5) Von sich selbst sagt er: »Ich suche nicht, was mir nützt, sondern den Vielen, damit sie gerettet werden.« (1 Kor 10,33) Wenn wir nämlich nur das Unsrige suchen und was uns nützt, und es hartnäckig verteidigen wollen, müssen wir auch in Notlagen dieser Art die Wahrheit sagen und am Tod anderer schuldig werden. Wenn wir jedoch, was für andere heilsam ist, über unseren Vorteil stellen, tun wir dem Befehl des Apostels Genüge und müssen die Notwendigkeit einer Lüge ohne Zweifel auf uns nehmen. Deshalb: Wir werden weder das Innerste der Liebe besitzen noch entsprechend der Weisung des Apostels suchen können, was des anderen ist, wenn wir nicht in dem, was zu unserer Strenge und Vollkommenheit passt, ein wenig nachlassen, und uns stattdessen lieber gern bücken, um mit herabzusteigen zum Nutzen des anderen. So werden wir mit dem

Apostel »schwach mit den Schwachen«, damit wir die Schwachen gewinnen können. (1 Kor 9,22)

20 Durch diese Beispiele belehrt, ermahnen auch der gottselige Apostel Jakobus und alle gewählten Vorsteher der frühen Kirche den Apostel Paulus (vgl. Apg 15,13; 21,18) der Unbeholfenheit der Schwachen zuliebe zum Betrug der Täuschung hinabzusteigen. Sie hielten ihn an, sich zu reinigen entsprechend der Vorschrift des Gesetzes, das Haupt zu scheren und Gelübde darzubringen (vgl. Apg 21,20ff). Den augenblicklichen Verlust,[9] der aus diesem Schauspiel (vgl. 1 Kor 4,9) entstand, hielten sie für nichts. Vielmehr schauten sie lieber auf den Gewinn, den die Fortsetzung seiner Verkündigung brachte. Aus seiner Strenge in dieser Sache wäre ja dem Apostel Paulus nicht so viel Gewinn erstanden, wie allen Heiden Schaden aus seinem schnellen Tod. Ohne Zweifel hätte dieser [Schaden] damals die ganze Kirche betroffen, wenn ihn [den Apostel] nicht dieses nützliche und rettende Schauspiel für die Predigt des Evangeliums erhalten hätte. Dann nämlich beruhigt man sich unweigerlich und nachsichtig über den Schaden einer Lüge, wenn wie gesagt durch das Geständnis der Wahrheit noch größerer Schaden droht und der Nutzen, den uns die Wahrheit bringt, die Schäden, die entstehen dürften, nicht aufwiegen kann. Derselbe gottselige Apostel bezeugt auch mit anderen Worten, dass er diese Mäßigung überall und immer eingehalten hat. Wenn er nämlich sagt: »Den Juden bin ich wie ein Jude geworden, damit ich die Juden zum Gewinn erhalte – ihnen, die unter dem Gesetz[10] waren, als ob ich unter dem Gesetz wäre, obwohl ich selbst nicht unter dem Gesetz war, damit ich diejenigen, die unter dem Gesetz waren, als Gewinn erhalte. Für diejenigen, die ohne Gesetz waren, war ich wie einer ohne Gesetz, obwohl ich nicht ohne Gesetz war, sondern unter dem Gesetz Christi, damit ich sie, die ohne Gesetz waren, als Gewinn erhalte. Für die Schwachen wurde ich schwach, damit ich die Schwachen als Gewinn erhalte. Allen wurde ich alles, damit ich alle zu Geretteten machte.« (1 Kor 9,20–22) [Wenn er das sagt,] was zeigt er anderes, als dass er je nach der Schwachheit und dem Fassungsvermögen derjenigen, die [im Glauben an Jesus Christus] unterrichtet wurden, allezeit hinabgestiegen ist und von seiner vollkommenen Strenge abgelassen hat, und nicht eingehalten hat, was die Härte zu fordern schien, vielmehr lieber vorgezogen hat, was der Nutzen für die Schwachen erforderte? Um dies noch weiter zu entfalten, indem wir die Leitbilder[11] der Tugenden des Apostels einzeln skizzieren: Es dürfte vielleicht jemand fragen, wie der gottselige Apostel beweist, dass er sich wie ein Schauspieler allen durch alles angepasst hat. Wann ist er für Juden wie ein Jude geworden? Tatsächlich damals, als er, jenes Wort im Innersten seines Herzens bewahrend, in dem er den Galatern verkündet hatte: »Gebt acht. Ich, Paulus, sage euch; Wenn ihr euch beschneiden lasst, wird euch Christus nichts nützen« (Gal 5,2), trotzdem mit der Beschneidung des Timotheus gewissermaßen das Bild jüdischen Glaubens annahm (vgl. Apg 16,1–3). Außerdem: Wann ist er für die, die unter dem Gesetz waren, geworden, als wäre er unter dem Gesetz? Offenbar damals, als Jakobus und alle Ältesten der Kirche aus Furcht, die große Zahl gläubiger Juden – genauer gesagt, judaisierender Christen, die den Glauben an Christus in der Weise angenommen hatte, dass sie noch am Vollzug der vom Gesetz vorgeschriebenen Religionsgebräuche festhielt – könnte sich auf Paulus stürzen, ihm in der großen Gefahr, in der er sich befand, mit folgendem Rat und Zureden zu Hilfe kamen, indem sie sagten: »Du siehst, Bruder, wie unzählig viele es unter den Juden gibt, die zum Glauben gekommen sind. Sie alle sind Gesetzeseiferer. Doch haben sie über dich gehört, dass du Abkehr derer vom [Gesetz des] Mose lehrst, die unter den Heiden leben, weil du sagst, sie müssten ihre Söhne nicht beschneiden.« (Apg 21,20f) Und weiter unten: »Tu also, was wir dir sagen: Es gibt vier Männer, die ein Gelübde auf sich genommen haben. Nimm sie zu dir und heilige dich mit ihnen. Übernimm die Kosten für sie, damit sie sich das Haar schneiden. Dann werden alle wissen, dass falsch ist, was sie über dich gehört haben, dass du vielmehr ein Leben unter Befolgung des Gesetzes führst.« (Apg 21,23f) So verachtete er um der Rettung jener willen, die unter dem Gesetz waren, für kurze Zeit die Strenge seines Wortes, in dem er gesagt hatte: »Ich bin durch das Gesetz tot für das Gesetz, damit ich für Gott lebe.« (Gal 2,19) Er wird genötigt, das Haar zu schneiden, sich nach dem Gesetz zu reinigen, und im Tempel entsprechend der Vorschrift des Mose Gelübde darzubringen. (Vgl. Num 6,1–21)

Du fragst auch, wann er für die Rettung derjenigen, die das Gesetz überhaupt nicht kannten, auch selbst wie ein Gesetzeslehrer wurde? Lies, wie er in der Stadt Athen, wo die Gottlosigkeit der Heiden vor Kraft strotzte, die Einleitung seiner Predigt beginnt. Er sagt: »Im Vorbeigehen sah ich eure Götterbilder und einen Altar, auf dem geschrieben stand: ›Dem unbekannten Gott.‹« (Apg 17,23) Nachdem er von ihrem Aberglauben ausgegangen war, als ob auch er ohne das Gesetz wäre, brachte er bei Gelegenheit jener Anrede an den unbekannten Gott den Glauben an Christus ins Spiel, indem er sagte: »Was ihr unwissend verehrt, das verkünde ich euch.« (Apg 17,23) Kurz darauf wollte er dann, als ob er das Gesetz Gottes in keiner Weise kennte, lieber ein Wort eines heidnischen Dichters vorbringen als ein Wort des Mose oder des Christus, wenn er sagt: »Wie auch einige eurer Dichter gesagt haben: ›Wir sind von seiner Art.‹« (Apg 17,28) Nachdem er sie also mit ihren eigenen Beweisen, die sie nicht widerlegen konnten, für sich zu gewinnen suchte, fügte er hinzu, indem er das Wahre im Falschen bekräftigte: »Da wir also von Gottes Art sind, dürfen wir nicht glauben, die Gottheit sei einem Gebilde menschlicher Kunst und Vorstellung aus Gold, Silber oder Stein ähnlich.« (Apg 17,29) Für die Schwachen aber wurde er ein Schwacher, als er mit Nachsicht, nicht nach Art eines Befehls denen, die sich nicht enthalten konnten, zugestand, wieder zusammenzukommen (vgl. 1 Kor 7,5). Oder als er, der die Korinther mit Milch, nicht mit [fester] Speise tränkte, sagte, dass er »in Schwachheit, mit großer Furcht und heftigem Zittern« bei ihnen war. (1 Kor 3,2; 2,3) »Alles« jedoch ist er »allen geworden, um alle zu retten« (1 Kor 9,22), als er sagte: »Wer isst, soll den nicht verachten, der nicht isst. Wer nicht isst, soll den nicht verurteilen, der isst. Wer seine Jungfrau heiratet, handelt richtig. Wer sie nicht heiratet, handelt besser.« (Röm 14,3; 1 Kor 7,38)

An anderer Stelle sagt er: »Wer ist schwach, und ich bin es nicht? Wer wird zu Fall gebracht, und ich brenne nicht?« (2 Kor 11,29) So erfüllte er, was er den Korinthern geboten hatte, als er sagte: »Seid ohne Anstoß für Juden, Griechen und die Kirche Christi, wie auch ich durch alles allen gefalle. Denn ich suche nicht, was mir nützt, sondern den Vielen, damit sie gerettet werden.« (1 Kor 10,32ff) Nützlich wäre es ohne Zweifel gewesen, Timotheus nicht zu beschneiden, das Haupt nicht zu scheren, die jüdische Reinigung nicht zu vollziehen, die Barfüssigkeit[12] nicht hinzunehmen, die vom Gesetz vorgeschriebenen Gelübde nicht darzubringen. Doch tut er dies alles, weil er nicht sucht, was ihm nützt, sondern den Vielen. Obwohl dies nun im Blick auf Gott geschah, war es doch nicht ohne Verstellung. Der nämlich durch das Gesetz Christi dem Gesetz gestorben war, um für Gott zu leben (vgl. Gal 2,19), der jene Gesetzesgerechtigkeit, in welcher er ohne Tadel gewandelt war, zum Verlust gemacht hatte und für Dreck hielt, um Christus zu gewinnen (Phil 3,6–8), konnte, was zum Gesetz gehörte, nicht mit echter Hingabe des Herzens darbringen. Unmöglich kann man auch glauben, dass derjenige, der gesagt hatte. »Wenn ich wieder aufbaue, was ich niedergerissen habe, erweise ich mich als Übertreter« (Gal 2,18) wieder dem verfällt, was er selbst verurteilt hatte. Doch so sehr wird weniger die Tat an sich als vielmehr die Verfassung des Handelnden angerechnet, dass man im Gegenteil entdeckt: So manchen hat die Wahrheit geschadet, die Lüge aber genutzt. Denn als Saul, der König, vor seinen Dienern über die Flucht Davids klagte und sagte: »Wird vielleicht euch allen der Sohn des Jesse Äcker und Weinberge geben und euch alle zu Obersten und Führern machen? Ihr habe euch alle gegen mich verschworen und es gibt keinen, der mir Bericht erstattet«, (1 Reg = 1 Sam 22,7f) was sagte da Doëg, der Edomiter, anderes als die Wahrheit, als er berichtete: »Ich habe den Sohn des Jesse in Nob bei dem Priester Abimelech, dem Sohn des Achitob, gesehen, der für ihn den Herrn befragte und ihm Verpflegung gab. Auch das Schwert des Goliath gab er ihm.« (1 Reg = 1 Sam 22,9f) Für diese Wahrheit bekam er als Lohn, dass er aus dem Land der Lebenden getilgt wurde und durch den Propheten heißt es von ihm: »Deshalb wird Gott dich für immer vernichten, dich herausreißen und vertreiben aus deinem Zelt, deine Wurzel aus dem Land der Lebenden [herausreißen].« (Ps 51,7 = 52,7) Für die wahre Aussage wird er also aus jenem Land entwurzelt und getilgt.[13]

Rahab hingegen, die Prostituierte, wird zur Belohnung für ihre Lüge mit ihrer ganzen Verwandtschaft in dieses Land [der Lebenden] eingepflanzt. (Vgl. Jos 6,25) Wir erinnern uns auch, dass Samson jene lange durch eine Lüge verheimlichte Wahrheit seiner ruchlosen Gattin zu seinem größten Verderben verraten hat. Die völlig unbedacht offengelegte Wahrheit lockte ihn deshalb in den Hinterhalt, weil er versäumte, jenes Gebot des Propheten zu beachten: »Vor der Frau, die in deinem Schoß schläft, verschließe das Schloss deines Mundes.« (Micha 7,5)

21 Um auch einige Beispiele aus unseren unvermeidlichen und geradezu täglichen Verlegenheiten vorzulegen, die wir trotz noch so großer Sorgfalt nie so vermeiden können, dass wir nicht nolens volens[14] gezwungen würden, hineinzugeraten. Was ist um Himmels Willen zu tun, wenn wir uns vorgenommen haben, die Stärkung auf den nächsten Tag zu verschieben, am Abend jedoch ein Bruder ankommt, der fragt, ob wir schon gegessen haben? Soll man das Fasten verheimlichen und die Tugend der Nüchternheit verstecken, oder durch Zugeben der Wahrheit verraten? Wenn wir sie verheimlichen, um dem Befehl des Herrn Genüge zu leisten, in dem es heißt: »Lass die Leute nicht sehen, dass du fastest, sondern nur deinen Vater im Verborgenen« (Mt 6,18), außerdem: »Deine Linke soll nicht wissen, was deine Rechte tut« (Mt 6,3), lügen wir in der Tat. Wenn wir die Tugend der Enthaltsamkeit hinausposaunen, trifft uns zu Recht das Wort des Evangeliums: »Amen, ich sage euch, sie haben ihren Lohn empfangen.« (Mt 6,2) Was [ist zu tun], wenn einer den Becher, den ein Bruder ihm reicht, mit der Erklärung zurückweist, dass er ihn nie und nimmer annehmen wird – den Becher, den jener in der Freude über seine Ankunft flehentlich anzunehmen bittet? Was ist richtig? Dass er dem Bruder, der auf die Knie gefallen ist und sich zur Erde geworfen hat, und der glaubt, dass er nur mit diesem Dienst das Innerste der Liebe erfüllen kann, gehorcht, auch wenn es ihm schwerfällt, oder dass er hartnäckig auf seinem Wort und Vorsatz beharrt?

22 Germanus: Unserer Meinung nach dürfte bei jenem erstgenannten Beispiel jedenfalls kein Zweifel bestehen, dass es eher nützt, unsere Enthaltsamkeit vor Fragenden zu verbergen, als sie zu verraten. Für solche Fälle geben auch wir zu, dass eine Lüge unvermeidlich ist. Beim zweiten Beispiel jedoch zwingt uns keinerlei Nötigung zur Lüge. Erstens, weil wir das, was uns durch den Dienst der Brüder gereicht wird, so ablehnen könnten, dass wir uns nicht durch die Fessel einer Erklärung binden. Zweitens, weil wir, wenn wir einmal abgelehnt haben, unser Wort unverändert halten können.

23 Joseph: Es besteht überhaupt kein Zweifel, dass dies die Erklärungen aus jenen Klöstern sind, in denen – wie ihr sagt, ihr zu den ersten Schritten eurer Absage an die Welt angeleitet wurdet, deren Vorsteher gewöhnlich ihren Willen der Heilung der Brüder vorziehen und äußerst hartnäckig verfolgen, was sie sich einmal eingebildet haben. Doch unsere Väter, für deren Glauben die Zeichen apostolischer Tugenden Zeugnis abgelegt haben, und die lieber alles mit dem Urteil und der Unterscheidungskraft des Geistes als mit starrer Herzenshärtigkeit getan haben, haben sich dahingehend ausgesprochen, dass diejenigen, welche sich den Schwächen anderer fügen, viel reichere Früchte ernten als diejenigen, die stur an ihren Entscheidungen festhalten. Sie erklärten, dass es eine erhabenere Tugend ist, die Enthaltsamkeit wie gesagt lieber durch eine unumgängliche und demütige Lüge zu verheimlichen als sie mit einem hochmütigen Hinweis auf die Wahrheit offenzulegen.

24 So nahm Abbas Piamun[15] nach fünfundzwanzig Jahren Trauben und Wein, die ihm von einem Bruder gebracht wurden, ohne Zögern an und wollte lieber gegen seine Gewohnheit sofort von dem Geschenk kosten als seine allen unbekannte Tugend der Enthaltsamkeit öffentlich zu machen. Wenn wir auch betrachten wollen, was, wie wir uns erinnern, unsere Väter ohne zu zögern, getan haben: Das Wunderbare ihrer Tugenden, oder ihr eigenes Verhalten, das sie unabdingbar zur Unterweisung der Jüngeren in einer Unterredung ansprechen mussten, pflegten sie mit den Charakteren anderer einzufärben. Was sollen wir davon halten? Es ist doch eine offensichtliche Lüge. Wenn doch auch wir etwas hätten, das verdient, den Jüngeren als Anreiz für ihren Glauben vorgelegt zu werden. In der Tat würden wir uns kaum scheuen, solchen Vorstellungen der Väter zu folgen. Es ist nämlich richtiger, unter der Farbe[16] der genannten Charaktere zu lügen, als wegen der Beachtung einer unvernünftigen Wahrheit entweder etwas, das die Zuhörer hätte erbauen können, mit unangebrachter Verschwiegenheit zu bedecken, oder, wenn es wahrheitsgemäß von uns selbst ausgesagt wird, sich in die Prahlerei schädlicher Eitelkeit zu verrennen. Dazu hat uns unverkennbar auch der Lehrer der Völker durch sein Lehramt erzogen, der es vorzog, die Größe seiner Offenbarungen in der Gestalt eines anderen vorzubringen, wenn er sagt: »Ich kenne einen Menschen in Christus, der, ich weiß nicht ob im Körper oder außerhalb seines Körpers – Gott weiß es – bis zum Himmel ins Paradies entrückt wurde und unaussprechliche Worte hörte, die kein Mensch aussprechen darf.« (2 Kor 12,2–4)

25 Es ist uns nicht möglich, in Kürze alles zu behandeln. Denn wer wäre fähig aufzuzählen, wie nahezu alle Patriarchen und unzählige Heilige, die einen zum Schutz ihres Lebens, andere, um ein Geheimnis zu verbergen, die einen, um ein Geheimnis zu verbergen, andere, um die Wahrheit zu erforschen, den Schutz der Lüge – um es einmal so auszudrücken – in Anspruch genommen haben. Wie nicht alles aufgezählt werden kann, so darf auch ganz und gar nicht alles übergangen werden. So trieb den gottseligen Joseph die Liebe zum Vater, den Brüdern ein erlogenes Verbrechen sogar mit einem Schwur beim Heil des Pharao anzuhängen, als er sagte: »Ihr seid Spione und gekommen, die Schwachstellen des Landes auszuspähen.« (Gen 42,9LXX) Und später sagte er: »Schickt einen von euch und bringt einen Bruder hierher.« Ihr aber werdet hier bewacht, bis eure Worte überprüft sind, ob sie wahr sind oder nicht. Wenn nicht – beim Heil des Pharao: dann seid ihr Spione.« (Gen 42,16LXX) Wenn er sie nämlich nicht durch diese barmherzige Lüge in Schrecken versetzt hätte, hätte er weder Vater und Bruder wiedersehen noch sie in den großen Gefahren der Hungersnot ernähren können. Dass er den Brüdern Furcht eingeflößt hatte, war nicht so sehr zu tadeln, wie es heilig und lobenswert war, dass er seine Feinde und Verkäufer zur rettenden Buße gebracht hatte. Denn als sie dann durch die Missgunst des äußerst schweren Vorwurfs in Bedrängnis gerieten, wurden sie nicht durch die Erkenntnis, dass ihnen fälschlicherweise ein Verbrechen vorgeworfen wurde, gebrochen, sondern durch das Wissen um ihr früheres Verbrechen erschüttert, und sagten zueinander: »Zu Recht erleiden wir dies, denn wir haben uns an unserem Bruder versündigt, weil wir das Leid seiner Seele verachtet haben, als er uns anflehte und wir ihn nicht erhörten.« (Gen 42,21 LXX) Dieses Bekenntnis hat sie nicht nur mit ihrem Bruder, gegen den sie in großer Grausamkeit gesündigt hatten, sondern auch mit Gott – wie wir glauben – durch die kraftvoll heilende Demut versöhnt.

Und Salomo? Er offenbarte die Gabe der Weisheit, die er von Gott empfangen hatte, bei seinem ersten Urteil nur unter Einsatz einer Lüge. Denn um die Wahrheit herauszupressen, die durch die Lüge einer der Frauen verheimlicht wurde, nahm er seinerseits eine äußerst schlau ausgedachte Lüge zu Hilfe und sagte: »Bringt mir ein Schwert, teilt das Kind lebendig in zwei Teile und gebt die eine Hälfte der einen, die andere Hälfte der anderen Frau!« (3 Reg = 1 Kön 3,24f) Als dann diese geheuchelte Grausamkeit die wahre Mutter zutiefst erschüttert hatte, von der Frau jedoch, die nicht die Mutter war, gelobt wurde, da endlich verkündete er in einem sehr scharfsinnigen Nachweis der Wahrheit jenes Urteil, von dem jeder annimmt, dass es von Gott eingegeben worden war. Er sagte: »Gebt ihr das lebende Kind, es soll nicht getötet werden. Sie ist seine Mutter.« (3 Reg = 1 Kön 3,27) Außerdem: Weder müssen noch können wir alles vollständig zu Ende bringen, was wir mit Herzensruhe oder auch in Aufregung beschlossen haben. Das lehren uns andere Schriftstellen sogar ausführlicher, in denen wir lesen, dass entweder heilige Männer oder Engel oder der allmächtige Gott selbst Entscheidungen geändert haben. Der gottselige David zum Beispiel hatte unter Festlegung durch einen Eid beschlossen und gesprochen: »Alles Mögliche soll Gott den Feinden Davids tun und das soll er hinzufügen, wenn ich von allem, was Nabal gehört, bis morgen auch nur einen Mann übriglasse.« (1 Reg = 1 Sam 25,22) Als aber Abigail, die Frau Nabals, sich für Nabal einsetzte, und für ihn um Nachsicht flehte, nahm David seine Drohungen sofort zurück, mäßigte seine Worte und wollte lieber als Übertreter seines Vorsatzes beurteilt werden als die Treue zu seinem Schwur durch die Ausführung einer grausamen Tat einzuhalten. Er sagte: »So wahr der Herr lebt, wenn du mir nicht eilends entgegengekommen wärest, wäre dem Nabal bis Tagesanbruch kein Mann übriggeblieben.« (1 Reg = 1 Sam 25,34) Wie wir der Meinung sind, dass jene Voreiligkeit eines überstürzten Schwures, die aus der Verwirrung eines aufbrausenden Geistes gekommen war, auf keinen Fall nachgeahmt werden darf, so entscheiden wir doch eindeutig, dass Davids Rücknahme der Drohung und dem Ersatz durch Besseres nachzueifern ist. [Nicht zu vergessen Paulus:] Das auserwählte Gefäß (vgl. Apg 9,15) verspricht im Brief an die Korinther seine Rückkehr mit der ausdrücklichen Festlegung: »Nach meiner Reise durch Mazedonien werde ich zu euch kommen. Mazedonien werde ich durchziehen, bei euch jedoch werde ich bleiben, vielleicht sogar überwintern, damit ihr mich geleitet, wohin auch immer ich dann gehe. Ich möchte euch nicht nur auf der Durchreise sehen, sondern hoffe, einige Zeit bei Euch zu bleiben.« (1 Kor 16,5–7) An diese Sache erinnert er sich dann im zweiten Brief folgendermaßen: »In dieser Zuversicht wollte ich zuerst zu euch kommen, damit ihr eine zweite Gnade erhaltet. Von euch wollte ich nach Mazedonien hinüberziehen, und von Mazedonien zu euch zurückkommen, um von euch dann nach Judäa geleitet zu werden.« (2 Kor 1,15f) Doch gibt er ohne alle Umschweife zu, dass er in keiner Weise ausführte, was er versprochen hatte, weil ihn ein besserer Plan überkam. Er sagt: »War ich etwa mit Leichtsinn zugange, als ich dies wollte? Oder sind meine Gedanken vom Fleisch bestimmt, sodass mein ›Ja‹ auch ›Nein‹ heißen könnte? (2 Kor 1,17) Schließlich erklärt er sogar unter einer Versicherung an Eides Statt, weshalb er lieber sein Versprechen nicht halten als durch seine Ankunft die Jünger mit Traurigkeit beladen wollte. »Ich aber rufe Gott als Zeugen für meine Seele an, dass ich nicht noch einmal nach Korinth gekommen bin, weil ich euch schonen wollte. Genau dies habe ich nämlich bei mir beschlossen, nicht in Traurigkeit zu euch zu kommen.« (2 Kor 1,23; 2,1) [An anderer Stelle lesen wir:] Nachdem die Engel mit folgenden Worten abgelehnt hatten, das Haus des Lot in Sodom zu betreten: »Wir werden nicht eintreten, sondern auf der Straße bleiben«, (Gen 19,2) wurden sie umgehend durch seine Bitten veranlasst, das entschiedene Wort zu ändern, wie die Schrift hinzufügt: »Lot nötigte sie, da kehrten sie bei ihm ein.« (Gen 19,3LXX) Für den Fall, dass sie wussten, sie würden bei ihm einkehren, haben sie die Bitte dessen, der sie einlud, mit geheuchelter Entschuldigung zurückgewiesen. Wenn sie sich aber wirklich entschuldigten, änderten sie offensichtlich und nachweislich ihren Entschluss. Wir glauben jedenfalls, dass der heilige Geist dies aus keinem anderen Grund in die heiligen Bücher eingefügt hat, als damit wir durch diese Beispiele erzogen werden, nicht hartnäckig bei unseren Festlegungen zu bleiben. Vielmehr sollen wir sie unserer freien Entscheidung unterwerfen, und so unser Urteil frei von jeder Fessel der Gesetzlichkeit erhalten, damit es bereit ist, zu folgen wohin auch immer ein heilsamer Rat ruft, und ohne Aufschub oder Weigerung zu dem, was eine heilsame Unterscheidung als nützlicher erkannt hat, ohne Zögern überzugehen.

Um jedoch zu noch erhabeneren Beispielen aufzusteigen: Als König Hiskija krank auf dem Bett darniederlag und an einer schweren Krankheit litt, redete der Prophet Jesaja ihn im Namen Gottes folgendermaßen an: »Dies sagt der Herr: Bestelle dein Haus, denn du wirst sterben und nicht am Leben bleiben.« Es heißt: »Da wandte Hiskija sein Gesicht zur Wand, betete zum Herrn und sagte: ›Herr, ich beschwöre dich und bitte dich: Denke doch daran, wie ich vor dir in Wahrhaftigkeit und untadeligem Herzen gewandelt bin und wie ich getan habe, was in deinen Augen gut ist.‹ Und Hiskija weinte heftig.« (4 Reg = 2 Kön 20,1–3LXX; Jes 38,1–6) Danach ergeht das Wort [des Herrn] erneut an den Propheten Jesaja: »Kehre um und sage zu Hiskija, dem König von Juda diese Worte: ›Dies sagt der Herr, der Gott deines Vaters David: Ich habe deine Tränen gesehen. Siehe, ich füge deinen Tagen fünfzehn Jahre hinzu. Ich werde dich aus der Hand des Königs der Assyrer befreien und diese Stadt beschützen um meinetwillen und wegen David, meinem Knecht.‹«

(4 Reg = 2 Kön 20,5f) Was ist deutlicher als dieses Zeugnis, mit dem der Herr in Rücksicht auf Barmherzigkeit und Güte lieber sein Wort zurücknehmen und das Leben des Bittenden vom vorher festgesetzten Zeitpunkt des Todes an um fünfzehn Jahre verlängern will, als durch die Unveränderlichkeit seines Beschlusses als unerbittlich zu gelten. Ähnlich spricht die göttliche Gerichtsbarkeit zu den Einwohnern von Ninive: »Noch drei Tage und Ninive wird vernichtet werden.« (Jona 3,4LXX) Doch bald darauf wird aufgrund ihrer Reue und ihres Fastens dieses so bedrohliche und schroffe Wort abgemildert und neigt sich mit Güte zur Seite der Barmherzigkeit. Sollte nun jemand behaupten, der Herr hätte, obwohl er im Voraus wusste, dass sie umkehren, die Vernichtung der Stadt deswegen angedroht, um sie zu heilsamer Buße zu reizen, dürfte die Folge sein, dass auch diejenigen, welche Brüdern vorstehen, ohne den Vorwurf zu lügen denen, die Besserung brauchen, wenn nötig etwas Schlimmeres androhen als sie tatsächlich tun werden. Wenn aber jemand sagt, Gott hätte sein strenges Wort unter Berücksichtigung ihrer Buße zurückgenommen entsprechend jenem Wort, das er durch den Propheten Ezechiel spricht: »Wenn ich zum Gottlosen sage: ›Du wirst gewiss sterben‹ und er tut Buße für seine Sünde, und handelt recht und gerecht, wird er gewiss leben und nicht sterben« (Ez 33,14f), dann werden wir ebenso belehrt, dass wir nicht hartnäckig bei unseren Festlegungen verharren sollen, sondern eine Drohung, die wir verbindlich aufgestellt haben, mit gütigem Erbarmen mildern. Damit man nicht glaubt, dass der Herr dies lediglich den Einwohnern von Ninive gewährt hat, bezeugt er durch Jeremia, dass er allgemein, gegenüber allen und immer genauso handeln wird und verspricht, wenn nötig sein Wort ohne Zaudern wegen unserer Verdienste zu ändern, wenn er sagt: »Plötzlich werde ich gegen ein Volk oder gegen ein Reich sagen, dass ich es ausreißen, zerstören und vernichten will. Wenn aber jenes Volk Reue zeigt wegen des Bösen, das ich gegen es ausgesprochen habe, dann wird auch mich das Böse, das ich vorhatte ihnen anzutun, reuen. Und plötzlich werde ich über ein Volk oder Reich sagen, dass ich es aufbauen und einpflanzen will. Wenn es jedoch in meinen Augen Böses tut, sodass es nicht auf meine Stimme hört:

Das Gute wird mich reuen, das ich ihm versprochen habe zu tun.« (Jer 26,2f) Auch [sagt er] zu Jeremia: »Nimm kein Wort weg. Vielleicht hören sie und jeder wendet sich von seinem bösen Weg ab. Dann wird mich das Böse reuen, das ich beschlossen habe ihnen wegen der Bosheit ihres Strebens anzutun.« (Jer 26,2f) Durch diese Bezeugungen wird erklärt, dass wir nicht hartnäckig an unseren Festlegungen hängen müssen, sondern sie mit Vernunft und Urteilsvermögen zu mäßigen sind, dass immer das Bessere zu wählen und vorzuziehen ist, und ohne jedes Zögern zu jener Seite überzugehen ist, die als nützlicher angesehen wird. Auch lehrt uns jene mit nichts zu vergleichende [göttliche] Gerichtsbarkeit, dass sie, obwohl ihr der Ausgang einer jeden Sache im Voraus bekannt ist, alles nach allgemeiner Ordnung und Vernunft und gleichsam mit menschlichem Empfinden verwaltet, sodass sie alles nicht nach den Möglichkeiten und entsprechend der unvergleichlichen Kenntnis ihres Vorherwissens, sondern entsprechend den gegenwärtigen Taten der Menschen beurteilt, und jeden Einzelnen abweist oder an sich zieht, ihre Gnade täglich eingießt oder entzieht. Dass dies so ist, wird auch an jener Erwählung des Saul deutlich: Obwohl das Vorherwissen Gottes dessen elendes Ende unmöglich nicht kennen konnte, erwählte [Gott] ihn aus so vielen tausend Israeliten zum König, weil er das Verdienst seines augenblicklichen Lebens belohnte, nicht jedoch die Sünde einer zukünftigen Verletzung der Treue berücksichtigte. So kam es, dass Gott nach der Verwerfung Sauls, wie in Reue über seine Erwählung und gleichsam mit menschlichen Worten und Empfindungen über ihn klagt und sagt: »Es reut mich, dass ich Saul als König eingesetzt habe, denn er hat mich verlassen und hat meine Worte nicht mit seiner Tat erfüllt.« (1 Reg = 1 Sam 15,11) Und weiter [heißt es]: »Deshalb trauerte Samuel um Saul, weil es den Herrn reute, dass er Saul zum König über Israel eingesetzt hatte.« (1 Reg = 1 Sam 15,35) Schließlich: Dass der Herr dies tatsächlich ausgeführt hat, bezeugt er später durch den Propheten Ezechiel, wenn er sagt, dass er mit allen Menschen auch im täglichen Urteil so verfahren wird: »Auch wenn ich zu dem Gerechten sage, dass er gewiss leben wird, er jedoch im Vertrauen auf seine Gerechtigkeit Unrecht tut – alle seine Gerechtigkeiten sollen dem

Vergessen übergeben werden, und er soll genau in der Ungerechtigkeit, die er getan hat, sterben. Wenn ich aber zu dem Gottlosen sage: ›Du wirst gewiss sterben‹, er aber Buße tut für seine Sünde, und Recht und Gerechtigkeit übt; wenn jener Frevler das Pfand zurückgibt, Raub erstattet, in den Geboten des Lebens wandelt und nichts Ungerechtes tut: Er soll gewiss leben, nicht sterben. Alle seine Sünden, die er begangen hat, werden ihm nicht angerechnet.« (Ez 33,13–16)

Als der Herr dann von jenem Volk, das er sich aus allen Völkern als sein Eigentum erwählt hatte, den Anblick seiner Barmherzigkeit wegen des schnellen Abfalls abgewandt hatte, (vgl. Ex 32) rief der Gesetzgeber [Mose], als er für das Volk eintrat: »Ich beschwöre dich, Herr: Dieses Volk hat eine große Sünde gegen dich begangen. Sie haben sich goldene Götter gemacht. Doch wenn du jetzt ihre Sünden vergeben willst, vergib! Wenn nicht, dann tilge mich aus deinem Buch, das du geschrieben hast.« (Ex 32,31–33) Auch David sagte, als er über Judas und die Verfolger Christi im prophetischen Geist klagte: »Sie sollen getilgt werden aus dem Buch des Lebens.« (Ps 68,29 = 69,29) Und weil sie nicht verdienten, wegen der Schuld des ungeheuren Verbrechens zur heilsamen Buße zu gelangen, fügt er hinzu: »Sie sollen nicht mit den Gerechten verzeichnet werden.« (Ps 68,29 = 69,29) An Judas selbst erfüllte sich dann unverkennbar die Macht der Verfluchung durch den Propheten. Denn nach der Ausführung des Verbrechens im Verrat »tötete er sich selbst durch Erhängen«, (Mt 27,5) damit er nur ja nicht nach der Tilgung seines Namens verdiente, mit den Gerechten doch noch im Himmel eingeschrieben zu werden, falls er sich zur Buße bekehrte. Es ist also nicht zu bestreiten, dass auch der Name des Judas zu der Zeit, als er von Christus erwählt die Würde des Apostelamtes erhielt, in das Buch der Lebenden eingeschrieben war und zusammen mit den anderen gehört hat: »Freut euch nicht, dass die Dämonen euch unterworfen sind. Freut euch jedoch, dass eure Namen in den Himmeln geschrieben stehen.« (Lk 10,20) Doch weil er, angesteckt von der Pest der Geldgier, von der Einschreibung in das Buch in den Himmeln auf die Erde gestürzt wurde, sagt der Prophet zutreffend über ihn zu denen, die ihm gleichen: »Herr, alle, die dich verlassen, sollen verwirrt werden. Die zurückweichen, sollen im Erdenstaub eingeschrieben werden; denn sie haben den Herrn, die Quelle lebendiger Wasser, verlassen.« (Jer 17,13) Und an anderer Stelle heißt es: »Im Rat meines Volkes werden sie nicht sein, im Verzeichnis des Hauses Israel stehen sie nicht geschrieben, und das Land Israel werden sie nicht betreten.« (Ez 13,9)

26 Es darf auch nicht die Nützlichkeit folgender Vorschrift verschwiegen werden: Wenn Zorn uns aufhetzt, oder wenn wir uns durch eine andere Leidenschaft mit einem Schwur gebunden haben – was nie und nimmer mit einem Mönch geschehen darf, soll dennoch die Ursache beider Vorkommnisse mit unbeirrtem Urteil des Geistes überdacht werden. Die Sache, die wir uns in den Kopf gesetzt haben, muss verglichen werden mit dem, wozu wir getrieben werden, uns hinzuwenden. Ohne Zögern ist eine Entscheidung dahingehend zu treffen, was als richtiger beurteilt wird, wenn sich wieder gesündere Gedanken eingestellt haben. Es ist ja richtiger, von unserem Wort abzuweichen, als den Verlust einer heilbringenden und tugendhaften Sache zu erleiden. Überhaupt erinnern wir uns, dass vernünftige und bewährte Väter bei Festlegungen dieser Art niemals hart oder starrsinnig waren, vielmehr wie Wachs durch Wärme, so ließen sie sich durch Vernunft erweichen und gaben ohne Zögern den besseren Argumenten nach, wenn ein gesünderer Rat dazukam. Welche [Väter] auch immer wir an ihren Entscheidungen hartnäckig festhalten sahen: Wir fanden sie immer unvernünftig und unerfahren in der Unterscheidung.

27 Germanus: Soviel diese Angelegenheit betrifft, die einleuchtend und ausführlich durchgenommen wurde, darf der Mönch nichts festlegen, damit er nicht entweder als Übertreter oder als störrisch dasteht. Doch wo sollen wir jenes Wort des Psalmisten einordnen: »Ich habe geschworen und beschlossen, deine gerechten Entscheide zu beachten.« (Ps 118,106 = 119,106) Was heißt schwören und sich festlegen denn anderes als Entscheidungen unverrückbar zu beachten?

28 Joseph: Wir haben dies nicht im Blick auf die Hauptgebote entschieden, ohne die unser Heil überhaupt nicht Bestand haben kann, sondern im Blick auf die Dinge, die wir ohne Gefahr für unseren Stand lassen oder einhalten können, zum Beispiel von der unnachgiebigen Strenge beim Fasten, der andauernden Enthaltung von Wein oder Öl, vom völligen Verzicht auf das Verlassen des Kellions, vom ununterbrochenen Bleiben bei Lesung und Nachsinnen [über die Schrift], was ohne Schaden für unsere Berufung und unseren Vorsatz nach Belieben geübt werden kann und wenn nötig ohne Tadel gelassen werden kann. Ansonsten gilt es, sich mit aller Kraft für das Halten jener Hauptgebote zu entscheiden und dafür wenn nötig auch den Tod nicht zu scheuen. Von ihnen nämlich gilt es unerschütterlich zu sagen: »Ich habe geschworen und beschlossen.« (Ps 118,106 = 119,106) Das muss gelten für die Bewahrung der Liebe (vgl. Mt 19,19) um derentwillen alles zu verachten ist, damit nicht das Gut und die Vollkommenheit ihrer Ruhe befleckt wird. Ebenso ist zu schwören für die Reinheit der Keuschheit und nichts anderes müssen wir tun für den Glauben, für Nüchternheit und Gerechtigkeit. (Vgl. 1 Kor 15,34; 1 Petr 5,8) Dies alles ist einzuhalten mit unbeirrter Beharrlichkeit. Nur ein wenig davon abgewichen zu sein, ist verdammenswert. Von jenen körperlichen Übungen jedoch, die nur eingeschränkt als nützlich gelten, soll man wie gesagt festlegen: Wenn sich eine bessere Gelegenheit für die Ausübung der Frömmigkeit bietet, die rät, jene [Übungen] aufzugeben, sind wir durch kein Gesetz an sie gebunden, sondern können frei zu Nützlicherem übergehen, indem wir sie weglassen. Wenn jene körperlichen Übungen für eine bestimmte Zeit aufgegeben werden, besteht keine Gefahr. Von den [Hauptgeboten] sich jedoch auch nur einen Augenblick abzuwenden, ist tödlich.

29 Mit gleicher Umsicht ist auch für Folgendes zu sorgen: Wenn eurem Mund womöglich ein Wort entschlüpft, das ihr geheim halten wollt, sollen keine Befehle zur Geheimhaltung den, der es hört, beunruhigen. Eher nämlich wird es verborgen bleiben, wenn es lässig und einfach übergangen wird, weil kein Bruder von der doch großen Versuchung gequält wird, es weiterzusagen. Er glaubt ja, dass nur eine unwichtige Sache in einem belanglosen Geschwätz gesagt wurde, die schon deshalb weniger wichtig ist, weil sie den Ohren des Hörers nicht mit einem dringenden Schweigegebot anvertraut wurde. Denn hättest du seine Zuverlässigkeit mit einem Schwur zur Geheimhaltung gebunden – du kannst sicher sein, dass das Geheimnis umso schneller verraten worden wäre. Mit größerer Wucht nämlich wird der Diabolos den Kampf gegen ihn aufnehmen, um dich zu betrüben oder bloßzustellen, und jenen [Bruder] möglichst schnell zum Übertreter seines Schwures zu machen.

30 Deshalb: Nichts darf der Mönch übereilt in Bezug auf Dinge, die zu den Übungen des Körpers gehören, festlegen, damit er nicht den Feind umso mehr reizt zum Kampf gegen das, was er als Befolgung eines Gesetzes beachtet und schneller gedrängt wird, es zu verletzen. Jeder nämlich, der, unter die Gnade der Freiheit[17] gestellt, sich selbst ein Gesetz einbildet, bindet sich in Schaden bringender Knechtschaft, sodass er das, was er erlaubterweise, ja sogar lobenswert unter Danksagung hätte genießen können, wenn womöglich eine Notlage es erfordert, wie ein Gesetzesübertreter gezwungen wird hinzunehmen unter der Anklage einer Sünde. »Denn wo kein Gesetz ist, gibt es keine Übertretung eines Gesetzes.« (Röm 4,15)

Durch diese Unterweisung und Lehre des allerseligsten Abbas Joseph wie durch ein göttliches Wort gestärkt, wären wir am liebsten in Ägypten geblieben. Doch obwohl wir von da an wegen unseres Versprechens kaum beunruhigt waren, erfüllten wir dennoch unser Gelöbnis nach einer Zeit von sieben Jahren freiwillig. In unser Koinobion schon zu einer Zeit eilend, in der wir die Zuversicht hatten, die Erlaubnis zur Rückkehr in die Wüste zu bekommen, erwiesen wir zuerst unseren Vätern die geschuldete Ehre. In ihren Herzen, die infolge ihrer brennenden Liebe keineswegs von den doch sehr zahlreichen Genugtuungen durch unsere Briefe besänftigt worden waren, belebten wir schließlich die frühere Liebe aufs Neue. Schließlich, nachdem der Stachel wegen unseres

Versprechens ganz und gar herausgezogen worden war, kehrten wir in die Abgeschiedenheit der sketischen Wüste zurück, wobei sie uns mit Freuden das Geleit gaben.

Dieses Wissen und diese Lehre der berühmten Väter, hat euch, heilige Brüder [Honoratus und Eucherius] meine Unbeholfenheit so gut sie es vermochte in vollem Glanz erstrahlen lassen. Wenn vielleicht auch unsere ungebildete Vortragsweise mehr verwirrt als erhellt, so möge doch, das ist meine Bitte, der Tadel meiner Tölpelhaftigkeit nicht das Lob der vortrefflichen Männer aushöhlen. Jedenfalls schien es uns angesichts unseres Richters sicherer, die Großartigkeit dieser Lehre, wenn auch in ungelenken Worten zu veröffentlichen als zu schweigen, zumal dem Fortschritt des Lesers, wenn er die Erhabenheit des Inhalts betrachtet, nicht hindern kann, was als Ungeschicklichkeit meines Stils bemängelt wird. Außerdem gilt unsere Sorge eher dem Nutzen als dem Lob.

{Ich wusste sehr genau, dass meine Aufzeichnung der Worte heiliger Männer viele Gefahren, aber wenig Lob einbringt. Doch klug, wie es heißt, setzte ich den Fuß in die Schlinge und weigerte mich nicht, mich der unzweifelhaften Gefahr auszusetzen, trotz ungewisser Hoffnung auf den Nutzen für andere diese Worte zu überliefern.}[18]

Ich erinnere freilich alle, in deren Hände dieses kleine Werk gelangt, an Folgendes: Was immer Gefallen findet, ist Verdienst der Väter. Was jedoch nicht gefällt, ist mir anzulasten.

Anmerkungen

Hinweise auf den Einleitungsteil dieses Buches sind angegeben als »Geistliches Leben« = Einleitung von G. Ziegler, beziehungsweise als »Cassian und die Diakonie« = Einleitung von G. Descœudres.

G. Ziegler:
Geistliches Leben konkret – Cassians Collationes 11–17

1 PG 26,975.

2 Cassians Werk »De incarnatione contra Nestorium«, in: CSEL XVII, 2004.

3 Dies zeigt u. a. der Beitrag von Herbert Müller-Franke: Wüstenväter – Moderne Verhaltenstherapeuten?, in: Das Schauen Gottes wiedererlangen, S. 210ff.

4 Prosper von Aquitanien, Contra Collatorem, MPL 45,1803.

5 Dazu: Christoph Müller, Liberum arbitrium, AL 3, Sp. 972–980; Adolar Zumkeller, De correptione et gratia, AL 2, Sp. 39–47.

6 Prospers Werk »De gratia dei et libero arbitrio« erhielt später den Titel »Contra Collatorem«, PL 45,1801–1834 und PL 51, 213–276. Den »Neuerer«-Vorwurf überliefert Vincent von Lérins, Commonitorium 32,4, CCL 64, 193.
Der Brief Prospers findet sich unter den Briefen Augustins, ep. 225, CSEL 57, 454–68. Die Prosper-Argumente gegen Cassian sind verzeichnet in: CSEL XIII, S. 717.

7 Besonders gr. et lib. arb. 2.6.7.12.

8 Chr. Müller a.a.O., Sp. 979

9 gr. et lib. arb. 12.

10 corrept. 10.33. Ausdrücklich setzt Cassian in coll. 13,12 Augustins »posse non peccare« entgegen: Der Mensch hatte am Anfang schon die Fähigkeit, das Gute zu wollen und zu können.

11 corrept. 13.44.45.49.

12 Vgl. coll. 2,11 und 2,16; der zurechtweist und zurechtweisen darf, handelt nach Maßgabe der Diskretio und Barmherzigkeit.

13 16,11.22.33; siehe das Verzeichnis der Begriffe in Unterredungen Teil 1 und 2.

14 Origenes, Homiliae in Genesim, hrsg. von Paul Habermehl, Berlin, 2. Aufl. 2012, GCS Neue Folge 17, hom. XV, S. 206f, 210f.
Wenn Cassian sagt, dass Gnade und Wille ineinander verschlungen sind, entspricht dies RB 7,23: Gott ist in den Begierden des Fleisches »immer gegenwärtig«. Ich danke Sr. Bernadette Mayr OSB für diesen Hinweis.

15 coll. 2,13; 16,20.

16 Augustinus selbst spricht von der »difficillima quaestio ... de voluntate et gratia«, von der »äußerst schwierigen Frage nach Wille und Gnade«, ep. 225,2.

17 So im Kontext der Gnadenlehre die Frage der Nähe zu Origenes, der schreibt, dass der Mensch selbstbestimmend, souverän (grch. autexousion) geschaffen wurde. Philocalie Kap. 25,3.4, SC 226, S. 226f.

18 Nach Guntram Förster, Beitrag »Gnade und Semipelagianismus«, Erstes Cassian-Symposion Münsterschwarzach 2011.

19 Sog. Arausiacum von 529, DH, Enchiridion Symbolorum, Nr. 371–397.

20 »Germanus« heißt (Zwillings-)Bruder. Ob Germanus wirklich mit Cassian unterwegs war oder nur eine literarische Figur ist, soll hier dahingestellt bleiben.

21 Natürlich sind solche Beteuerungen auch rhetorische Gepflogenheiten, aber wir lassen sie so stehen, schließlich passen sie zu dem, was Cassian vermitteln will.

T. G. Kardong: Johannes Cassians Lehre von der vollkommenen Keuschheit

1 Dieser Beitrag bezieht sich hauptsächlich auf inst. 6 sowie coll. 12 und 22. Der hier abgedruckte Text ist eine deutsche Übertragung des Beitrags von Terrence G. Kardong: Cassian on Chastity: Institute 6, Conference 12, Conference 22. Richardton 1993. Übersetzung und Abdruck erfolgen mit freundlicher Genehmigung des Autors. Übersetzung von Ulrike Strerath-Bolz, Überarbeitung von Gabriele Ziegler und Matthias E. Gahr.

2 Instituta 6, »Über den Geist der Unzucht«; Collatio 12, »Über die Keuschheit«; Collatio 22, »Über nächtliche Trugbilder«. Diese Texte umfassen rund 70 Seiten in der französischen Ausgabe von I. E. Pichery und J. C. Guy, Sources Chrétiennes, 42, 54, 64, 109 (Paris, Les Éditions du Cerf 1955–1965) und stellen ungefähr zehn Prozent des gesamten Werkes Cassians dar.

3 Edgar C. S. Gibson in: Nicene und Post-Nicene Fathers Ser. 2, 1894, Nachdruck Grand Rapids, MI, Eerdmans 1964, 11. Es sollte hier angemerkt werden, dass Gibson seine Übersetzung in der Viktorianischen Zeit anfertigte – was sich in Sprache und Ausdrucksweise niederschlägt. Während man dankbar dafür sein kann, dass Eerdmans (ein evangelischer Verleger) diese monastische Literatur weiterhin herausgibt, ist dennoch eine neue Übersetzung Cassians notwendig.

4 Cassians Gebrauch des Begriffes »Keuschheit« unterscheidet sich deutlich vom allgemeinen Gebrauch bei Moralphilosophen und Theologen. Für die ersteren ist eine keusche Person jemand, der seine Sexualität – als an sich richtig und gut – gemäßigt auslebt. Für die christlichen Theologen bedeutet Keuschheit die Integration der Sexualität in ein Leben aus dem Geist. Diese Definitionen bieten verschiedene Interpretationsmöglichkeiten, beinhalten aber beide geschlechtliche Akte, wenigstens zwischen Ehegatten, die Cassians Sicht der Keuschheit jedoch nicht einschließt. (Siehe S. O'Riordan, Chastity, New Catholic Encyclopedia, 1967).

5 Eine scharfe Kritik an Cassian als Historiker des ägyptischen Mönchstums bietet der Artikel von J. Leroy über die Vorworte in Cassians Werken: »Les Préfaces des Ecrits Monastiques de Jean Cassien«, Revue Ascetique et Mystique 42, 1966, 157–180, und zum Koinobitentum »Le Cenobitisme chez Cassien«, ebd. 43, 1967, 121–158. Leroy stellt heraus, dass Cassian seine Berichte erst viele Jahre nach seinen Erlebnissen in Ägypten verfasste, und so tendenziell die Details verwischt. Dies gibt Cassian im Vorwort seiner Instituta (50–55, SC 109) auch zu.

6 Angelismus: Vorstellung von einem engelgleichen Leben, in dem der Mensch frei von jeder Beeinträchtigung durch den Körper weder seine Sexualität noch andere Bedürfnisse wahrnimmt.

7 Cassians intellektuelle Linie kann über Evagrius Ponticus zu Origenes von Alexandria zurückverfolgt werden, die beide Platoniker waren. Die grundlegende Studie hierzu ist: S. Marsili, »Giovanni Cassiano e Evagrio«, Studia Anselmiana 5, Rom 1936.

8 Gregor der Große, Buch II der Dialoge, Kap. 2,2. Diese Geschichte scheint mehr für Gregor als für Benedikt (den Autor der Regel) selbst charakteristisch zu sein. Anders gesagt, Gregor ist mehr von der platonischen Askesetradition beeinflusst als der Autor der Klosterregel. Siehe P. A. Cusack, The Temptation of St. Benedict: an Essay at Interpretation through the Literary Source, ABR 27, 1976, 143–163.

9 Inst. 6,6. Zu diesem Absatz kommentiert Guy (SC 109, S. 269): »Diese Unterscheidung klärt die Frage nach Cassians Angelismus. Er sagt nicht, dass wir unsere körperliche und natürliche Erscheinungsform verlassen (was falsch wäre, weil es unsere Natur beschädigen würde), sondern wir verlassen unsere fleischliche oder sündhafte Erscheinungsform (was unsere Natur übersteigt).«

10 Inst. 6,7 erörtert die Tatsache, dass auch weltliche Gladiatoren Schritte unternahmen, um Unreinheit zu vermeiden, damit sie sich ihre Kraft für die Arena erhielten.

11 The Rule of the Master (Magisterregel), übersetzt von Luke Eberle (Kalamazoo, MI: Cistercian Publications 1977) bespricht in Kap. 80 dasselbe Thema. In Benedikts Klosterregel wird es nicht erwähnt.

12 Damit setzt er in die Tat um, was er in Collatio 12,7 rät. Dort erklärt Cassian: Wenn wir Bilder von menschlicher oder tierischer Fortpflanzung sehen, sollen wir uns verhalten, als ob wir an Ziegelmacher oder ähnliches dächten.

13 Dies würde die Vorstellung erwecken, dass Keuschheit im koinobitischen Leben nicht wirklich möglich ist. Cassian sagt dies in diesem Abschnitt ausdrücklich, in dem er anerkennt, dass ein Koinobit enthaltsam leben kann, aber nicht keusch in vollendetem Sinne. Dies bestätigt die Behauptung Leroys, dass Cassian grundsätzlich kein Verständnis für das koinobitische Mönchtum hat; siehe auch Anm. 5.

14 Cassian zitiert dazu häufig 1 Kor 13,8 (vgl. coll. 1,11; 11,6.9.12.13; 15,2). Er übersetzt »caritas non cadit« mit »Liebe sündigt (d. h. fällt) nicht«. Die meisten modernen Übersetzer lesen hier »Liebe hört niemals auf«, die alten Schreiber aber untermauerten damit einfach ihr Argument. Für sie kommt wahrhafte Gottes- und Menschenliebe erst am Ende eines langen Prozesses asketischer Reinigung.

15 Vom Standpunkt der gesamten heutigen monastischen Bewegung aus gesehen repräsentiert Cassian eine Tendenz der Spiritualisierung. Er und die Anhänger des Evagrius wurden schließlich deswegen aus Ägypten vertrieben, weil sie gegen den Anthropomorphismus der koptischen Mönche vorgingen. Als er wieder in den Westen zurückgekehrt war, verdrängte Cassians asketisches Werk die Bedeutung der Zeichen und Wunder, die vorher im gallischen Mönchtum Gefallen gefunden hatten, zum Beispiel das Werk »Das Leben des heiligen Martin« von Sulpicius Severus.

16 Inst. 6,13. Obwohl diese Vorsichtsmaßnahmen heutzutage übertrieben und sogar paranoid erscheinen, wurden sie noch vor nicht allzu langer Zeit in einigen katholischen Seminaren und Klöster als selbstverständlich angesehen. Bei einem Treffen mit der eigenen Schwester wurde die Tür des Zimmers zum Gang hin offen gelassen!

17 Inst. 6,19. J. C. Guy (SC 109, S. 285, Anm. 2) zitiert nach Jean Gribomont, einem führenden Basilius-Forscher, der leugnet, dass dieser Absatz in den bekannten Arbeiten von Basilius erscheint.

18 Cassian betont manchmal die Verbindung zwischen Samenfluss und ritueller Unreinheit (inst. 6,8; coll. 22,3.5.6). Indem er dies tut, folgt er dem jüdischen Gesetz (Dtn 23,1–11; zitiert in coll. 22,5), das scheinbar die generelle Verbindung, die einfache Menschen zwischen sexueller Aktivität und ritueller Unreinheit sehen, reflektiert (Tabu). Eine ähnliche bestimmende Ansicht war, dass sexuelle Enthaltsamkeit die körperliche Kraft steigert. (inst. 6,7, vgl. Anm. 10.)

19 Spirituell betrachtet ist Hochmut eng verbunden mit der Weigerung, die Vorstellungskraft zu disziplinieren. Beide stellen in Cassians dreiteiliger Argumentation in 22,3 und 5 den zweiten Grund für Unreinheit dar.

20 In Collatio 22,8 drückt Germanus das klassische Dilemma gewissenhafter Menschen aus: Wenn wir alle Sünder sind und sich nur die Heiligen dem Sakrament nähern können, wer ist dann würdig? Statt sich an diesem Punkt auf die Dämonen zu beziehen, führt Cassian eine langatmige Erörterung, in der er behauptet, dass Heiligkeit nicht absolute Perfektion bedeutet. Unwillkürliche Unreinheiten sind so für den Einzelnen kein Hinderungsgrund zum heiligen Tisch zu treten, obwohl sie immer auf Unvollkommenheit hinweisen.

21 Wie Cassians Stufen der Demut (inst. 4,39; RB 7), folgen diese Stufen der Keuschheit keiner Systematik oder logischen Abfolge.

22 Diese Debatte wurde eigentlich erst nach dem Tod beider Männer hitzig geführt. Tatsächlich ist Cassians Collatio 13 gegen Augustins Theorie der Gnade gerichtet, die generell bei den Mönchen im südlichen Gallien nicht gut ankam. Als sich dieser Streit über Jahrzehnte hinzog, sah sich Rom gezwungen, die Position des Augustinus, »Allein die Gnade« zu favorisieren, obwohl er diese oft in extremen Worten vertrat. Schließlich wurde Cassians Collatio 13 auf dem Konzil von Orange (529) als semipelagianisch verurteilt und dieses Urteil wurde von Rom bestätigt. Für eine ausführliche Studie zu diesem Thema siehe O. Chadwick, John Cassian, Cambridge 1950. Ebenso interessant ist hierzu: C. Vagaggini, La Posizione de S. Be-

nedetto nella Questione Semipelagiana, Studia Anselmiana 18–19, 1947, 16–80.

23 Im englischen Original wird hier fälschlich coll. 12,7 angegeben.

Prolog

1 Eucherius war nicht vor 434 Bischof, Honoratus wurde im Jahr 426 Bischof von Arles. Im Prolog zu Teil 3 der Collationes nennt Cassian ihn dann bereits »Bischof«, hier jedoch noch »Bruder«. Teil 2 der Collationes dürfte also um 426 veröffentlicht worden sein.

2 Die »Instituta Coenobiorum« wurden ca. 419–425 verfasst.

3 Teil 1 der Collationes war diesen beiden Bischöfen gewidmet.

4 Die sogenannten Stoichaden oder Hières sind der heutigen Stadt Hyères an der Mittelmeerküste (Provence) vorgelagert.

Collatio 11

1 Das Kloster in Bethlehem; vgl. Geistliches Leben, S. 18.

2 Lagunenstadt im Nildelta.

3 Archebius, ein sehr demütiger Altvater, wird auch in coll. 7,26 und inst. 5,37f erwähnt.

4 Wie weit Cassian und Germanus tatsächlich in entlegene Mönchssiedlungen vorgestoßen sind, ist nicht geklärt.

5 Panephysis, auch Panephysos, vgl. coll. 7,26, inst. 4,30, Stadt im nordöstlichen Nildelta.

6 Vielleicht identisch mit Abbas Chaeremon der Hist.Laus. 47,5.

7 »Sag uns ein Wort«, mit dieser Bitte wandten sich Ratsuchende an die Väter der Wüste.

8 Im Sinn von: »Das Einsiedlerleben an solch einem Ort haut uns um.«

9 Lat. finis, grch. telos, letztes, höchstes Ziel; coll. 1,2ff.

10 Er ging in sich. Augustinus mahnt: »Geh nicht nach außen, zu dir selbst kehre zurück; im inneren Menschen wohnt die Wahrheit. Und wenn du deine Natur als veränderlich wahrnimmst, übersteige dich selbst. Sei jedoch dessen eingedenk, dass du, wenn du dich übersteigst, deine der Vernunft mächtige Seele übersteigst. Dorthin also trachte, von wo das Licht deiner Vernunft sich entzündet. Denn wohin gelangt jeder, der seine Vernunft recht gebraucht, wenn nicht zur Wahrheit? ... Bekenne, dass du nicht bist, was sie [die Wahrheit] ist – sie hat es nämlich nicht nötig, sich selbst zu suchen. Du aber bist suchend zu ihr gelangt, zwar nicht Räume durchschreitend, sondern vom Verlangen des Geistes getrieben. So möge der innere Mensch mit ihr als sein Mitbewohner übereinstimmen – nicht in niederem und fleischlichem Genuss, sondern in höchstem und geistigem.« Die wahre Religion, Kap. 72, zitiert nach: Augustinus-Zitatenschatz; vgl. Benedikt von Nursia, in: Gregor der Große, Buch II der Dialoge, Kap. 2,2.

11 Lat. caritas dei, Gottesliebe, kann sowohl als »Liebe zu Gott« (genitivus objektivus), »Liebe Gottes« (genitivus subiectivus) oder als »göttliches Liebesgebot« übersetzt werden; vgl. 12,4.

12 Vgl. das Federgleichnis in coll. 9,4.9. Es ist ganz natürlich, dass der Mensch das Gute liebt.

13 Einem, der es eigentlich gar nicht will, abgetrotzt. Vgl. coll. 17,21.

14 Lat. ist hier »erutum« anstelle von »eruditum« zu lesen.

15 Eine Todsünde ist ein Verstoß gegen das göttliche Liebesgebot, eine »radikale Möglichkeit«, die der Mensch in Freiheit, mit willentlicher Zustimmung und in vollem Bewusstsein wählt. Katechismus der Katholischen Kirche Nr. 1855–1864.

16 Leidenschaft, hier lat. affectus, Affekt, geneigt sein, sich hinwenden zu, kann sowohl lebensfördernd wie zerstörend eingesetzt werden. Zum weiten Bedeutungsspektrums des Begriffs: siehe Geistliches Leben, S. 11f und coll. 16,14, die Gleichsetzung von affectio und grch. diáthesis.

17 »Mensch und Gott«, lat. homo dominicus, ist Jesus Christus, wahrer Mensch und wahrer Gott.

18 »Herr« wird Gott (Vater) im AT genannt.

19 Coll. 1,2ff: Ziel, lat. destinatio, grch. σκοπός, skopos, ein vorläufiges, irdisches Lebens-Ziel, ist Weg und Mittel, um das transzendente, jenseitige, letzte und höchste Ziel, das ewige Leben zu erreichen, lat. finis, grch. τέλος. Diese beiden Ziele verhalten sich zueinander wie die konkrete Zielscheibe und Zielmarke in einem Wettkampf (sie muss getroffen beziehungsweise erreicht werden) und das Ziel des Wettkampfes (den Siegespreis in Händen zu halten). Das Schützen- oder Bogengleichnis in coll. 1,5, auf das Cassian immer wieder zurückkommt, ist in der Antike weitverbreitet und markiert das Gesamtthema der »Unterredungen mit den Vätern«: Der Mönch soll den geistlichen Kampf einüben, dessen letztes Ziel die Schau Gottes ist (vgl. Mt 5,8).

20 Lat. fastigium ist ein Fachbegriff aus dem Bauwesen: Höhe(punkt), Giebel(spitze) besonders prächtiger Bauwerke, zum Beispiel der Tempel oder des Kaiserpalastes. Vgl. das Bild vom »Turm der Tugenden« in coll. 9,2, coll. 12,7, coll. 16,5.

Collatio 12

1 »Leib der Sünde« bezeichnet ein Sündencorpus, eine Körperschaft, Vernetzung, ein Gefüge, einen Verbund. Die Antike dachte nicht vom Individuum her, sondern auf eine Gemeinschaft bezogen.

2 Die böse Begierde (lat. libido mala) sitzt in den Winkeln der Seele, sie konvertiert den Willen zur Gier (lat. concupiscentia).

3 Begierde ist eine »Erkrankung des Willens«, die alle Bereiche unseres Lebens betrifft. Evagrios Pontikos fasst zusammen: »Die Enthaltsamkeit unterdrückt allein den Leib, die Sanftmut macht den Intellekt zum Seher.« G. Bunge, Briefe aus der Wüste, S. 211.

4 Lat. divina caritas, das Gebot der Gottes- und Nächstenliebe.

5 Vgl. coll. 12,5; 12,16; 14,13. Die Väter betonen den Weg der Erfahrung im geistlichen Leben.

6 Lat. contritio, das aufgebrochene Herz, Bild des zermahlenen Getreidekorns, dessen Schale aufgebrochen wird; klassische Übersetzung: Zerknirschung.

7 In coll. 6,10 beschreibt Cassian die »mit zwei rechten Händen«, »welche in den heiligen Schriften in bildhafter Ausdrucksweise ἀμφοτεροδέξιοι, das heißt ›mit zwei rechten Händen‹ genannt werden, wie jener Aot im Buch der Richter bezeichnet wird, der beide Hände wie eine rechte gebrauchte. Diese Tugend können auch wir in geistiger Weise besitzen, wenn wir sowohl das, was günstig ist und zur rechten Seite gerechnet wird, wie auch das, was widerwärtig ist und der linken Seite zugeordnet wird, durch guten und richtigen Gebrauch zu rechten Seiten machen, sodass, was immer uns widerfährt, für uns mit dem Apostel gesprochen zu ›Waffen der Gerechtigkeit‹ (2 Kor 6,7) wird. Wir sehen nämlich, dass unser innerer Mensch aus zwei Teilen und – um es so auszudrücken – aus zwei Händen besteht, und kein Heiliger kann die genannte linke Hand entbehren. Vielmehr erkennt man die vollkommene Tugend daran, dass sie beide [Hände] durch guten Gebrauch zu Rechten macht. Und damit das Gesagte besser verstanden werden kann: Ein heiliger Mann hat eine rechte Hand, nämlich die geistigen Erfolge. Dies ist dann der Fall, wenn er glühend im Geiste alle Wünsche und Begierden beherrscht; wenn er, vor allem Kampf des Diabolos gegen ihn sicher, ohne jede Mühe und Schwierigkeit die Laster des Fleisches entweder verachtet oder vernichtet; wenn er erhaben über die Erde alles Gegenwärtige und Irdische wie nichtigen Rauch und bedeutungslosen Schatten ansieht und als bald vergehend verachtet.«

8 Unreinheit als »Tohuwabohu« im Wollen, »Gewolle und Gewünsche«.

9 Lat. fastigium, Giebel eines Gebäudes, siehe Anm. 20 zu coll. 11,14.

10 Hintergrund ist die antike Lehre von den Körpersäften, welche die Emotionen des Menschen beeinflussen. Von Galenus (2.Jh. n.Chr.) begründet, bestimmt diese Humoralpathologie noch das Mittelalter. Vgl. Hildegard von Bingen, Ursprung und Behandlung der Krankheiten, Causae et Curae, Buch II. Galenus spricht von der

materia peccans, dem krankmachenden, schädlichen Stoff, der auf den Menschen einwirkt. Ausscheidende Naturkräfte reinigen den Körper. De creticis diebus 3,9; de causis procatarcticis 7,69–72.

11 Lat. »de fine«. Cassian erinnert an coll. 1, wo er dies anhand verschiedener Berufe nachweisen will.

12 Dieser Psalmvers ist Teil des Exsultet, des Jubelgesanges der Osternacht: »O vere beata nox, quae sola meruit scire tempus et horam, in qua Christus ab inferis resurrexit! Haec nox est, de qua scriptum est: Et nox sicut dies illuminabitur: et nox illuminatio mea in deliciis meis.« »O wahrhaft selige Nacht, die allein gewürdigt wurde zu wissen Zeit und Stunde, in der Christus von den Toten erstand. Dies ist die Nacht, von der geschrieben steht: Nacht leuchtet wie Tag. Nacht – mein Freudenlicht.« Kommentar des Johannes Chrysostomus, des verehrten Lehrers von Johannes Cassian: »Nox manens nox, sed fuit lucida, fuit lux in nocte.« »Die Nacht blieb Nacht, doch sie war hell. Das Licht schien in der Finsternis.« Expositio in psalmos zu Psalm 138,11f.

13 Vgl. Gen 32,23–33; 35,9–10. Antonios bezeichnet Horsiese als »Israel«, als den, der Gott schaut. Joest, Theodoros von Tabennese, S. 43.

14 Er hat den Leidenschaften den Zunder und Stoff genommen. Vgl. coll. 12,2.6.

15 Vgl. der »Turm der Tugenden« in coll. 9,2; 11,14.

16 »Kaltes Feuer«, ein sog. Oxymoron, zwei widersprüchliche Begriffe werden verbunden.

17 CSEL S. 354 wörtlich: »Es dürfte kaum einleuchten, was der Prophet Großes oder Neues gesagt hätte, wenn man annehmen würde, er hätte dies von einer anderen Empfindung des Herzens oder anderen Werken Gottes gesagt.«

18 Lat. subtilis, fein, zart, ist verwandt mit lat. »tel«, Gewebe. Reinheit ist ein sehr verletzliches Gut.

19 Anklang an coll. 1,2: »Künste und Wissenschaften«, lat. artes und disciplinae, vgl. coll. 12,8.

20 Lat. finis, grch. telos, letztes Ziel: Gott schauen nach Mt 5,8.

Collatio 13

1 Grch. Synaxis; die (Mess-)Liturgie, das Abend- oder Morgengebet; siehe Cassian und die Diakonie, S. 27.30.

2 Vgl. coll. 12,4.7.12; siehe Geistliches Leben, S. 12ff.

3 Lat. boum, von bos, Vieh; nicht lat. bonum, wie in einigen Handschriften.

4 Physiognom, einer, der vom Gesicht auf den Charakter schließen kann. Diese Sokrates-Episode zitiert Cassian wohl in Anlehnung an Cicero, tusc. 4,80 und den Dialog »Zopiros« des Phaidon von Elis, Diog. Laert. Vitae philosophorum 2,105.

5 Diogenes, Philosoph, Kyniker, ca. 400–320 v. Chr.; dieses Zitat ist in der antiken Literatur weitverbreitet, der Ursprung nicht klar. Diogenes Laertius sagt in Vitae 6,69, dass von Diogenes noch etliche (obszöne) Bemerkungen im Umlauf wären.

6 Der Mensch kann das Heil nicht aus sich bewirken. Doch kann er in der Praxis des geistlichen Lebens, indem er die Gebote Gottes befolgt, mit Gottes Hilfe zu innerem Frieden finden. Cassian geht es um diese Praxis. Vgl. coll. 1.5.14 und Cassians Ausführungen zu Zorn, Gedanken und Leidenschaften. Coll. 13,9 und 13,11 betonen, dass sich Gottes Gnade und Wollen des Menschen aus menschlicher Sicht oft nicht eindeutig unterscheiden lassen.

7 Vgl. coll.1,2, den Vergleich mit dem Landwirt, der von den Erträgen die Samen für die nächste Ernte nimmt und so zunächst einen Verlust erleidet.

8 Cassian argumentiert in Paaren von scheinbar gegensätzlichen Schriftworten, mit Pro und Contra oder in dreigliedrigen Reihen.

9 Licht der Erkenntnis, grch. phos gnoseos, erinnert an Origenes, Peri Archon (de principiis) 14; vgl. coll. 2,14.

10 Lat. regula ist das Richtscheit der Bauleute, hier lat. regula fidei ecclesiasticae, der Maßstab für den rechten Glauben.

11 Hirt des Hermas, Gebote (mand.) 6,2 nach BKV 35: »Zwei Engel sind bei dem Menschen, einer der Gerechtigkeit und einer der

Schlechtigkeit.« – »Wie nun soll ich ... ihre Wirkungen erkennen, da doch beide Engel in mir wohnen?« ... »Der Engel der Gerechtigkeit ist zart, schamhaft, milde und ruhig; wenn nun dieser in deinem Herzen sich regt, spricht er sogleich mit dir über Gerechtigkeit, Keuschheit, Heiligkeit, Genügsamkeit, über jegliche gerechte Tat und über jede rühmliche Tugend. Wenn all dies in deinem Herzen sich regt, dann wisse, dass der Engel der Gerechtigkeit mit dir ist. Denn das sind die Werke des Engels der Gerechtigkeit, diesem also vertraue und seinen Werken.« Vgl. coll. 8,17.

12 Gnade, lat. gratia, wird umsonst, gratis, geschenkt. Weder Heil noch Unheil weden dem Menschen verordnet. Die Menschwerdung Jesu Christi und seine freiwillige Hingabe wären dann überflüssig.

13 Einige Handschriften fügen an: »Dann hätte Christus gesagt: ›Amen, ich sage euch, solchen Glauben habe ich in Israel nicht gegeben.‹«

14 Lat. liberae voluntatis arbitrio.

15 Grch. oikonomia, lat. dispensatio, das sinnvolle Walten, das Heilshandeln Gottes. Grch. »oikeiomai« heißt: ich mache mir zu eigen. Gott macht sich das Heil des Menschen zu eigen. Im Nizänum behandelt der 1. Teil des zweiten Artikels über Jesus Christus die oikonomia Gottes, der seinen Sohn in die Welt sandte. Der zweite Teil des zweiten Artikels spricht dann in Niedrigkeitsaussagen von der Inkarnation.

16 Gregor von Nyssa, Antirrheticos 1217C XLI, hält fest: Wenn der Leib sich aus der Verwirklichung des Schlechten heraushält, ohne dass Verstand und Wille zustimmen, ist ethisches Handeln nicht Ergebnis eines freien Willens, sondern Zwang, erzwungen durch eine Stimmungslage oder eine Leidenschaft.

Collatio 14

1 Lat. linea, Ziellinie, Richtschnur beim Ausmessen eines Baus. Vgl. coll. 1,4.

2 Vgl. Coll. 1,1.8; grch. praktike arete, lat. actualis virtus, actualis disciplina, Tugend des rechten Verhaltens und der richtigen Kampftechnik im geistlichen Kampf, die Praxis geistlichen Lebens. Noch immer steht die Frage nach dem Willen im Raum. Gregor von Nyssa, Antirrheticos 1217C hält fest: Wenn Wille (grch. boulema) und rechtes Handeln (grch. katorthoma, wörtl. das Geradgemachte) zusammengehen, handelt der Mensch tugendhaft. In diesem Sinn spricht auch Cassian noch in coll. 15,2 vom Wissen um das rechte Tun.

3 Grch. theoretike arete, theoria, lat. virtus contemplativa; Schau Gottes, Blick auf Jesus Christus; vgl. G. Ziegler: Mit dem inneren Auge sehen, in: Das Schauen Gottes wiedererlangen S. 122–140.

4 Vgl. das Federgleichnis in coll. 9,4.9 sowie coll. 11,7. Cassian betont, dass es für den Menschen ganz natürlich ist, Gott entgegenzustreben.

5 Die Quelle des Zitates ist nicht geklärt. Cassian liebt solche (griechischen) Wortspiele. Vgl. coll. 2,1.16.

6 Vgl. coll. 9,2; 11,14; 12,7.

7 Thmouis, koptisch Thmoui, heute Timai el-Amdid im nordöstlichen Nildelta.

8 Grch. xenodochion, Herberge, Aufnahme von Fremden und Armen; siehe Cassian und die Diakonie, S. 21.31.

9 Cassian verweist inst. 5,4 aus Anlass einer Frage an Antonios auf diese Sentenz: »Quia licet unus religionis nostrae sit finis professiones tamen diversae quibus ad deum tenditur sicut in Collationes Seniorum plenius disputandum sit.« »Obwohl es nur ein Ziel für unsere Absicht gibt, führen dennoch viele Wege zu Gott, wie in den Unterredungen mit den Vätern ausführlicher darzulegen sein wird.«

10 Er ist ein »Könner«.

11 Vielleicht Abbas Johannes aus inst. 5,28.

12 Cassian erklärt die drei Auslegungsweisen der heiligen Schrift, nämlich Tropologie, Allegorie und Anagoge wenige Sätze weiter. Origenes entwickelte – wie Cassian unter Bezug auf Prov 22,20 – zunächst den dreifachen Schriftsinn (de princ. 4,2,4): Geschichtlicher oder buchstäblicher Sinn; moralischer Sinn sowie geistiger, allegorischer Sinn. Die dritte Auslegungsweise wurde dann nochmals unterteilt in allegorischen und anagogischen (nach oben führenden) Sinn. So entstand der vierfache Schriftsinn. Im Mittelalter galt der Merkspruch: »Littera, gesta docet; quid credas, allegoria; moralis, quid agas; quo tendas anagogia.« Katechismus der Katholischen Kirche Nr. 118. Übersetzung: »Der Buchstabe lehrt, was geschah. Die Allegorie, was zu glauben ist. Der moralische Schriftsinn, was zu tun ist (Ethik, Charakterbildung). Der anagogische Schriftsinn, wohin du streben sollst.«

13 Einige Handschriften fügen Koh 6,7 ein: »Zwar ist alle Arbeit des Menschen für seinen Schlund, doch wird die Gier nicht satt.«

14 Lat. instrumentum gebraucht Tertullian, Gegen Markion 4, für das AT und NT als die beiden »Werkzeuge« Gottes, mit denen er für die Menschen das Heil wirkt.

15 »Beschmutzen« verstanden als: Entweihen, den Status des Geheiligtseins aufheben. Entsprechend Mt 5,8 soll das Herz nicht die Reinheit verlieren.

16 Die Väter, auch Cassian, missverstehen die Ablehnung des Gesetzes durch Paulus als Verwerfung des jüdischen Glaubens. Der Apostel betont jedoch, dass das Christentum aus der Wurzel des Ersten Bundes Gottes mit Abraham hervorgeht: Röm 4,4; 11,18.

17 Johannes Cassian spricht hier selbst, nachdem er in coll. 14,8 angesprochen wurde. Vgl. coll. 17,3.

18 Dies ist ein verstecktes Eigenlob Cassians, der zu erkennen gibt, wie gut er sich in – griechischer – Literatur auskennt, die als viel eleganter als das Lateinische beurteilt wurde. Das lässt auch erwarten, dass in seinen Werken mehr Zitate aus dieser Literatur verarbeitet sind,

als die Übersetzung bisher erkannt hat. Vgl. in coll. 16,1 das Lob für Abbas Joseph, sowie Evagrius Antiochenus; siehe Geistliches Leben, S. 9.17.

19 Collatio 14,13.

20 Die »Bezeugungen Gottes« sind die Worte der heiligen Schrift, durch die Gott zu den Menschen spricht.

21 Gemeint ist das depositum fidei, das hinterlegte und überlieferte Glaubensgut.

22 Gottesfurcht, Ehrfurcht vor Gott, Erschrecken vor der Größe Gottes, lat. timor domini.

Collatio 15

1 Das folgende Schriftwort steht entgegen der Angabe in CSEL XIII bei Markus. Lukas kleidet die Aussage in die Vorgänge Lk 4,16–30.

2 Lat. religio, die Rückbindung an Gott.

3 Hybris, lat. superbia, Hochmut, Überheblichkeit, vgl. den Katalog der Hauptlaster coll. 5,1.2.

4 Lat. actualis scientia; das Wissen vom rechten Tun, die Praktike, von der Collatio 14 handelt.

5 Der »ägyptische« Makarius, auch genannt in inst. 5,41.

6 Eunomius, gest. um 395, lehrte: Gott ist ungezeugt; Jesus, sein Sohn, ist gezeugt, womit Jesus nur als Geschöpf Gottes galt, nicht als »Gott von Gott«.

7 Dialektik: Antike Argumentationsmethode, die im philosophischen Streitgespräch den Gegner so lange zu Bestätigungen der eigenen Meinung führt, bis er seine Meinung aufgeben muss. Wichtige Vertreter waren Platon und Aristoteles. »Ein Verfahren, aufgrund dessen wir in der Lage sein werden, über jedes vorgelegte Problem aus anerkannten Meinungen etwas abzuleiten und dabei nichts Widersprüchliches zu sagen.« Aristoteles, Topik 1,1,100a.

8 Vgl. Collatio 13,18.

9 Die neunte Stunde: etwa drei Uhr nachmittags, die Todesstunde Jesu. Die Geschichte zielt darauf, zu zeigen, dass Christus als der erste von den Toten auferstanden ist, und, wie es dann heißt, »am Ende der Zeiten« alle Toten auferwecken wird.

10 Ruderbestückte Felucken.

11 Womöglich der Abbas der Collatio 24.

12 Die Zeit der fünfzig Tage von Ostern bis Pfingsten.

13 Erneut das Bild vom Turm und Bau der Tugenden vgl. coll. 9,2; 11,14; 12,7.

14 Grch. kenodoxia, lat. vana gloria, das eitle Rühmen, die Angeberei; vgl. coll. 5,2.

15 LXX: ὥσπερ ἄνεμοι καὶ νέφη καὶ ὑετοὶ ἐπιφανέστατοι, οὕτως οἱ καυχώμενοι ἐπὶ δόσει ψευδεῖ. Durch das in der Vulgata eingefügte »non«, »kein Regen«, wird der Sinn des Sprichwortes erst klar: »Nubes et ventus et pluviae non sequentes: vir gloriosus et promissa non conplens.«

16 Substantia und ruina: Bausubstanz und Einsturz eines Gebäudes. Ruina: Fall Adams, vgl. coll. 4,7; 14,3. Das Bild vom Tugendgebäude wird weitergeführt.

17 Lat. potestas, Macht, Vollmacht und virtus, Kraft, auch: Wunder. Die biblischen Propheten und Christus wirkten in der Vollmacht und Kraft Gottes: Mk 5,30; Lk 1,17.35.

18 Siehe coll. 3,1; 10,2.3; inst. 4,30.31.

19 Vgl. coll 10,10; coll. 18,6.

20 Ägyptisches Gericht aus gekochtem Getreide. Plinius, Hist.Nat. 22,27,§121. Siehe Abb. 11 und 12.

21 Grch. klibanos, Tongefäß zum Kochen. Siehe Abb. 12.

22 Bild der Waage: Die beiden Gewichte führen nicht zum »Patt«, zum Gleichgewicht.

23 Virtus: Wunder, Kraft, Tugend, Tugendkraft.

24 Sechs Meilen entsprechen ungefähr neun Kilometern.

Collatio 16

1 Über Abbas Joseph ist weiter nichts bekannt. Sein Name jedoch spiegelt den Inhalt der Unterweisungen 16 und 17, in deren Verlauf öfter der biblische Patriarch Joseph angeführt wird, so in 17,4.25.

2 Coll. 11,3.

3 Vgl. den Epilog des Evagrius Antiochenus zur Antoniusvita, Geistliches Leben, S. 9.

4 Lat. peregrinatio, grch. xeniteia, Fremdlingschaft, ist eine Grundhaltung der Mönche in der Anachorese. So erzählt Abbas Pistos, als er von Abbas Sisoe berichtet: »Einer fragte ihn. ›Was ist Fremdlingschaft?‹ Antwort des Sisoe: ›Schweige und sprich an jedem Ort, an den du kommst: ›Das geht mich nichts an. Das ist das Leben in der Fremde.‹‹« M 776; PG 65 Cotelier, 71–400; PL 73 Rosweyde, 855–1022; vgl. coll. 1,1.2.

5 Freundschaft in der Definition der (Spät)Antike beruht auf gemeinsamen Zielen verbindlicher gegenseitiger Unterstützung und Loyalität. Abbas Joseph entfaltet die unterschiedlichen Formen von Freundschaft; siehe Geistliches Leben, S. 17f.

6 Eine damals modische Aufzählung von Fabelwesen: Basilisk, ein Mischwesen aus Drache, Hahn, Mensch. (Plinius, Hist. Nat. 33) Einhorn: Pferdeähnlich mit einem Horn auf der Stirn. Greif: Mischwesen aus Löwe und Greifvogel (Bestiaire Roman, S. 160 und 164–168).

7 Hier ist nun die Rede von lat. caritas.

8 Wieder lat. regula, das Richtscheit, die Richtschnur.

9 Lat. tristitia, Niedergeschlagenheit, Traurigkeit, Verstimmung, Verdruss, Kränkung. Hier wird nicht Trauer als Heilungsprozess der Seele beschrieben, sondern mürrisches mit allem Unzufriedensein, selbstmitleidiges Zurückschauen, Hängen an der Welt; das Gefühl, sich nicht gegen Kränkungen wehren zu können, unausgesprochener Groll. In ihrem Gefolge hat sie Streit, Zorn und Bitternis. Es schließt sich Mt 5,22ff an. Vgl. coll. 5,2ff.

[10] Christus spricht als Mensch, lat. ex persona hominis, vgl. coll. 9,34. »Persona« entstammt dem Schauspiel und steht für den Charakter, den der Schauspieler darstellt und durch die Maske hindurch spricht. Christus »spielt« natürlich nicht nur Menschsein, sondern wurde wirklich Mensch, wie es das Glaubensbekenntnis sagt.

[11] Lat. bilis, die schwarze Galle, grch. melancholia: Zorn, Raserei, Wut, verbunden mit Schwermut und Niedergeschlagenheit.

[12] Bild vom Aussieben des Getreides.

[13] Beispielgeschichte zu diesem fatalen Irrtum in coll. 2,5.

[14] Das lat. Wort »contritio« beschreibt das Zerreiben und Zermahlen des Getreidekorns. Die klassische Übersetzung ist »Zerknirschung«; hier übersetzt: »mit aufgebrochenem Herzen«.

[15] Lat. caritas ordinata, geordnete Liebe. Cassian entfaltet die lat. Begriffe amor, dilectio, caritas sowie grch. diathesis. Verortet sind sie in der Gemeinschaft der Brüder, wo Parteiungen vermieden werden sollen und der Ausgleich zu finden ist zwischen emotionaler Zuwendung und Achtung unabhängig von Gefühlen; vgl. RB 2,17 und 22 (Kapitel über den Abt), wo zunächst »ametur« steht, dann »caritas«.

[16] Fidelis Ruppert, Älter werden – weiterwachsen, S. 75, verweist auf ein Wort der Synkletika, einer der großen Frauen aus der Frühzeit des Mönchtums, die im 4. Jahrhundert eine Gemeinschaft von Frauen leitete. In einer Ansprache an ihre Schwestern sagt sie, ein Ausbruch von Zorn sei zwar schlimm, aber man würde ihn ja sehr deutlich erkennen können und es sei dann auch möglich, etwas dagegen zu tun. Und auch ein gewaltiger Zornesausbruch würde mit der Zeit allmählich abflauen. Aber der Groll, das Nachtragen »setzt sich in der Seele fest und lässt sie schrecklicher werden als ein wildes Tier«. Einen rasenden Hund könne man besänftigen, wenn man ihm etwas zum Fressen hinwirft, und sogar wilde Tiere könne man zähmen. »Wer jedoch von jener bösen Erinnerung beherrscht ist, kann durch kein gutes Zureden überzeugt, noch durch Speise besänftigt werden. Auch die Zeit, die sonst alles verwandelt, kann dieses Leiden nicht heilen.« Diesen Groll bezeichnet Synkletika mit dem griechischen Wort

mnesikakia, was man im Deutschen mit »Erinnerungsübel« oder »Erinnerungskrankheit« übersetzen könnte. Es ist also eine Art chronischer Seelenkrankheit, die durch ständige Erinnerung schmerzlicher Erfahrungen entsteht. Vgl. Frank, Die selige Synkletike wurde gefragt, 53f (Kap. 62–66).

17 Es steht hier das griechische Wort adyton, das Unzugängliche, der geheimste Raum, lat. tabernaculum, Heiligtum, auch grch. skene, Zelt, eine Anspielung auf das Heiligtum des Volkes Israel im AT. Vgl. Abb. 3.

18 Augustinus, De mendacio liber unus 27, CSEL 41,447f belegt mit dem Beispiel Christi, dass die andere Wange »im Herzen« hingehalten werden soll: »Cum legimus in euangelio: accepisti alapam, para alteram maxillam (Mt 5,39), exemplum autem patientiae nullum quam ipsius domini potentius et excellentius inuenimus. At ipse, cum alapa percussus esset, non ait: Ecce altera maxilla, sed ait: Si male dixi, exprobra de malo. Si autem bene, quid me caedis? (Joh 18,23) Ubi ostendit illam praeparationem alterius maxillae in corde faciendam.« »Wenn wir im Evangelium lesen: ›Hat man dich auf die eine Wange geschlagen, halte die andere hin‹ (Mt 5,39), finden wir kein stärkeres und hervorragenderes Beispiel als den Herrn selbst. Als man ihn auf die Wange schlug sagte er nicht: ›Hier, meine andere Wange‹. Vielmehr sagte er: ›Wenn ich Übles geredet habe, dann erhebt Anklage gegen mich; wenn ich aber recht geredet habe – warum schlägst du mich?‹, womit er zeigte, dass das besagte Hinhalten der Wange im Herzen geschehen soll.«
Hieronymus CCL 27 commentarium in Evangelium Matthaei 1,31 zu Mt 5,39: »Non jubemur sinistram praebere sed alteram, hoc est alteram dexteram. Justus enim sinistram non habet.« »Es wird uns nicht befohlen, die linke [Wange] hinzuhalten, sondern die andere, will heißen die andere rechte. Der Gerechte nämlich hat keine linke [Wange].« Vgl. coll. 6,10; 12,5.
Ein Apophthegma erzählt von Antonios: Den Brüdern, die eine Weisung von ihm erbitten, nennt er Mt 5,39. Die Brüder sagen:

»Das können wir nicht.« Antonius: »Wenn ihr die andere Wange nicht darbieten könnt, dann haltet wenigstens die eine hin.« Die Brüder antworteten: »Auch das können wir nicht.« Antonius: »Wenn ihr nicht einmal das könnt, dann vergeltet nicht, was ihr erlitten habt.« M 19.
Die jüdische Tradition kennt die Weisung: »Handeln nach innen zu von der Linie des Rechts.« Das heißt, nachgiebig zu sein, mit weniger zufrieden sein, als man zu Recht fordern könnte. Nicht nach dem Gesetzesbuchstaben handeln. Wort des Rabbi Raba: »Nennen dich die Genossen einen Esel, so lege dir einen Sattel auf.« Strack-Billerbeck S. 341.345f. Ein Schlag auf die rechte Wange bedeutet eine größere Erniedrigung, da derjenige, der zuschlägt, mit der Rückhand schlagen muss. Die Auslegungen weisen »nach innen« an, auf Verachtung nicht aggressiv zu reagieren. Für einen antiken Menschen war nicht der äußere Schmerz das eigentliche Ärgernis, sondern die damit ausgedrückte Demütigung und Erniedrigung.

18 Vorbild ist Christus im Hymnus Phil 2,7.

19 Die angewiesene Technik besteht darin, sich selbst wie einen anderen zu behandeln, einen Affekt nach außen zu stellen anstatt in sich hineinzufressen, ihn zu »objektivieren«, die innere Anachorese, eine Haltung des »Als ob nicht« nach 1 Kor 7,29–31 einzuüben.

20 Vgl. das Beispiel des Mithinabsteigens in coll. 2,13; siehe Geistliches Leben, S. 16.

21 Die Schriftstelle Röm 12,19 wird völlig anders interpretiert als wir es erwarten würden. Der Zorn soll einen Raum im Menschen haben, wo er sozusagen neutralisiert und »heruntergekühlt« wird.

22 Diese Anweisung zum Umgang mit dem Zorn zeigt die große Erfahrung der Väter: Zorn kann nicht einfach unterdrückt werden. Er braucht den zuvor genannten »Raum«, um sich zu legen.

Collatio 17

1 Vgl. Jes 50,7. Cassian übertreibt hier köstlich. Er schildert die Seelenlage der beiden Freunde mit größter Dramatik und zeigt so ganz nebenbei auch seine Meisterschaft als Schriftsteller.

2 Cassian spricht selbst. Collatio 17 ist die einzige Unterredung, die diesen Titel einigermaßen verdient. Germanus und Cassian werden als Personen deutlicher erkennbar, wenn auch stilisiert. Siehe coll. 14,12.

3 Die Geburtsgrotte in Bethlehem, der Tradition nach der Ort, an dem Christus geboren wurde.

4 Am Ende dieses zweiten Teils der Unterredungen erinnert Cassian nochmals an coll. 1,2–5, seine Ausführungen über die beiden Ziele. Für »Ziel« steht hier in coll. 17,12 lat. destinatio, grch. skopos, also das noch in dieser Erdenzeit zu erreichende Ziel, das zum ewigen Ziel hinführt. Vgl. coll. 11,4.

5 Lat. destinatio = grch. skopos, kennzeichnet das Ziel der Reinheit des Herzens; vgl. coll. 1,2ff; ebenso in 17,14.

6 Lat. regula, Richtscheit, Richtschnur, vgl. coll. 13,11.

7 Elleborus, weißer oder schwarzer Nieswurz, Christrose; Hildegard von Bingen, Physica I,129.130, PL 197,1183, beschreibt in ihrer Naturkunde den Nieswurtz beziehungsweise Sichterwurtz in der hier genannten doppelten Eigenschaft.

8 Die Synagoge steht für das Judentum.

9 Vgl. coll. 1,2 und die Anm. zu coll. 13,6.

10 »Das Gesetz« bezeichnet die Kultvorschriften und Gebote des jüdischen Glaubens, die sämtlich auf Mose zurückgeführt wurden.

11 Lat. insignia, grch. parasema, auf Schiffen als Erkennungsmerkmale aufgemalte Motive

12 Barfüßigkeit, lat. nudipedalia, erwähnt auch Hieronymus, in Gal 2,4, als Merkmal des angeführten Nasiräergelübdes bei der Auslegung zur Stelle.

13 Laut 1 Sam 22,18ff wohl eher, weil er auf Befehl Sauls die Priester ermordete.

14 Lat. nolens volens: Ob wir wollen oder nicht; vgl. coll. 11,8.

15 Von Piamun berichten auch andere Quellen, so die Kirchengeschichte des Sozomenos, Hist.Eccl. VI,29,7 und die Antoniusvita des Evagrius Antiochenus, PG 26, Nr. 60. Piamun ist Collatio 18 gewidmet.

16 In den Apophthegmata bezeichnet Abbas Kyros die Gedanken als »Maler« trügerischer Bilder. M 445.

17 Gegen diese Sicht der Gnade wetterte Prosper von Aquitanien besonders in Contra Collatorem 9. Siehe Geistliches Leben, S. 12ff.

18 Die Einfügung in geschweiften Klammern bietet der Codex Parisinus 2170 aus dem 9. Jahrhundert; nach CSEL XIII, S. 500.

Verzeichnis der Namen und Orte

Aufgeführt sind die wichtigsten Namen und Orte. Die Ziffern bezeichnen Collationes. Der Pfeil > verweist auf korrespondierende Angaben im Register, auf Abbildungen oder den Einleitungsteil des Buches (> Geistliches Leben = Einleitung von G. Ziegler; > Cassian und die Diakonie = Einleitung von G. Descœudres)

Abraham • Abbas, genannt »der Einfältige« 15,4; 15,5

Abraham • Patriarch des biblischen Volkes Israel. Seine Berufung (Gen 12) ist Vorbild jeder Nachfolge: coll. 13,14; 14,4.8

Absalom • Freund Davids, Sohn des Königs Saul, coll. 17,19

Archebius • ein besonders gütiger Altvater; 11,2; 11,4; vgl. coll. 7,26; vgl. inst. 5,37.38

Bethlehem • 11,5; 17,5

Castor • Bischof, dem Cassian die inst. widmet; Prolog

Chaeremon • Abbas; ihm sind die Unterweisungen coll. 11 und 12 und 13 gewidmet. Er ist über 100 Jahre alt, als Cassian und Germanus ihn besuchen. Trotz gesundheitlicher Probleme mit seinem stark verkrümmten Rücken lebt er in äußerster Strenge (coll.11,4). Möglicherweise ist er identisch mit dem Vater gleichen Namens der Hist.Laus. 92.

Diogenes • griechischer Philosoph (ca. 405–320 v. Chr.), sog. Kyniker; 13,5

Germanus • Gefährte Cassians. Sein Name bedeutet »Zwillingsbruder«. Auf die Frage des Altvaters Joseph, ob sie leibliche Brüder wären, erklären die beiden, dass sie »Brüder im Geist« sind (coll. 16,1).

Hagar • Sklavin Abrahams, gebiert ihm den Sohn Ismael und wird verstoßen; in der allegorischen Auslegung Gegentypos zu Sara (Gal 4,21–31); coll. 14,8

Helladius und Leontius • Bischöfe, ihnen widmet Cassian coll. 1 bis 10; Prolog

Hirt des Hermas • In der Alten Kirche vielbeachtete griechisch verfasste Schrift aus dem 2. Jh. n. Chr.; 13,12; vgl. 8,17

Honoratus und Eucherius • Bischöfe, ihnen widmet Cassian coll. 11 bis 17; Prolog; 17,30

Israel • gedeutet als »der Gott schaut«; 12,11

Jakob • Patriarch des biblischen Volkes Israel; 12,11

Jerusalem • 14,8.11

Johannes • Abbas; 14,4. Es ist fraglich, ob er derselbe ist, der in inst. 5,28 genannt wird und dem die 19. Unterredung gewidmet ist.

Joseph • Abbas der coll. 16 und 17, von ihm ist nur bekannt, was Johannes Cassian über ihn schreibt. Er gehörte zu den »Ersten« der Stadt Thmuis und ist so gebildet, dass er nicht nur die Sprache Ägyptens, also das zeitgenössische Koptisch, beherrscht, sondern auch die griechische Sprache. Die beiden Freunde können sich mit ihm ohne Dolmetscher unterhalten.

Joseph • Patriarch des biblischen Volkes Israel; 13,11; 17,4.25.

Juda • Sohn Jakobs; einer der Stämme Israels; 12,11.

Julian von Eclanum • ca. 385–454; Bischof; lehnte Augustins Lehre von Erbsünde, Ehe und Prädestination ab; als Anhänger des > Pelagius abgesetzt und verbannt.

Kellia • Verbund mehrerer Mönchszellen, Bezeichnung für die Mönchssiedlung westlich des Nildeltas in Ägypten; 13,1; 15,10; 17,1; Abb. 2 > Kellion > Cassian und die Diakonie

Makarios • Abbas; 14,4; 15,3; vgl. 7,27, der »ägyptische« Makarios, auch erwähnt in inst. 5,41. Nach Hist.Laus. 17 besitzt er die Gabe der Unterscheidung und wird deshalb »junger Greis« genannt.

Mose • Führer des biblischen Volkes Israel; 11,11; 12,11.

Nesteros • Abbas der coll. 14 und 15; als außergewöhnlich gebildet beschrieben

Nestorius • ca. 428–431; Patriarch von Konstantinopel. Im Streit um den Titel »theotokos« (das heißt »Gottesgebärerin«) für Maria schlug Nestorius vor, Maria »Christotokos« (»Christusgebärerin«), zu nenen (vgl. Mt 1,1.16). Dadurch geriet er allerdings in den Verdacht, in

Christus nur einen von Gott adoptierten besonderen Menschen zu sehen.

Nitria • Salziges Siedlungsgebiet der Mönche in Unterägypten > Cassian und die Diakonie, S. 25.

Panephysis, -os • Stadt im nordöstlichen Nildelta, heute El-Manzalah; 11,2.3; vgl. coll. 7,26, inst. 4,30

Paphnutios • Abbas; kopt. »der zu Gott gehört«; 15,10; vgl. 3,1; 4,1; 10,2.3. Er wurde in der Christenverfolgung schwer gefoltert, war dann Mönch bei Antonios und später Bischof in der Thebais. Laut der Hist.Eccl. (PG 67,101–104) verhindert er auf dem Konzil von Nizäa die Vorschrift des Pflichtzölibats für Kleriker.

Pelagius • ca. 350–430; Asket; wollte eine konsequent biblische Moral leben; da ihm unterstellt wurde, er leugne, dass Gott Gnade als Geschenk und ohne ein Verdienst des Menschen gibt, wurde er unter maßgeblicher Beteiligung des Augustinus aus der Kirchengemeinschaft ausgeschlossen.

Piamun • Abbas; 17,24; auch erwähnt in Hist.Mon. 32, Hist.Laus. 172 und Hist.Eccl. 39

Prosper von Aquitanien • ca. 390–455; zeitweise Mönch in Marseille; kämpfte für die Gnadenlehre des Augustinus und bezichtigte Cassian, zu vergessen, dass der Mensch allein durch Gottes Gnade das Heil erlangt. Prosper greift insbesondere die Aussagen von coll. 13 an > Geistliches Leben, S. 13.

Salomo • weiser König, Vater des David, plant den Tempelbau zu Jerusalem; 12,6; 13,12; 14,8; 16,27; 17,25

Sinai • 14,8

Sokrates • ca. 469–399 v. Chr.; griechischer Philosoph; 13,5

Sketis • Siedlungsgebiet der Mönche westlich des Nildeltas in Ägypten; Prolog; 15,3; 17,30

Stoichaden • Inseln, der Mittelmeerküste vorgelagert; Prolog

Synkletika • Amma, von der mehrere Quellen berichten; sie hielt geistliche Konferenzen für Frauen und Männer; 16,6

Thebais • Siedlungsgebiet der Mönche in Ägypten im Bereich der Stadt Theben; 11,1; 15,4

Thennesi, Thinis, Tanis • oberägyptische Lagunen- und Bischofsstadt im Nildelta, an der Mündung des Nil in das Mittelmeer, geht über in den See Menzaleh; 11,1.2; vgl. coll. 7,26

Thmouis, (modern Tell Timai el-Amdid) • 14,4; 16,1. Im nordöstlichen Nildelta gelegene Stadt und Bischofssitz, Zwillingsstadt von Mendes; nahe bei Tanis (San el-Hagar). Serapion von Thmouis (ca. 300–370) verfasste ein berühmtes > Euchologion (BKV Band 5, München 1912).

Ausgewählte Begriffe der Collationes

Aufgeführt sind die wichtigsten Begriffe und Stellen. Die Ziffern bezeichnen Collationes. Der Pfeil > verweist auf korrespondierende Angaben im Register, auf Abbildungen oder den Einleitungsteil des Buches (> Geistliches Leben = Einleitung von G. Ziegler; > Cassian und die Diakonie = Einleitung von G. Descœudres; > Cassians Lehre = Einleitung von T. G. Kardong)

Abbas, Vater, Altvater, Greis • Ehrentitel eines erfahrenen und bewährten Mönchs. Zu ihm kommen unerfahrene Mönche und Ratsuchende aus allen Ständen und bitten: »Sag mir ein Wort.«

Adyton • die unergründliche Tiefe, Geheimnis > Heiligtum > skene > tabernaculum

Affekt, Geneigtsein, Hingezogensein, Leidenschaft, affectio, affectus • 11,6–10.13.15; 12,5.10.12.13; 13,17.19; 14,4.10.11; 16,2.3.14.18.22.26; 17,17.19.20.26 > Leidenschaft > passio

Agape • 16,14; Mahlfeier > Cassian und die Diakonie, S. 23f.30

Akedia, Überdruss, Versuchung zur Sinnlosigkeit (J. Laager) • 12,6.15

Amma, Mutter • Ehrentitel einer erfahrenen Anachoretin, die Vorbild in der Nachfolge Christi ist. coll. 16,6 Anm. > Anachorese

Anachorese, Anachoret(in), Absage an die Welt • Prolog; 11,3; 16,1.6.22 Anm.; 17,23 > hindurchgelangen

Armut, Blöße, arm, bloß, nackt • 12,5; 14,17; 16,22.18; 17,25

Aufgebrochenwerden, Zerknirschung, contritio • 12,4.10; 13,5; 16,11

Auge(n) • Prolog; 11,7; 12,5.8.12; 13,5.6.9.12.18; 14,5.7.9.12.13.16.18.19; 15,3; 16,6.18; 17,25.28

Barmherzigkeit • 11,9.10.12; 12,4.15; 13,3.8.12; 15,6; 16,26; 17,4.25

Basilisk • 16,2

Begehren, Begierde(n), Gier • 11,8.9.14; 12,1.2.5–7.10–12; 13,5; 14,16; 15,10; 16,6

Kellion, Pl. kellia, Wohnstätte, Wohnraum eines Mönchs, Zelle • 13,1; 15,10; 17,1 > Cassian und die Diakonie

Keuschheit • 11,8.9.14; 12; 13,4–6; 14,7.16; 15,10; 17,28.29 > Reinheit > Enthaltsamkeit > Cassians Lehre

Koinobion, Pl. koinobia, gemeinschaftliches Leben von Mönchen, Kloster • Prolog; 11,1.5; 14,4; 17,2.5.8.10.13.30 > Koinobit(en)

Koinobit, Pl. Koinobiten, Mönche, die in Gemeinschaft leben • > koinobion > monasterion

Künste, Wissenschaften • 12,15; 14,1

Laster • 11,6–10; 12; 13,19; 14,1–3.9.11.14–16.18; 15,1.2; 16,3.6.15.18–20.22; 17,2.8 > Leidenschaft(en)

Leidenschaft für das Gute, Zuneigung zum Guten • 11,7.10

Leidenschaft für Geduld, – für Tugend • 11,6.8.9

Leidenschaft(en) • 11,6.8–10.14; 12,2.5.6.8.11.16; 13,5.8.13.14.19; 14,3.9.11.16.17; 16,22.27; 17,1.12.17.26 > Affekt, Begehren

Leidenschaften, heilsame • 12,5

Lesung • 12,4.7; 13,6; 14,9.10.13.14.16; 15,3; 17,28

Liebe, amor, caritas, dilectio • Prolog; 11,6–14; 12,1.2.4.9; 13,1.2.5.8.17; 14,10.16.17; 15,2.3.7; 16; 17,5.14.19.21.25.28.30 > agape > Cassian und die Diakonie, S. 21f > 1 Joh 4,18f > Cassians Lehre, Anm. 14

Lust, lustvoll, libido • 11,7.8; 12,7–11.16; 13,5; 15,8 > Begehren

Martyrium • 11,12; 15,2

Milde • 11,9; 12,6; 13,13.14; 14,4.16; 17,4 > Sanftmut

Mitleid/mitleiden, mitherab-, hinabsteigen • 2,13; 16,11.22.23; 17,20

Monasterion, Pl. monasteria; Wohnstätte, Einsiedelei, Er(e)mitage, kellion eines einzigen Mönchs • 11,2.4; 17,2 > kellion; > koinobion

Nachsinnen, meditatio • 11,15; 14,9.10.13.16.29; 17,28

Nachtwachen • 12,4.5; 14,16

Nieswurz • 17,17

Ökonom • > Cassian und die Diakonie, S. 23

Oikonomia, dispensatio, Fürsorge, sinnvolles Walten Gottes • 13,17; 17,16.25 > Vorherwissen

Oratorium • Cassian und die Diakonie, S. 27–30

Verzeichnis der Schriftstellen

Die Psalmen sind hier angegeben in der hebräischen Zählung/Zählung der EÜ. Im Text der Übersetzung finden sich beide Zählungen: Altkirchliche Bibelausgaben und EÜ. In Ausnahmen wird LXX = Septuaginta angegeben.

Proverbia (Sprichwörter)

Ezechiel

Daniel

Hosea

Joël

Jona

Micha

Habakuk

Maleachi

Matthäus

1 Korinther

2 Korinther

1 Johannes

Offenbarung

Abkürzungen

Biblische Bücher

AT	Altes Testament
Gen	Genesis
Ex	Exodus
Lev	Leviticus
Num	Numeri
Dtn	Deuteronomium
Jos	Josua
Ri	Richter
Rut	Rut
1 Sam	Erstes Buch Samuel (1 Reg)
2 Sam	Zweites Buch Samuel (2 Reg)
1 Kön	Erstes Buch der Könige (3 Reg)
2 Kön	Zweites Buch der Könige (4 Reg)
1 Chr	Erstes Buch der Chronik
2 Chr	Zweites Buch der Chronik
Esra	Esra
Neh	Nehemia
Tob	Tobit
Jdt	Judith
Est	Esther
Ijob	Das Buch Ijob
Ps	Psalmen
Prov	Proverbia (Spr)
Eccl	Buch Ecclesiastes (Koh)
Hld	Das Hohelied, Lied der Lieder
Weish	Weisheit (Sap)

Sir	Jesus Sirach
Jes	Jesaja
Jer	Jeremia
Klgl	Klagelieder Jeremias
Bar	Baruch
Ez	Ezechiel
Dan	Daniel
Hos	Hosea
Joel	Joel
Am	Amos
Obd	Obadja
Jona	Jona
Mi	Micha
Nah	Nahum
Hab	Habakuk
Zef	Zefanja
Hag	Haggai
Sach	Sacharja
Mal	Maleachi
NT	Neues Testament
Mt	Evangelium nach Matthäus
Mk	Evangelium nach Markus
Lk	Evangelium nach Lukas
Joh	Evangelium nach Johannes
Apg	Apostelgeschichte
Röm	Brief an die Römer
1 Kor	Erster Brief an die Korinther
2 Kor	Zweiter Brief an die Korinther
Gal	Brief an die Galater
Eph	Brief an die Epheser
Phil	Brief an die Philipper

Kol	Brief an die Kolosser
1 Thess	Erster Brief an die Thessalonicher
2 Thess	Zweiter Brief an die Thessalonicher
1 Tim	Erster Brief an Timotheus
2 Tim	Zweiter Brief an Timotheus
Tit	Brief an Titus
Phlm	Brief an Philemon
Hebr	Brief an die Hebräer
Jak	Brief des Jakobus
1 Petr	Erster Brief des Petrus
2 Petr	Zweiter Brief des Petrus
1 Joh	Erster Brief des Johannes
2 Joh	Zweiter Brief des Johannes
3 Joh	Dritter Brief des Johannes
Jud	Brief des Judas
Offb	Offenbarung des Johannes

Andere Abkürzungen

coll.	Collatio
inst.	De Institutis Coenobiorum
inc.	De Incarnatione contra Nestorium
grch.	griechisch
kopt.	koptisch
lat.	lateinisch
Pl.	Plural
AL	Augustinuslexikon
AP	Apophthegmata Patrum
BKV	Bibliothek der Kirchenväter

CC(S)L	Corpus Christianorum, Series Latina, Lateinische christliche Schriftsteller der ersten acht Jahrhunderte
CCSA	Corpus Christianorum, Series Apocryphorum, Pseudoepigraphische oder anonyme christliche Texte
CCSG	Corpus Christianorum, Series Graeca
CMG	Corpus Medicorum Graecorum
CSCO	Corpus Scriptorum Christianorum Orientalium
CSEL	Corpus Scriptorum Ecclesiasticorum Latinorum
DH/DS	Denzinger-(Schönmetzer-)Hühnermann
EÜ	Einheitsübersetzung der Heiligen Schrift
FC	Fontes Christiani
GCS	Die Griechischen Christlichen Schriftsteller
Hist.Eccl.	Historia Ecclesiastica
Hist.Laus.	Historia Lausiaca
Hist.Mon.	Historia Monachorum
Hist.Nat.	Plinius, Historia Naturalis
RAC	Reallexikon für Antike und Christentum
RB	Regula Benedicti, Benediktsregel
RevBen	Revue Benedictine
KAV	Kommentar zu den Apostolischen Vätern
LThK	Lexikon für Theologie und Kirche
LXX	Septuaginta
M	Weisung der Väter, Apophthegmata Patrum, Bonifaz Miller
PG	Patrologia Graeca, hrsg. von Jacques Paul Migne
PL	Patrologia Latina, hrsg. von Jacques Paul Migne
SC	Sources Chrétiennes, hrsg. von Jean Daniélou, Henri de Lubac und Claude Mondésert ab 1943
TU	Texte und Untersuchungen
Vulg	Vulgata

Quellen und Literatur

Werke Cassians

Johannes Cassianus: Sämtliche Schriften. Aus dem Urtext übersetzt von Antonius Abt und Karl Kohlhund, Band 1 und 2, Kempten 1879 (BKV).

Johannes Cassianus: Collationes Patrum, CSEL XIII, hrsg. von Michael Petschenig, editio altera curante Gottfried Kreuz, Wien 2004.

Johannes Cassianus: De institutis coenobiorum / De incarnatione contra Nestorium, CSEL XVII, hrsg. von Michael Petschenig, editio altera curante Gottfried Kreuz,Wien 2004.

Jean Cassien: Conférences VIII–XVII, Sources Chrétiennes texte latin, traduction et notes par Dom Eugène Pichery, SC 64, Paris 1958, repr. 2009.

Johannes Cassian: Unterredungen mit den Vätern, Teil 1: Collatio 1–10, übersetzt und erläutert von Gabriele Ziegler, mit einer Einleitung von Georges Descœudres, Quellen der Spiritualität 5, Münsterschwarzach 2011.

The Conferences of John Cassian: Translation and Notes by Edgar C. S. Gibson, HTML-Version, http://www.osb.org/lectio/cassian

John Cassian: The Conferences, translated and annotated by Boniface Ramsey, Ancient Christian Writers 57, New York 1997.

Weitere Literatur und Quellen

Acta Conciliorum Oecumenicorum (ACO), hrsg. von Eduard Schwarz, I,2,12–14.

Acta Sanctorum: Die Legende der Maria aus Ägypten, übersetzt und erläutert von Gabriele Ziegler, mit einem Vorwort von Anselm Grün, Quellen der Spiritualität 8, Münsterschwarzach 2013.

Gérard Garitte: Lettres de S. Antoine (Version Géorgienne et fragments Coptes), CSCO 148, Louvain 1955.

Gérard Garitte: Lettres de S. Antoine (Antonius, Epistulae), CSCO 149, Louvain 1955.

Apophthegmata Patrum, PL 73 (Rosweyde).

Apophthegmata Patrum, SC 387.474.498, 1993.2003.2005

Apophthegmata Patrum, PG 65,71–440 (Cotelier).

Apophthegmata Patrum, Teil 1, Das Alphabetikon – Die alphabetisch-anonyme Reihe, übersetzt und kommentiert von Erich Schweitzer, Weisungen der Väter 14, Beuron 2012.

Apophthegmata Patrum, Teil 2, Die Anonyma, übersetzt und kommentiert von Erich Schweitzer, Weisungen der Väter 15, Beuron 2011.

Apophthegmata Patrum, Weisung der Väter, auch Gerontikon oder Alphabeticum genannt, übersetzt von Bonifaz Miller, Sophia, Quellen östlicher Theologie 6, Trier, 7. Aufl. 2005.

Das Arausiacum des Konzils von Orange, 529, DH 371–397.

Aristote: Topiques (Topica), hrsg. von Jacques Brunschwig, 2 Bände, Paris, 2002.2007.

Athanasius: Tomus ad Antiochenos, Werke Band 2: Die Apologien, hrsg. von H.-G. Opitz, Lfg. 8, hrsg. von Hanns Christof Brennecke, Uta Heil, Annette von Stockhausen, Berlin 2006.

Athanase d'Alexandrie: Vie d'Antoine, introduction, texte critique, traduction, notes et index par G. J. M. Bartelink, SC 400, Paris 2004.

Athanasius: Vita Antonii, hrsg. und übersetzt von G. J. M. Bartelink, SC 400, Paris 1994.

Vita Antonii, PG 26,837ff.

Augustinus: De dono perseverantiae, PL 45.
Augustinus: De mendacio liber unus, CSEL 41.
Augustinus: De praedestinatione sanctorum, PL 45.
Augustinuslexikon, hrsg. von Cornelius Mayer, Christof Müller, Robert Dodaro et al., Basel, ab 1994.
Augustinus-Zitatenschatz, hrsg. von Cornelius Mayer, Würzburg 5. Aufl. 2009.
The Babylonian Talmud, hrsg. von I. Epstein, translated into English with notes, glossary and indices, 35 Bände, London 1935–1952, Nachdruck in 18 Bänden, London 1961.
Der Babylonische Talmud, 12 Bände, übersetzt von Lazarus Goldschmidt, Frankfurt/M. 2002, Nachdruck der Ausgabe Berlin 1929–1936.
Johann Sebastian Bach, Kantaten, Motetten, Passionen; Bach-Werk-Verzeichnis (BWV), hrsg. von W. Schneider, 2. Ausgabe Wiesbaden 1990.
G. J. M. Bartelink: Die Evagriusübersetzung der Vita Antonii, Revue Benedictine 82, 1972, 98–105.
Benediktinisches Antiphonale, Münsterschwarzach, Band I: Vigil und Laudes, Band II: Mittagshore, Band III: Vesper und Komplet, Sonderband: Vorsängerbuch, Sonderband: Das Stundengebet vom Gründonnerstag bis zum Ostersonntag, herausgegeben von der Abtei Münsterschwarzach, Münsterschwarzach, ab 1996.
Bestiaire Roman, Zodiaque, Revue d'art trimestrielle 25, Genève 1977.
Biblia Sacra iuxta Vulgatam Versionem, hrsg. von Roger Gryson, Stuttgart 2010.
G. Binding, S. Linscheid-Burdich: Planen und Bauen im frühen und hohen Mittelalter nach den Schriftquellen bis 1250. In Zusammenarbeit mit Julia Wippermann, Darmstadt 2002.
Amine Bouchentouf, Clara Seitz: Arabisch für Dummies, Weinheim 2009.
Gabriel Bunge: In Geist und Wahrheit, Studien zu den 153 Kapiteln »Über das Gebet« des Evagrios Pontikos, Hereditas 27, Bonn 2010.
Henry Chadwick: Early Christian Thought and the Classical Tradition, Studies in Justin, Clement, Origen, Oxford 1966.

Pierre Cherix: Lexique Copte, Dialect Sahidique, V.12.1, HTML Copticherix 2006–2012.

Derwas J. Chitty: The Letters of St. Antony the Great, Oxford 2005.

Corpus Augustinianum Gissense (CAG), a Cornelio Mayer editum, auf CD-Rom 2. Aufl. 2004.

Henri Crouzel: Origène et la philosophie, suivi de: Origène est-il un systématique?, Paris 1962.

Georges Descœudres: Kirche und Diakonia. Gemeinschaftsräume in den Eremitagen der Qusur el-Izeila, in: Mission suisse d'archéologie copte: Explorations aux Qouçour el-Izeila lors des campagnes 1981, 1982, 1984, 1985, 1986, 1989 et 1990, éd. Philippe Bridel (EK 8184, Tome 3), Louvain 1999, 463–517.

Georges Descœudres: Die Diakonie – ein bisher unbekannter monastischer Bautypus, in: Akten des XIV Internationalen Kongresses für Christliche Archäologie, Wien 19.–26. September 1999: Frühes Christentum zwischen Rom und Konstantinopel, 2 Teile, Österreichische Akademie der Wissenschaften, phil.-hist. Klasse. Archäologische Forschungen 14 = Studi di antichità cristiana 62, Wien, Città del Vaticano 2006, 337–344.

Georges Descœudres: Johannes Cassian und die Mönchssiedlungen in der nitirischen und sketischen Wüste, in: Johannes Cassian, Unterredungen mit den Vätern, Teil 1: Collationes 1–10, übersetzt und erläutert von Gabriele Ziegler, Quellen der Spiritualität 5, Münsterschwarzach 2011, 9–49.

Diogenes Laertius: Leben und Meinungen berühmter Philosophen, Buch I–X, aus dem Griechischen übersetzt von Otto Apelt, Philosophische Bibliothek 53/54, Leipzig 1921.

Diogenes Laertius: Lives of eminent Philosophers, hrsg. von Tiziano Dorandi, Cambridge 2013.

Diogenis Laertii vitae philosophorum, 3 Bände, hrsg. von Miroslav Marcovich und Hans Gärtner, Stuttgart/Leipzig 1999 (Band 1 und 2) und Saur, München/Leipzig 2002 (Band 3, Indices).

René Draguet (Hrsg.): La vie primitive de S. Antoine, conservé en syriaque, 2 Bände, Louvain 1980, CSCO 417.418.

Volker Henning Drecoll: Die Entstehung der Gnadenlehre Augustins, Tübingen 1999, hrsg. von O. Gigon, Düsseldorf u. a., 7. Aufl. 1998.

Linus Eibicht, Jakobus Kaffanke, Cyrill Schäfer: Das Schauen Gottes wiedererlangen – Kontemplation als Leben des inneren Menschen, Weisungen der Väter 21, Beuron 2012.

Enchiridion symbolorum definitionum et declarationum de rebus fidei et morum, Heinrich Denzinger, Kompendium der Glaubensbekenntnisse und kirchlichen Lehrentscheidungen, hrsg. von Peter Hünermann, Freiburg 37. Aufl. 1991 (DH).

Eusebius von Caesarea: Kirchengeschichte, hrsg. und eingeleitet von Heinrich Kraft, übersetzt von Philipp Häuser, München, 2. Aufl. 1981.

Evagrios Pontikos: Briefe aus der Wüste, eingeleitet, übersetzt und kommentiert von Gabriel Bunge, Weisungen der Väter 18, Beuron, 2. Aufl. 2013.

Evagrios Pontikos: Der Praktikos (Der Mönch), eingeleitet und kommentiert von Gabriel Bunge, Weisungen der Väter 6, Beuron 2008.

Evagrios Pontikos: Über die acht Gedanken, eingeleitet und übersetzt von Gabriel Bunge, Weisungen der Väter 3, Beuron 2007.

Evagrius Pontikus: Die große Widerrede – Antirrhetikos, übersetzt von Leo Trunk, Einführung von Anselm Grün und Fidelis Ruppert, Quellen der Spiritualität 1, Münsterschwarzach 2010.

Hans Förster: Wörterbuch der griechischen Wörter in den koptischen dokumentarischen Texten, Berlin u. a., 2002.

Karl Suso Frank: Die selige Synkletike wurde gefragt, Weisungen der Väter 5, Beuron 2008.

Karl Suso Frank: Antonius von Ägypten und seine Briefe, in: Margot Schmidt et al. (Hrsg.): Von der Suche nach Gott. Helmut Riedinger zum 75. Geburtstag, Bad Cannstatt 1998, 65–82.

Karl Suso Frank: Johannes Cassian über Johannes Cassian, Römische Quartalschrift 90, 1995, 183–197.

Hermann Fränkel: Ephemeros als Kennwort für die menschliche Natur, Wege und Formen frühgriechischen Denkens, München 1955, 23–39.

Alfons Fürst: Hieronymus. Askese und Wissenschaft in der Spätantike, Freiburg 2003.

Corpus Galenicum, Bibliographie der galenischen und pseudogalenischen Werke, zusammengestellt von Gerhard Fichtner, Berlin 2012.

Klaus Gamber: Das Eucharistiegebet im Papyrus von Dêr-Balizeh und die Samstagabend-Agapen in Ägypten, in: Ostkirchliche Studien 7, 1958, 48–65.

Gennadius: Liber de viris inlustribus, hrsg. von E. C. Richardson, Leipzig 1896.

Karl Ernst Georges: Lateinisch-Deutsches Handwörterbuch, Leipzig 1843.

Das große Gerontikon, Die Sprüche der heiligen Wüstenväter, übersetzt von der Mönchin Irinea, Nauen 2009.

Graduale Triplex, Solesmes 1979.

Niels-Jørgen Green-Petersen: The tradition of the topics in the Middle Ages, The commentaries on Aristotele's and Boethius' Topics, Wien 1984.

Gregor der Große: Der hl. Benedikt, Buch II der Dialoge lat./dt., hrsg. im Auftrag der Salzburger Äbtekonferenz, St. Ottilien 2002.

Gregor von Nyssa: Antirrheticos contra Apollinarem, PG 45.

Anselm Grün: Reinheit des Herzens, Münsterschwarzacher Kleinschriften 188, Münsterschwarzach 2013.

Antoine Guillaumont: Histoire des moines aux Kellia, in: Orientalia Lovanensia Periodica 8, 1977, 187–203.

Ralph Hennings: Der Briefwechsel zwischen Augustinus und Hieronymus und die Auslegung von Gal 2,11–14, Leiden 1994.

Hieronymus: Briefe, Des heiligen Kirchenvaters Eusebius Hieronymus ausgewählte Schriften Band 2–3; BKV 2. Reihe, Band 16 und 18, Kempten/München 1936–1937.

Hieronymus: Commentarioli in Psalmos, Anmerkungen zum Psalter, lat./dt., eingel. und übersetzt von Siegfried Risse, FC 79, Turnhout 2005.

Hieronymus: Commentariorum in epistolam ad Galatas libri tres, PL 26.

Hieronymus: Commentariorum in Matheum libri IV, hrsg. von D. Hurst und M. Adriaen, CCL 77, Turnhout 1969.

Hieronymus: Liber interpretationis hebraicorum nominum, hrsg. von P. de Lagarde, CCL 72, Turnhout 1959.

Hieronymus: Tractatus de psalmis, hrsg. von G. Morin, CCL 78, Turnhout 1958.

Hildegard von Bingen: Physica, PL 197.

Hildegard von Bingen: Ursprung und Behandlung der Krankheiten, Causae et Curae, hrsg. von der Abtei St. Hildegard Eibingen, übersetzt und eingeleitet von Ortrun Riha, Hildegard von Bingen 11, Beuron 2011.

Hildegard von Bingen: Physica, hrsg. von I. Müller, C. Schulze, S. Neumann, Hildesheim 2008.

Der Hirt des Hermas, übersetzt und erklärt von Norbert Brox, Kommentar zu den Apostolischen Vätern 7, Göttingen 1991.

History of the Patriarchs of the Coptic Church of Alexandria, IV: Mennas to Joseph (849), arabic text edited, translated and annotated by B. Evetts, Patrologia Orientalis X/5, Paris 1959.

Hubert Jedin: Atlas zur Kirchengeschichte, bearbeitet von Jochen Martin, Freiburg 1970.

Christoph Joest (Hrsg.): Theodoros von Tabennese und Horsiese von Šeneset, Weisungen der Väter 17, Beuron 2013.

Johannes Chrysostomus: Expositio in Psalmos, PG 55,35ff.

Johannes Chrysostomus: Homiliae in Matthaeum, PG 57; 58,471–792.

John of Wales: Compendiloquium de vitis illustrium philosophorum et de dictis moralibus eorundem, in: Niklaus Largier, Diogenes der Kyniker, Tübingen 1997.

Paul E. Kahle: Bala'izah. Coptic Texts from Deir El-Bala'izah in Upper Egypt, vol I, London 1954, Appendix, 35–40.

Terrence G. Kardong: Cassian on chastity: Institute 6, Conference 12, Conference 22. Richardton 1993 (Sonderdruck aus: The American Benedictine Review 30, 1979, 249–263).

Katechismus der Katholischen Kirche, München u. a. 1993.

Christopher J. Kelly: Cassian's Conferences. Scriptural Interpretation and the Monastic Ideal. Surrey 2012.

Kleines Lexikon der Ägyptologie, hrsg. von Wolfgang Helck und Eberhard Otto, bearbeitet von Rosemarie Drenkhahn, Wiesbaden, 4. Aufl. 1999.

Kommentar zur Benediktusregel, hrsg. von Michaela Puzicha, St. Ottilien 2002.

Franjo Kovačić: Der Begriff der Physis bei Galen vor dem Hintergrund seiner Vorgänger, Stuttgart 2001.

R. Kühner, F. Holzweissig: Ausführliche Grammatik der lateinischen Sprache. Elementar-, Formen- und Wortlehre, Hannover 2. Aufl. 1912.

R. Kühner, C. Stegmann, A. Thierfelder: Ausführliche Grammatik der lateinischen Sprache. Satzlehre, Darmstadt 1962.

Lucius Annaeus Seneca: Philosophische Schriften. Lateinisch und Deutsch. Herausgegeben von M. Rosenbach. Band 1–5, Darmstadt 1989.

Lucius Annaeus Seneca: Ad Lucilium Epistulae morales, hrsg. von L. D. Reynolds, Oxford, 7. Aufl. 1985.

Niklaus Largier: Diogenes der Kyniker, Tübingen 1997.

Karl-Heinz Leven (Hrsg.): Antike Medizin, München 2005.

Marcus Tullio Cicero: De finibus bonorum et malorum, hrsg. von Nino Marinone, Firenze 1958.

Marcus Tullio Cicero: Gespräche in Tusculum. Tusculanae disputationes. Lat.-dt., Übersetzung, Kommentar und Nachwort von Olof Gigon, München 1970.

Mönche im frühchristlichen Ägypten (Historia Monachorum in Aegypto), aus dem Griechischen übersetzt, eingeleitet und erklärt von Karl Suso Frank, Alte Quellen neuer Kraft, Düsseldorf 1967.

Jörn Müller: Willensschwäche in Antike und Mittelalter. Eine Problemgeschichte von Sokrates bis Johannes Duns Scotus. Leuven 2009.

Gudrun Münch-Labacher: Heilsverwirklichung bei Cyrill von Alexandrien, Hereditas 10, Bonn 1996.

Christoph Müller (Hrsg.): Von Menschenwerk und Gottesmacht. Der Streit um die Gnade im Laufe der Jahrhunderte, Cassiciacum 39,12 = Res et Signa. Augustinus-Studien 12, Würzburg 2014.

Novae Concordantiae Bibliorum Sacrorum iuxta Vulgatam versionem critice editam, hrsg. von Bonfatius Fischer, Stuttgart 1977.

Novum Testamentum Graece, hrsg. von Kurt Aland et al., Stuttgart 26. Aufl. 1981.

Origène: Philocalie 21–27, Sur le Libre Arbitre, Introduction, Texte Critique, Traduction et Notes par Éric Junod, SC 226, Paris 2006.

Origenes: Commentarii in epistulam ad Romanos. Römerbrief-Kommentar Buch 1 und 2. Lat.-dt., übersetzt und eingeleitet von Theresia Heither, Freiburg 1990.

Origenes: Contra Celsum, GCS 2–3, hrsg. von P. Koetschau, Leipzig 1899.

Origenes: Der Kommentar zum Evangelium nach Mattäus, Band 1–3, eingeleitet, übersetzt und mit Anmerkungen versehen von Hermann Josef Vogt, BGL 18.30.38, Stuttgart 1983. 1990. 1990.

Origenes: Homilien zum Hexateuch in Rufins Übersetzung, Teil 1, Homiliae in Genesim, hrsg. von Paul Habermehl, GCS Neue Folge 17, Berlin u. a., 2. Aufl. 2012.

Origenes: Matthäus-Kommentar, Commentariorum Series, hrsg. von E. Klostermann, GCS 38.40, Leipzig 1933.1935.

Origenes: Selecta in Psalmos, Psalmenkommentar, PG 12.

Origenes: Vier Bücher von den Prinzipien, De Principiis, grch./lat./dt., übersetzt und hrsg. von Herwig Görgemanns und Heinrich Karpp, Darmstadt 1967.

Pachomius: Über den geistlichen Kampf. Katechesen; hrsg. von Christoph Joest, Weisungen der Väter 9, Beuron 2010.

Palladius: Historia Lausiaca, Die frühen Heiligen der Wüste, hrsg. und aus dem Griechischen übersetzt von Jacques Laager, Zürich 1987.

Physiologus, grch./dt., übersetzt und hrsg. von Otto Schönberger, Stuttgart 2001.

Gaius Plinius Secundus (der Ältere): Naturkunde, Historia Naturalis, hrsg. und übers. von Roderich König in Zusammenarbeit mit G. Winkler, 37 Bände, Basel/Linz ab 1973.

Erwin Preuschen: Palladius und Rufinus. Ein Beitrag zur Quellenkunde des ältesten Mönchtums: Texte und Untersuchungen, Gießen 1897 (Nachdruck 2012).

Prosper von Aquitanien: Brief an Augustinus, CSEL 57,454–468 (Augustinus, ep. 225).

Prosper von Aquitanien: Liber contra Collatorem, PL 45,1801–1834; PL 51,213–278.

Quellen und Texte zur Benediktusregel, hrsg. von Michaela Puzicha, St. Ottilien 2007.

Lucien Regnault: La vie quotidienne des pères de désert, Paris 1990.

Valentin C. F. Rost: Griechisch-Deutsches Wörterbuch für den Schulgebrauch, Erfurt/Gotha 1829.

Gerhard Rottenwöhrer: Semipelagianismus, Theos 95, Hamburg 2011.

Samuel Rubenson: The Letters of St. Antony. Monasticism and the making of a saint, Minneapolis, 2. Aufl. 1997.

Fidelis Ruppert: Älter werden – weiterwachsen, Münsterschwarzach 2013.

Fidelis Ruppert: Das pachomianische Mönchtum und die Anfänge klösterlichen Gehorsams, Münsterschwarzacher Studien 20, Münsterschwarzach 1971.

Fidelis Ruppert: Der Abt als Mensch. Eine Anfrage an die Benediktsregel, Münsterschwarzacher Kleinschriften 79, Münsterschwarzach 1993.

Fidelis Ruppert: Geistlich kämpfen lernen. Benediktinische Lebenskunst für den Alltag, Münsterschwarzach 2012.

Kenneth Russell: Cassian on a delicate Subject, Cistercian Studies Quarterly 27, 1992, 1–12.

Eckhard J. Schnabel: Urchristliche Mission, Wuppertal 2002.

Septuaginta, id est Vetus Testamentum greace iuxta LXX interpretes, hrsg. von A. Rahlfs, Stuttgart 1979.

Hans-Georg Severin: Pilgerwesen und Herbergen, in: Akten des XII. Internationalen Kongresses für Christliche Archäologie, Bonn 22.–28. September 1991, Jahrbuch für Antike und Christentum, Ergänzungsband 20,1–2 = Studi di antichità cristiana 52, Münster, Città del Vaticano 1995, 329–339.

Sokrates: Historia Ecclesiastica, hrsg. von Robert Hussey, Oxford 1853.

Sozomenos: Kirchengeschichte, grch.-dt., hrsg. von G. C. Hansen, FC 73, 4 Bände, Turnhout 2004.

Sozomenus: Kirchengeschichte, GCS 50, hrsg. von J. Bidez und G. C. Hansen, Berlin 1960.

Hermann L. Strack, Paul Billerbeck: Kommentar zum Neuen Testament aus Talmud und Midrasch, München, 9. Aufl. 1979.

Thomas Sternberg: Der vermeintliche Ursprung der westlichen Diakonien in Ägypten und die Conlationes des Johannes Cassian, in: Jahrbuch für Antike und Christentum 31, 1988, 173–209.

Tertullian: Contra Marcionem, Contre Marcionem (Gegen Markion), livres I–III, hrsg. von R. Braun, SC 365.368.399, Paris 1990.1991.1994.

Tomus Leonis, DS 290–295, Brief Leos des Großen an Flavian.

Die Tora in jüdischer Auslegung, hrsg. von Wolf Gunther Plaut, Band 1–5, Gütersloh 1999–2004.

Tyrannius Rufinus Aquileiensis: Historia monachorum sive de vita sanctorum patrum, hrsg. v. Eva Schulz-Flügel, Patristische Texte und Studien 34, Berlin u. a., 1990.

Vita Antonii des Evagrius Antiochenus, PG 26,837–976.

Vita di Apollo di Bauit, in: Vite di monaci copti, a cura di Tito Orlandi, Collana di testi patristici 41, Roma 1984, 36–50.

Vitruvii de architectura libri decem, Zehn Bücher über Architektur, lat./dt., übersetzt und mit Anmerkungen versehen von Curt Fensterbach, Darmstadt, 6. Aufl. 2008.

Hermann Josef Vogt: Origenes als Exeget, Paderborn 2001.

Hermann Josef Vogt: Papst Cölestin und Nestorius, Konzil und Papst, 1975.

Adalbert de Vogüe: De Saint Pachôme à Saint Cassien, Studia Anselmiana 10, Roma 1996.

Vulgata, Biblia Sacra iuxta Vulgatam Versionem, hrsg. von R. Weber und R. Gryson, bearbeitet von B. Fischer u. a., Stuttgart, 4. Aufl. 1994.

Hans Walther: Lateinische Sprichwörter und Sentenzen des Mittelalters, Göttingen 1963.

L. Wadding: Scriptores Ordinis Minorum, Rom, 3. Aufl. 1906; Supplementum von J. H. Sbaralea, 2 Bände, Rom 1806; neu hrsg. in 4 Bänden, Rom 1906–1936.

Adelheid Wellhausen: Die lateinische Übersetzung der Historica Lausiaca des Palladius, Patristische Texte und Studien 51, Herausgegeben von H. C. Brennecke und E. Mühlenberg, Berlin 2003.

Ewa Wipszycka: Art. »Diaconia« in: Coptic Encyclopedia, hrsg. von Aziz S. Atiya, New York 1991, 895–897.

Gabriele Ziegler: Frei werden. Der geistliche Weg des Johannes Cassian, Münsterschwarzacher Kleinschriften 178, Münsterschwarzach 2011.

Gabriele Ziegler: Sine dolo docebat dolos, Augustinus als Vorbild der Predigt des Absalon von Springiersbach, Cassiciacum 47, Würzburg 1998.

Die Ergebnisse der Ausgrabungen in den ägyptischen Mönchssiedlungen Kellia und Pherme sind in den Schriftenreihen Recherches suisses d'archéologie copte (Genève) und EK 8184: Projet international de sauvetage scientifique des Kellia (Louvain), ferner in einzelnen Bänden der Fouilles de l'Institut français d'archéologie orientale du Caire sowie in zahlreichen Aufsätzen und Sammelschriften publiziert.

Weiterführende Internetseiten

www.earlymedievalmonasticism.org/texts
Johannes Cassianus, Collationes Patrum (CSEL; CPL 512), Monastic Manuscript Projekt (open library).

www.osb.org/lectio/cassian
Englische Übersetzung der Werke Cassians von Edgar C. S. Gibson

www.cag-online.net
Corpus Augustinianum Gissense (CAG), a Cornelio Mayer editum

www.biblindex.mom.fr
Biblia Patristica online: Index of Biblical Quotations and Allusions in Early Christian Literature

www.nationallizenzen.de
Zugang zu vielen Quellentexten, auch zu den lateinischen Werken des Johannes Cassian

www.monumenta.ch
Sammlung von Quellentexten; auch die Werke des Johannes Cassian

www.wibilex.de
online-Bibeln, Bibellexikon etc.

www.unifr.ch/bkv
Werke der Bibliothek der Kirchenväter (BKV)

www.cassian-projekt.de
Informationen zur Johannes-Cassian-Stiftung Münsterschwarzach

Inschrift auf dem Spruchband:

»Gott, komm mir zu Hilfe; Herr, eile, mir zu helfen.«

Psalm 70; vgl. Collatio 10.

Die Münsterschwarzacher Cassian-Ikone

Gebet zur Segnung der Ikone des Johannes Cassian
Abt Michael Reepen OSB am 29.2.2012

Herr, unser Gott,
du hast einst dem Mose befohlen,
goldene Cherubim (vgl. Ex 25,18–22)
im Heiligtum des Volkes Israel aufzustellen.
Du verwirfst nicht die Arbeit der Künstler,
die mit den Werkstoffen der Erde,
mit Farben und Gold dich ehren
und durch ihr Werk uns aufrufen,
dich zu preisen.

Wir bitten dich:
Segne dieses Bild,
das zur Ehre und zum Gedächtnis
des heiligen Johannes Cassian
geschrieben wurde
und weihe es mit deinem himmlischen Segen.

Sieh auf alle, die vor diesem Bild zu dir beten,
erhöre gnädig ihr Gebet,
erlöse sie von Not und Trübsal,
den Leiden der Seele und des Leibes.
Würdige sie deiner ersehnten Gnade
durch die Fürbitte des heiligen Johannes Cassian
und unseres heiligen Vaters Benedikt.

Du bist die Quelle aller Heiligung
und der Spender alles Guten.
Wir loben dich, den Schöpfer der Welt,
durch deinen Sohn, Jesus Christus, unseren Herrn,
im heiligen Geist, der die Kirche auferbaut,
jetzt und in Ewigkeit.
Amen.

QUELLEN DER SPIRITUALITÄT

In dieser Reihe sind bislang folgende Bände erschienen:

1 *Evagrius Ponticus*: **Die große Widerrede** (Antirrhetikos)
ISBN 978-3-89680-741-0 (erweiterte Auflage 2012)

2 *Mechthild von Hackeborn*: **Das Buch der besonderen Gnade** (Liber specialis gratiae)
ISBN 978-3-89680-702-1 (2010)

3 *Martin Luther*: **Eine einfältige Weise zu beten**
ISBN 978-3-89680-703-8 (2011)

4 *Evagrius Ponticus*: **Über das Gebet** (Tractatus de oratione)
ISBN 978-3-89680-704-5 (2011)

5 *Johannes Cassian*: **Unterredungen mit den Vätern** (Collationes Patrum), Teil 1: Collationes 1–10
ISBN 978-3-89680-705-2 (2011)

6 *Evagrius Ponticus*: **Worte an die Mönche/Worte an eine Jungfrau** (Sententiae ad monachos/Sententiae ad virginem)
ISBN 978-3-89680-706-9 (2012)

7 *Sergej N. Bolšakov*: **Auf den Höhen des Geistes** (Na vysotach ducha)
ISBN 978-3-89680-707-6 (2012)

8 *Acta Sanctorum*: **Die Legende der Maria aus Ägypten** (Bios Marias Aigyptias)
ISBN 978-3-89680-708-3 (2013)

9 *Johannes Cassian*: **Unterredungen mit den Vätern** (Collationes Patrum), Teil 2: Collationes 11–17
ISBN 978-3-89680-709-0 (2014)

10 *Paisij Veličkovskij*: **Lilien des Feldes** (Kriny selnyje)
ISBN 978-3-89680-710-6 (2014)

in Vorbereitung:
Johannes Cassian: **Unterredungen mit den Vätern** (Collationes Patrum), Teil 3: Collationes 18–24